教育发现 EDUCATION DISCOVERY

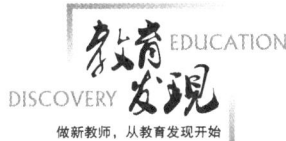

做新教师，从教育发现开始

SHANDAI DULANGKOU

善待杜郎口

——李镇西教学随笔

李镇西 著

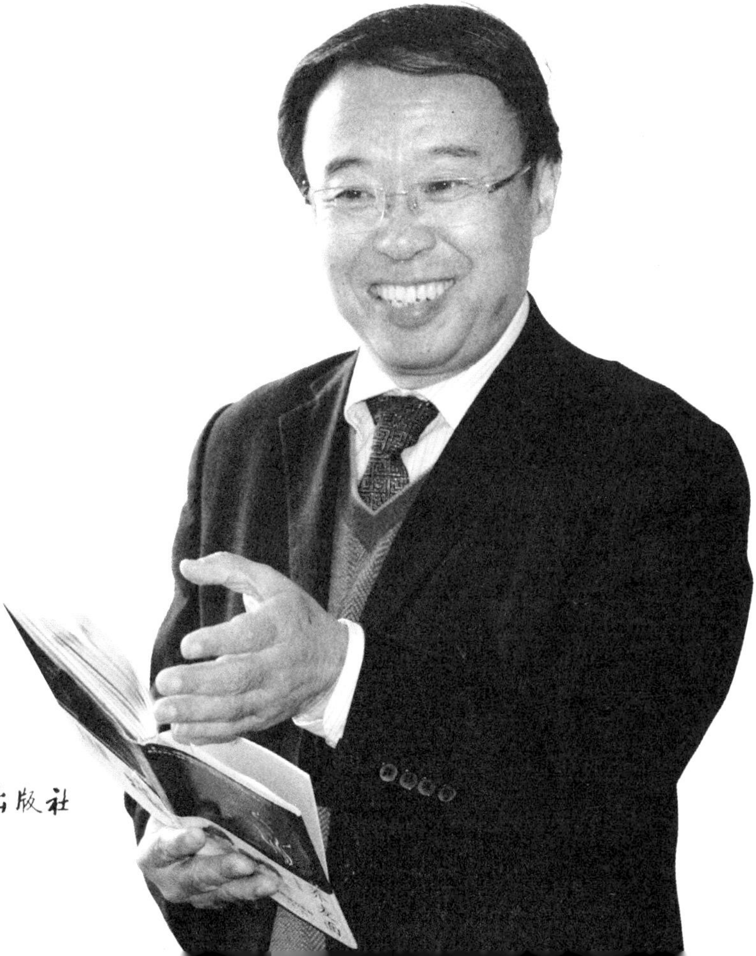

山東文藝出版社

图书在版编目(CIP)数据

善待杜郎口:李镇西教学随笔/李镇西著. —济南:山东文艺出版社,2011.7
 ISBN 978-7-5329-3542-0

Ⅰ.①善… Ⅱ.①李… Ⅲ.①中小学－教学研究－文集 Ⅳ.①G632.0－53

中国版本图书馆CIP数据核字(2011)第094579号

主管部门	山东出版集团
集团网址	www.sdpress.com.cn
出版发行	山东文艺出版社
电子邮箱	sdwy@sdpress.com.cn
地　　址	济南市英雄山路189号
印　　刷	潍坊市广源印务有限公司
版　　次	2011年7月第1版 2011年7月第1次印刷
规　　格	开本/170×240毫米　16开 印张/18.5　插页/2　千字/234
定　　价	32.00元

目录

第一辑

要有一种开放的心态 / 3

初识崔其升 / 5

正是他们创造了奇迹 / 7

目击杜郎口课堂 / 9

我们看到的只是冰山之一角 / 12

不可比的和可比的 / 16

我比崔其升差什么 / 19

从来就没有什么救世主 / 23

杜郎口中学是素质教育的典型之一 / 27

第二辑

埋怨、等待或者突围 / 35

不应克隆杜郎口 / 38

"有一种水,能让你喝醉……" / 43

灵魂深处的声音 / 49

"学校有风气,老师才有士气。" / 56

"记住,有一杯别放糖!" / 62

保卫崔其升 / 68

善待杜郎口课堂 / 77

第三辑

思想创新与语文教育 / 83

没有思想就没有个性 / 87

共享:课堂师生关系新境界 / 92

对话:平等中的引导 / 101

阅读教学的解释学思考 / 117

我对"民主课堂"的理解 / 132

你凭什么要我"必读" / 144

话说"借班上课" / 146

第四辑

作文呼唤真善美 / 153

"华丽"与"朴实" / 157

让语文课充满活力与灵气 / 164

公开课,请别再演戏了 / 167

语文教学可否提倡"多元化" / 171

读到"自己",读出"问题" / 174

语文,请给学生以心灵的自由 / 179

我的语文素质教育观 / 184

第五辑

请学生吃"面" / 193

我的导学稿 / 197

无法预约的精彩 / 205

真情浓墨写童心 / 212

"风雨中的树叶":从祥子到老舍 / 230

以学生的心灵为起点 / 238

让人们因我的存在而感到幸福 / 257

The first album
第一辑

曾有一个朋友对我说:"一个学校仅仅靠升学率成了所谓'素质教育'的'名校',这是中国教育的不幸!"我当即便回答他:"一个靠拼搏而创造了包括升学率在内的教育奇迹的农村学校,如果得不到善待反而被贬斥,这是中国的悲哀!"

要有一种开放的心态

——杜郎口漫想之一

第一次知道杜郎口中学是在《中国教师报》上,很为其创造的神话而震惊。

但我很快心平气和:这么多年来,中国基础教育界创造的"神话"太多太多,但大多在掀起一阵风暴之后,大家该干什么干什么,喧嚣归于平静。日出日落,一切照旧。

到了武侯实验中学,我在思考学校发展的时候,却想到了杜郎口。一样的乡村学校(当然,杜郎口更加乡村一些),一样的初级中学,一样的公办学校……我们能不能从中学习一点可以学的东西呢?

于是,我把杜郎口的经验材料,印发给了全校老师,老师们学得很认真,有的老师——比如李明飞等人——甚至还结合自己的课堂教学进行了比较深入的研究。

然而,似乎也是一阵风,震动和激动了一段时间后,大家好像觉得杜郎口不好学,于是热闹也渐渐变成了宁静。老师们一切都回到了过去。

习惯势力之强大,在武侯实验中学也不例外。

其实,不光是老师们,就连我也对杜郎口产生了一些怀疑:课堂真能变成学生的舞台吗？不只是怀疑，我甚至还质疑：老师只讲十五分钟，太机械了吧？进而又自我安慰地想：我们有我们的实际情况，不能简单照搬。

也不只是我，在我的视野内，对杜郎口不以为然的人不少。就在得知我打算请杜郎口中学崔其升校长来我校讲学之后，一些我尊敬的专家提醒我："对杜郎口不能迷信！"

在崔校长一行来我校的前一天，我在全校教职工大会上说，我们对待杜郎口中学的态度应该是：虚心学习，为我所用；但不迷信，更不照搬！

其实，对任何先进经验，都不应该迷信和照搬，但这不应该成为我们拒绝学习的理由。

强调"特殊性"，只看到"不可比性"，往往是我们拒绝别人经验的"有力武器"，是保守势力之所以强大的原因所在，也是改革的阻力之所在。

以杜郎口为例，要强调"特殊性"会有许多"依据"："他们只有七百多学生，还不如我们学校学生人数的零头！""他们的学生全住校，当然好管啦！"等等。但是，和杜郎口中学条件相似并处于同一区域的其他学校为什么没有取得杜郎口那样辉煌的成就呢？

看来，还是老老实实地学习，才是我们应有的态度。

关键是要有一种开放的心态。

2007 年 11 月 16 日

初识崔其升

——杜郎口漫想之二

请崔校长纯粹是一种缘分。十月中旬我去郑州讲学,见到同被邀请讲学的杜郎口中学校长崔其升。当时主人请我吃饭,但说要等等崔校长下来一起吃。等了一会儿,我看到一位农民模样的中年人来了,走近后他茫然地看着大家,问:"哪位是李镇西老师?"

我马上伸出手去:"您是崔校长吧?"

我们紧紧握手,然后进了电梯。

松开手后,他说的第一句话是:"我是你的崇拜者,几年前就读过你的《民主与教育》,读了三遍,还写了心得。"

我知道他说的是真话,但我听来却只有讽刺:写出了二十多本书的李某人至今在学校管理上没有什么建树,而一本书都没有写的崔其升,却创造了中国农村基础教育的奇迹。

饭桌上,我发现崔校长和我一样滴酒不沾,而且很不喜欢把时间花在酒桌上,我看他坐在座位上很无聊的样子,便跟他套起了近乎:"我们有许多共同不爱好呀!不抽烟不喝酒,也不喜欢吃这种饭!"他如同遇到知音,用浓重的山东口音对我说:"是呀是呀!不喜欢不喜欢!"可出于礼貌，他依然默默地坐在饭桌旁。我却没有他的修养，便对主人们说："你们先吃吧，我和崔校长回房间了！"

在崔校长房间，我们聊了十来分钟，虽然是第一次见面，但彼此都没有任何客套，完全像老朋友一样，用崔校长的话来说，是"一见如故"。我向他提出，能否在合适的时候到我校来给老师们作报告，他不假思索地答应了，并主动说："我叫两个老师和我一起去，一个教语文，一个教数学，借用你们学校的学生现场上课！"

回到学校，我把这消息给老师们说了，大家都很高兴。英语组的老师提出，最好能够来一位英语老师也现场上课。我把这个建议给崔校长一说，他依旧很爽快："行！"

于是便有了这次崔校长和三位老师的成都武侯实验中学之行。

2007年11月16日

正是他们创造了奇迹

——杜郎口漫想之三

山东杜郎口中学的崔其升校长和三位老师——语文徐立峰老师、数学徐利老师和英语张静老师来到了我校。

他们是中午到成都的,我和书记把他们接到镇上住下,刚吃完饭,他们便投入了工作:问教学进度,钻研教材,和学生接触交流……

他们一走进我校,便惊叹于我校的气派,因而不停地赞叹:"好漂亮的校园!"以往我听到这些赞叹都有些自豪,但今天听来却隐隐不安。

一些细节很让我感慨。英语张老师看到教学楼上一个个阳台,问:"这是你们的教师宿舍吗?"我说不是,是我们的教室。她很惊讶:"还有有阳台的教室呀!"他们连连感叹,从来没有见过这么漂亮的学校。崔校长和我一起下楼,指着脚下的楼梯台阶说:"这地面多么光滑呀!"我不得对他们说:"惭愧呀!我们的教学硬件比你们好,却没有取得你们那么辉煌的成就;你们的硬件不如我们,却创造了奇迹!"

崔校长和三位老师都不是太善于言辞,不多的话语中透出一种淳朴厚道,还有发自内心的虚心。但下午第二节,当三位老师分别和相关教研组老师交流时,我们却感到了他们的教育魅力,谈教育理念,谈学校发展，谈学生成长，谈课堂教学……如数家珍，滔滔不绝。

下午第四节课，崔校长在阶梯教室给全校老师做了一场报告。生活中话语不多的崔校长，一谈起他的学校和他的事业，一下变得雄辩起来。他的演讲把我们带到了他的学校，带进了他的事业，让我们感受着他和他的同事们一起走过的艰辛历程，当然，也分享着他们的成功。

天渐渐黑了下来，平时这时候老师们已经在回家路上了，但现在他们都被崔校长的魅力征服了。会场一直很安静。我相信，老师们正随崔校长的演讲而心潮起伏。

报告结束后，我说："听了崔校长的报告，我想起冰心的一首小诗：'成功的花，人们只惊慕她现时的明艳！然而当初她的芽儿，浸透了奋斗的泪泉，洒遍了牺牲的血雨。'我们现在都很羡慕杜郎口中学的惊人成就，听了崔校长的报告，我们知道他们所付出的努力更让我们惊叹。要学的太多，明天我们将看杜郎口中学的三节课，相信我们还会看到更多的精彩！"

我给老师们讲了关于"阳台"和"地面真光滑"的细节，说："也许有人会笑他们'土'，但我要说，正是他们创造了奇迹！"

老师们把最热烈的掌声献给了他们！

晚饭本来说好是在镇上酒店为他们接风的，学校中层以上干部出席作陪。但崔校长执意要在学校食堂吃，我完全理解他的心情，因为我吃饭也喜欢越简单越好，很不喜欢把时间花在吃饭上。于是，我决定，就让他们在学校食堂吃份饭。崔校长高兴极了，紧紧握住我的手，说："这样最好！还是李校长理解我！"

2007年11月16日

目击杜郎口课堂

——杜郎口漫想之四

其实这三堂课都是在我校上的,但因为执教者都是杜郎口中学的老师,鲜明地体现了杜郎口风格,因此,我还是将其称为"杜郎口课堂"。

那天上午第一节,杜郎口中学徐立峰老师给我们上语文课《我的叔叔于勒》。下面是我的课堂记录——

先是每一个组的同学上黑板去写自己所在组的口号——

第一组:To be No.1

第二组:尽自己的力,做完美自我!加油!

第三组:一切皆有可能!

第四组:积极+行动

第五组:努力拼搏,力争第一!

第六组:走自己的路,让别人说去吧!

老师宣布上课,请各小组站起来高呼自己所在小组的口号。

然后请同学们在昨天预习的基础上,分角色复述故事情节。学生很积极,都主动站起来发言,发言完之后,其他同学评价。学生的发言也很积极,而且都按规则,不用举手,直接站起来就说。

复述结束后，老师请学生们根据预习中的问题，进行小组交流。

然后请各小组代表自由发言，可以提出自己的问题，谈自己的理解，其他同学可以补充或反驳。

一女生："'紫色的阴影'是不是他们的心情？"

另一个同学说："不对，应该是烘托当时的气氛。"

老师说：分析课文最好有顺序，先从开始，再一步步往下分析。

一女生："为什么文章一开头要写这么一句话，'每星期日，我们都要衣冠整齐地……'"

另一同学解释，谈自己的看法，说得非常精彩。

一男生提出一个问题：主人公是谁？菲利普夫妇，还是于勒？

同学们围绕这个问题展开了争论，发言者争先恐后。

教师：谁是主人公不是最重要的，重要的是我们通过争论加深了对课文的理解。

学生继续分析："我看了一眼他那双手……这里先是写了手，写了脸，我想问大家，这句话有没有什么特殊的作用？"

一女生站起来说："这烘托了心情吧！"

学生们讨论分析人物形象，很热烈。

一男生："我最讨厌'母亲'！请大家翻到……"

大家又开始讨论母亲的形象……

学生的发言非常踊跃，不止一次出现几个同学同时站起来的情况。

教师总结：还有许多同学们没有能参与，还有许多环节没有完成，将这份无奈带到同学们以后的课堂中去吧！

课后我的评论：这堂课如果就教师"讲"而言，似乎没有什么新意，但如果就学生"学"而言，则教师真正是把课堂交给了学生，鲜明地凸显了学生的主体地位，为学生的学习而教，这是非常值得赞赏的。换句话说，我们从这堂课中，重要的不是看出老师教了什么，而在于怎么教！

当然，发言学生的面还相对窄了一些。（但面对不熟悉的老师和不熟悉的课堂教学模式，学生的表现已经相当不错了。）小组的作用没有充分发挥出来。预习是否花的时间太长？另外让学生讨论小说主人公是谁，意义不大。不过，如果是通过讨论主人公，而让学生逐步理解课文内容和人物形象，似乎也无可厚非。

第二节是数学课。

教师送大家两句话："心动不如行动，跃跃欲试不如亲自尝试！""我们是课堂的主人！"老师对学生说，做课堂的主人！不怕你说什么，而怕你什么都不说！等待机会，争取机会，创造机会！这堂课上成同学们的学习交流课，学习成果的展示课。

学生小组交流，老师来回巡视点拨。学生小组交流完毕，轮流派代表上台讲解题目，其他同学参与讨论，气氛很活跃。老师的评点非常精当。

第三节的英语课同样生动活泼，学生一直处在快乐之中，的确成了课堂的主人。

这三堂课，都不是无懈可击，但都有一个鲜明的特点，那就是真正把学生推到了前台，尊重学生，让学生展示，在快乐中学习。我说这三堂课都是好课，有一个直观的标志，那就是在这三堂课中，学生们都很投入，都很专注！

2007 年 11 月 21 日

我们看到的只是冰山之一角

——杜郎口漫想之五

我听见的对杜郎口中学非议最多的,是他们搞的是"应试教育"。似乎如此。因为他们之所以能够声名鹊起,很大程度上,是因为他们的升学率由过去的倒数一二名成为现在的全县一二名。

但是,从杜郎口经验的视频资料上,我看到的是最素质的东西:孩子们的自信、他们出色的口头表达能力、他们的自学能力、他们的团队合作精神、他们对人的彬彬有礼、他们生活的简朴、他们高远的志向……

即使从他们在我校上的三堂课上,尽管是和学生第一次见面,可依然能够看出教师的追求:追求学生自信心的增强、学习兴趣的激发、思维能力的提高、团结合作精神的培养,追求学生全面素质的提高。

一句话,他们搞的是真正的素质教育!

令人显赫的升学成绩只是他们素质教育成功的标志之一,或者说只是他们教育成果中最容易引人注目的一种。

他们的课堂结构模式无疑是最让人感到具有颠覆性的:三面黑板、六个小组、课堂秩序很"乱"、教师几乎不讲、学生人人参与……

这给人（包括我）一种错觉，他们正是因为课堂结构的改变，才创造了教学成绩（当然主要体现于升学成绩）的辉煌！

于是，一些人开始简单地学习他们的课堂结构，也把学生分为几个大组，也把教师用的黑板取消了，也限制教师讲授的时间，也让学生熙熙攘攘地上课……

但是，至少在我的视野中，还没有出现第二个杜郎口，就像前几年那么多人学洋思，却至今没有出现第二个洋思一样。

原因何在？是杜郎口或洋思"不可学""不可复制"吗？

有人正是这样想的，总以"个性""特殊性"来看待别人的经验，于是最后的结果是什么都别学。

我认为，杜郎口是可学的，关键是我们不能仅仅是学其课堂结构的改变。

那天上完三节课后，我们和杜郎口中学的三位老师进行对话交流。我提了一个问题，表达了我很久以来的疑问（我相信这个疑问也是很多人的疑问）："在你们课堂上，老师的确讲得很少很少，那么课后你们是不是还花了大量的时间补课呢？因为不可能每个学生都能够仅仅靠课堂就掌握了全部应该掌握的知识，换句说话，你们的学生课堂上很活跃，但课后的负担是不是很重？"我总是怀疑他们在"10＋35"的课堂模式后面，还有一些不便对人公开说的秘密，比如利用晚自习补课呀，比如对后进生开小灶呀，等等。

徐立峰老师的回答是："这个问题很多人都问过。我们的课堂上主要是学生展示，但我们非常注重预习，预习往往要花一节课到两节课的时间，另外，我们没有课外作业，因为我们的学生都住校，在晚自习内就能解决作业问题。我们星期六星期天都不补课的。是的，不可能每个学生都能够在同一时间内达到同等的水平，你说的这个问题实际上是如何对待'待转化生'的问题——我们不把差生叫差生，而叫'待转化生'。

对于这一点，我们有四个关键词：'信心''兴趣''习惯''方法'。我们从这四个方面去着力。在我们学校，有一个原则，那就是'从最后一名抓起'，一个班处于最后三分之一名次的学生成绩，将占教学评价的80％的权重，这就决定了我们学校的老师都来抓待转化生。因此现在我们可以说，在我们学校，没有差生！"

还有老师问了一个问题："你们学校的老师是不是负担很重？他们是不是很累？"

徐利老师回答："投入教育，肯定很辛苦。但这个辛苦是别人的认为。对杜郎口中学的老师来说，心甘情愿做自己愿意做的事，不会觉得累。一个人最累的是心累，只要心不累，就不可能真正累。在我们学校，感到累的老师，都是因为工作没有做好，才觉得累，因为觉得丢人呀！"

我们还有老师问："如果课堂上学生不积极参与讨论不发言怎么办？""如果学生当天的单词背不下来怎么办？""如果学生就是不想学怎么办？"

杜郎口的老师感到这些问题都不是问题，笑了笑，正准备回答，我抢先说话了："请让我代为回答，我听到刚才杜郎口几位老师的回答，我可以这样认为，在杜郎口中学，这样的学生不可能存在！我们这些问题，都是武侯实验中学式的思维，是仅仅就课堂而言，但杜郎口的改革，绝不仅仅是课堂。如果做到了上面他们所说的那些，怎么还可能有什么不愿参与讨论和发言的同学呢？怎么还可能有不想学的学生呢？"

徐立峰老师很自豪地说："在我们学校，几乎没有在课堂上不想听课的学生！曾经有教育专家不相信，到我们学校来暗访，到了每一个教室寻找不听课的学生，结果一个都没有找到。"

我们往往只看到人家最显赫的地方，而忽视了这显赫背后所付出的东西。杜郎口的改革是一个系统，而课堂结构的改革，只是其中一个环节。我们只学这个环节，而无视支撑这个环节的因素，那永远不可能真正把他们的精髓学到手。

所以，那天我对老师们说："我们从课堂上看到的，只是杜郎口经验的冰山之一角！我们要关注的，不仅仅是他们的课堂结构，而要关注课堂背后都是什么东西在支撑着？"

2007 年 11 月 22 日

不可比的和可比的

——杜郎口漫想之六

杜郎口经验究竟可学不可学？

有人认为不可学，因为我们学校和杜郎口中学不可比："他们学生只有六七百人，而我们的学生总数是两千八百多人！""他们的学生是纯粹的农家子弟，有强烈的通过知识改变命运的愿望，而我们的学生是刚刚失去土地的农民子弟，生活虽然谈不上特别富裕，但毕竟多少有点土地赔偿金，可以做点小买卖，身份也由村民便成了居民，所以无论家长还是孩子都不太重视读书了。""他们杜郎口中学地处偏僻，相对闭塞，没有更多的诱惑，思想淳朴；而我们的学校地处近郊，学生既没有纯粹农民的淳朴，又没有城里人的教养。""他们的学生全住校，当然好管理；我们的学生绝大多数都不住校，管理难度大多了！"……

其实，如果要继续找两个学校的"不可比性"，还可以找出很多。

这些都是事实。但我要说，难道两个学校真的就没有一点可比之处了吗？

当然是有的！

我们都是涉农学校，我们都是初级中学，我们都是薄弱学校（这里的薄弱指的是教育质量——当然，杜郎口中学过去是，现在不是了，而我们现在依然是），我们的生源都不理想，我们都愿意改变学校现状，我们都肩负着社会赋予我们的教育使命……

我特别要说的是，我们眼中的杜郎口中学优于我们学校的许多特殊性（比如前面所提到的"学生人数少"等等），在他们当地却并不算特殊，可是，他们却在当地同类学校中拔地而起，一跃而成为人人羡慕的名校。这里面难道没有值得我们学习的东西吗？

如果一味强调人家的特殊性，那等于是取消了任何学习的可能。因为任何人任何单位的经验都有其独特的东西，因为这"独特"便否认任何经验，这肯定不是科学的态度，只是懒惰的借口！

科学的态度是，以开放的胸襟和虚心的态度接纳我们可以学习的东西。要多看看人家哪些是可以学习的！

我们可以和杜郎口比的是——

我们的理想。这里不说"时代的呼唤""祖国的期待"等宏大词汇了，就说我们自己吧，既然我们无法离开教育，那我们就索性干一番事业吧！杜郎口的艰苦和当初的艰难，已经成了他们今天辉煌的衬托。我们也应该有这样的理想，这样的抱负，让一所学校在我们的手中发生变化的同时，也让自己的一生更加精彩！人生能有几回搏？此时不搏，更待何时？

我们的勇气。杜郎口人有超人的改革勇气，兵临绝境之时，他们选择了血战突围，选择了大刀阔斧的改革，在一片争议甚至质疑声中，坚定不移地走自己的路，最后取得了成功。其实我们也不缺探索的勇气，只是我们还没有足够的危机感，但我们应该意识到，我们的危机是潜在的，如果现在不拿出勇气，大胆改革与探索，那么我们将错过历史的机遇！

我们的拼搏。"从来就没有什么救世主，要创造人类的幸福，全靠我们自己!"我们现在都在抱怨(包括我)待遇低,但如果没有学校的变化,就没有我们个人境遇的变化。而学校的变化,必须靠我们每一个人的拼搏。杜郎口的成功不是靠喊出来的,不是靠想出来的,而是靠拼搏出来的。这种拼搏精神,我们并不缺少!

  我们的业绩。不能说我们现在没有业绩,四年多来,老师们已经取得了可喜的成绩,但如果和杜郎口比,我们还差一大截。我们都赞叹杜郎口奇迹,但与其临渊羡鱼,不如退而结网。要说困难,我们可以说出一大堆,但我们不应该怨天尤人,而应该团结一心,脚踏实地,坚忍不拔,一步一个脚印地去干,我们同样能够创造出骄人的业绩!

  我们常常对学生说:"不要强调客观困难,要主观努力!""凡是找借口,什么都做不成!"这些话,现在应该拿来对我们自己说说!其实,我们现在所拥有的有利条件和面临的机遇,是当年杜郎口中学所没有的:一流的校舍、美丽的环境、优越的教学条件、教育局的政策倾斜、社会各界的重视……这些都是杜郎口没法和我们比的,如果我们占有了有利条件而不能创造辉煌,实在太说不过去了。

  这样一比,难道我们能为我们学校不如杜郎口而心安理得吗?

2007年11月22日

我比崔其升差什么

——杜郎口漫想之七

最近，我一直在想，我比崔其升差什么？

先说不差什么。

我觉得和崔校长比，我不差理想，我们都愿意为中国教育做一点自己能够做的事；我不差斗志，我们都勇于探索，并不惜作出一些必要的牺牲；我不差理论，作为教育哲学博士学位获得者，可能我在理论思考方面比崔校长还略胜一筹；不差师资，虽然在数量上说，我校还差老师，但就专业素质而言，我们学校老师的总体专业水平应该在杜郎口中学教师之上……

那么，我比崔校长差什么呢？

如果细想起来，我比崔校长差得的确很多。但最主要的，我想还是差实干精神和管理魄力。

先说"实干精神"。应该说，总的来说，我并不缺实干精神，到这学校后我花了大量时间蹲在课堂，并每天都和老师们谈心。但从今年八月开始，因为总理的批示，我一下子成了"新闻人物"，学校也成了"新闻学校"，无休止的采访，无休止的参观，让我整整三个月，只听了几节课！过去那种沉下心来研究课堂研究老师的状态不复存在。这和崔校长相比，真是惭愧！不过还好，十一月份开始，我专门在网上写了一篇《请勿打扰》，谢绝参观、采访和讲学邀请，于是，我又回到了课堂。现在我每天都坚持听两节课，并和老师交流。但是，比起崔校长的实干精神，我还要学习！

再说管理魄力。这是我最缺乏的。我一直信奉人文关怀，总爱站在老师的角度考虑问题，每每遇到要对人的处理，心就软了。从理论上讲，我也知道制度的重要性，学校也确实有不少制度。但一到关键时刻，我往往不能逗硬，于是，执行力便弱了下来，好多规章制度落不到实处。

看看崔校长吧！我曾读过一篇关于崔校长治校的报道，上面谈到崔其升就任杜郎口中学校长之后，深刻分析了学校的现状，认为首要任务当系治乱建制。治乱就必然要批评人、处理人，建制则必然要规范人、限制人。个别人受到批评与惩罚心存不满，违反规章制度受到处理由怨到恨，有人甚至砸碎了崔校长家的玻璃窗，更有人开始到教育局告状，罗列了崔校长"十大罪状"。于是，教育局纪检组派人来校调查所告问题的真伪。一年之间，连续数次调查。但成为"被告"的崔其升依然不改初衷，他说，宁愿让人"拉下马"，也不能中止学校的发展。有记者曾问及崔其升何以如此坚定不移地"坚持己见"，他说，如果是非不分，奖惩不明，就不可能建立长久而稳固的教育教学秩序；如果不讲原则地求和息事，所谓的稳定只能是表面的、短期的。而他所追求的是长久的稳定和本质意义上的和谐。原则与稳定并非背道而驰，制度与和谐也非"不相为谋"。真正注目学校发展的校长，不但要有改革意识，还要有责任意识、风险意识。个人荣辱并不重要，而学校发展才是根本之道。

对比之下，我简直惭愧得很！我缺乏的正是这种敢作敢为的魄力和不计个人荣辱的胆略！其实，比起当初的杜郎口中学，我们武侯实验中学的秩序是很好的，绝大多数老师都有着很高的职业素质和敬业精神，但毋庸讳言，学校依然有个别老师很难说是称职。就在上周，有一个老师居然不打任何招呼，更不履行任何请假手续而旷课，至今还没有上班。这位老师犯这样的错误，已经不止一次。以前我都抱着"也许人家的确有困难"的同情心和"年轻人嘛，多宽容"的心态，最多找这位老师谈谈心，而没有作任何处理。但现在看来，与其说是这位老师错了，不如说是我错了！我错在没有严格按学校已有的规章制度办事！还有，到现在为止，学校依然有个别老师打骂学生；还有个别老师其敷衍的教学态度——不认真备课，不认真上课，不认真批改作业等等，已经引起了学生及其家长的强烈不满，可我居然还在考虑如何照顾这位老师的"面子"，如何顾及这位老师的"心理承受能力"，却全然不顾这个老师已经严重损害了学校的荣誉。还有个别老师，居然在上班时间利用学校提供的笔记本电脑打游戏或做其他与教学无关的事！可我至今都碍于"面子"没有批评过这些老师中的任何一个！为了个别老师的"面子"，我却不惜牺牲了学校的面子！

还有教学管理。崔校长能够强行推进"10＋35"，其管理魄力也可见一斑。我说是"强行"一点不假，最开始的时候，他一一监督老师们的讲是否超过了规定时间，如果超过了便要处理。我不是说"10＋35"的课堂模式就有多么好，而是说在这件事情上，可以看出崔校长的魄力。他最后的成功也在于此（当然，不仅仅在于此）。可我呢？规定了不少，但执行力如何？从这一点上就可以看出我和崔校长的差距，如果我不改正，更可以预见我校改革的结果。

那天和两位老师聊天，老师说："现在我们学校其实每一个人都希望变！"是的，我知道学校每一个老师都对现状不满，都希望变，只是几乎每一个人（包括我在内）都有着难以克服的惯性甚至惰性。而要克服这种惯性和惰性，只能靠强有力的制度和在深入细致的思想工作基础之上的更强有力的管理。我相信，大家会理解的。因为学校的发展，是每一个老师的根本利益所在!

　　学习杜郎口,从每一个老师做起;而要求老师改变自己,首先我就得改变我自己!

2007年12月3日

从来就没有什么救世主

——杜郎口漫想之八

其实,杜郎口中学之所以能够震撼我,首先还不是他们的"10+35"的课堂模式,而是他们的"教育突围"。

本来杜郎口中学有一千个理由怨天尤人的,因为他们的确已经身陷"重围":第一重"包围",他们没有资金,学校条件很差,教师们待遇是当地最低的;第二重"包围",他们没有高文凭高学历,至今杜郎口中学仅有一个本科毕业的教师,即便是中专毕业的,也有不少是非师范类的,在强调教师专业化发展的今天,在许多学校早已有硕士甚至博士的今天,他们几乎可以夸张地说是"文盲";第三重"包围",没有好的生源,学生就是本乡本土的孩子,还有些孩子天生是侏儒、残疾甚至弱智;第四重"包围",没有专家引领,现在被誉为教育改革家的崔校长当时并不是什么专家,他们的学校也很难有专家们去"引领";第五重"包围",没有现成经验可资借鉴,虽然中国教育早已有了这样"模式"那样"模式"的教育,可是杜郎口中学觉得好像都对不上号。

杜郎口当然也可以等待:等待上级拨款改造校园,改善硬件,提高待遇;等待上级给老师们培训机会,比如送出去学习参观等等;等待招生政策的改变因而能够改善生源；等待专家们到学校来作报告；等待能够"拿来就用"的现成经验……

同样面对重围，有三条路可以选择：一是悲观绝望，怨天尤人；二是消极等待，坐以待毙；三是破釜沉舟，绝境逢生。不少学校选择的是第一条路和第二条路，而杜郎口中学选择的是后者。

杜郎口中学既没有选择埋怨，没有选择等待，而是选择突围。于是，他们创造了奇迹。

我们学校的现状和杜郎口中学相比，应该说优势颇多：就资金而言，武侯区政府对我校建设的倾斜是显而易见的，这有目共睹；我们学校教师的整体专业水平绝对在杜郎口中学之上；比起当年的杜郎口中学，至少在我到这学校的这一年，我们接触了许多真正的专家的理论，包括面对面的报告，老师们的教育理念发生了很大的变化；现在我们有包括杜郎口中学在内的许多可供借鉴的改革经验……

在这种情况下，我们还有什么理由不改变我们自身进而改变学校呢？

是的，我们现在还有两个困难：比起城里的学校，我们老师的待遇还不高，而我们付出的绝不比那些学校的老师少——只能是更多而且更艰难；另外，我们的生源比较差，甚至在某些方面还不如杜郎口。

杜郎口中学是"五无"，我们就算"两无"吧——其实严格说起来，我们只能算"一点五无"——我们并不缺学校硬件建设的资金，只是缺提高老师待遇的资金。但这"一点五无"也别指望通过埋怨和等待得以解决，还得靠我们自己！我想起了《国际歌》中的一句话："从来就没有什么救世主，要创造人类的幸福，全靠我们自己！"

一方面，我们对现状不满：不满我们的待遇，不满我们的学生，不满我们的课堂，不满我们的质量……另一方面，我们却缺乏强烈的危机意识，更缺乏战胜危机的行动。

在昨天的教研组组长会上，我做了个简短的发言，其中有这样几句——

　　要有一种危机意识。危机意识无非源于两种情况，一种是生活不下去了，不得不破釜沉舟，拼杀出一条血路。杜郎口中学就是这样。还有一种情况是，面对社会的期待过高，我们感到危机：如何不负各方众望？我们目前就是如此。大家想想，我们的改革最坏的结果是什么？无非就是和现在一样吧。那为什么不改呢？我们没有什么坛坛罐罐怕摔坏，就大胆地改！

　　是呀，我们怕什么呢？如果我们已经是一流名校，我们可能还患得患失，可我们不过就是一所乡镇学校，只是因为温总理的关注而现在被更多的人关注而已，除去这一个因素，我们就是一普通的初级中学，底子薄、起点低，什么都不做，我们当然不会有进步，但完全可以退步；而做了不会损失什么，收获的只有发展！无论学校教育质量的提升，还是教师物质待遇的提高，靠天靠地，不如靠自己！

　　如果我再在这里说学校教育质量的提升要靠我们每一个人的努力，我都觉得啰唆了，因为这个话题我讲得太多了。那我就以教师待遇而言吧，十年前杜郎口中学是留不住人的地方，因为教师收入在当地是最低的，崔校长要就任杜郎口中学校长之前，已经在杜郎口中学任教的妻子坚决反对。但崔校长和他所率领的老师们，硬是靠着自己的拼搏，不但赢得了十年后的辉煌（实际上杜郎口中学在好几年前就开始走向辉煌了），不但为中国基础教育提供了素质教育可供借鉴的有效范例，而且杜郎口中学的教师也大大改善了自身的物质待遇。崔校长对我说，他们那里没有什么捐资助学一说，因此前几年只有国家财政拨款的那一点工资，但是随着他们学校的名声大振，参观的人越来越多，可以说是络绎不绝，于是他们从去年开始收费接待参观者，一年下来，参观费收了150万！于是，教师的待遇不但得以提高，而且连学生的校服也是学校解决。对于杜郎口中学收费接待参观者，不少人颇有微词，可我要说："学校通过改革盈利，教师通过发展致富，这是非常光荣的事！"试想一下，如果崔校长和老师都怨天尤人或消极等待，那么现在杜郎口中学老师的待遇依然很低。因为除了杜郎口周围的老百姓，不会有更多的人知道这么一个古怪的地名。

当年，陈胜、吴广在谋划起义的时候，这样说道："今亡亦死，举大计亦死，等死，死国可乎？"翻译成白话文就是，现在我们逃跑也是死，揭竿而起搞暴动也是死，同样都是死，为国而死可以吗？（意思是还不如为国而死呢！）于是他们果真"举大计"，掀起了一场轰轰烈烈最终导致秦朝灭亡的农民起义。

我们当然不是要搞什么"起义"——虽然已经有人把杜郎口中学的教育改革称作"教育起义"，但我们现在应该有这样一种相似的心态：突出重围，用我们充满智慧和坚毅的行动，改变我们自身的命运！

我又想起了马克思、恩格斯在《共产党宣言》结尾的一句话："无产者在这个革命中失去的只是锁链。他们获得的将是整个世界。"我相信，老师们能够明白我在这里引用这句话的含义。

2007年12月7日

杜郎口中学是素质教育的典范之一

——杜郎口漫想之九

到现在，还有不少人质疑杜郎口中学，说它不过是"应试教育"的典型，理由是："支撑他们名声的不就是显赫的中考成绩吗？"还说什么他们的学生没有文化积淀，没有人文视野，只是中考成绩突出而已。

最近我亲自去了一趟杜郎口中学，对他们究竟是在搞"应试教育"还是"素质教育"，有了比较切身的体会。

那天我对一个持此观点的朋友说："中考成绩好怎么就成了搞'应试教育'？难道非要把成绩弄得不好，才叫'素质教育'？"

在一些眼里，什么叫"素质教育"呢？就是学生会蹦蹦跳跳，会吹拉弹唱，会在各种竞赛中获得名次。曾有一个校长很得意地对我说："我们学校现在素质教育搞得红红火火，我们学校每一个学生都会拉二胡！"我也看过太多这样的素质教育现场展示，无非就是几堂精彩和精致的公开课，一台琳琅满目的文艺演出，一间展板林立、琳琅满目的成果陈列室……而为了准备这样的"成果展示"，学校师生花了大量时间和精力。

这些东西，在杜郎口中学是看不见的。

他们的孩子不会钢琴小提琴，也不会国画油画，也没有能力组织一场文艺演出，我也没有看到他们的各种展板。可是我要说，他们的确是在搞素质教育！

应该承认，素质教育当然包括了学生的人文视野，包括了学生的艺体素养。一个既能考高分，又通过钢琴九级并且博览群书的学生，肯定比只会考高分的学生的素质要高，这是毫无疑问的。同样，一个学校如果有过硬的教学质量（当然主要体现于绝大多数学生的升学成绩），同时又能够拿出一台色彩缤纷的文艺表演或国学经典吟诵的展示，当然也是素质教育。

问题是，我们在评价一个孩子或一所学校时，恐怕不能够这样公式化地简单贴上"应试教育"或"素质教育"的标签。

更何况，判断一个人素质的高低，哪里是"分数加特长"那么简单呢？

杜郎口中学无疑有着惊人的升学成绩，但我说杜郎口搞的也是素质教育决不仅仅是因为其升学率，而是还有一些让我感动和感慨的东西。

说几个我看到的细节——

早晨七点过，天刚亮，已经吃了饭的孩子蹲在教室前空地上，他们的身后边是积雪，他们冻得通红的小手握着粉笔在地上写着英语单词或古诗词，没有人强迫他们，完全是自觉。这种学习自觉性，难道不是素质？

上午八点刚过，快上第一节课了，可全校老师还在教学楼过道上站着开会，我一看时间，上课时间不是到了吗？老师都不去教室，学生不乱套吗？于是我悄悄离开教师们，来到一间间教室外，看到每一个班的孩子都在学习。这样的自律精神和行为，难道不是素质？

我看了几堂课——之所以不说"听课"而说"看课"，是因为杜郎口中学的课，只能看而无法听，学生们争先恐后积极参与，没有任何老师抽任何学生，可每个孩子都那么主动，毫不胆怯，这种自信，这种乐观，难道不是素质?

每一个学生在小黑板前讲述的时候,落落大方,声音洪亮,口齿清楚,思维清晰,还拿着小教鞭比比画画,哪像没有见过世面的农村孩子?俨然就是小老师!这样优秀的口才,难道不是素质?

课堂上,小组讨论是每节课必须的环节,我注意到,学生们你一言我一语,十分投入,遇到困难了,大家一起想办法解决,或某一个同学拿出工具书,几个同学的小脑袋便碰到一起研究,没有互相埋怨,只有互相欣赏。这种合作精神,这种尊重意识,这种平等观念,难道不是素质?

教室外面的墙壁上全是黑板,都是学生们展示学科知识的地方。一下课,我便看到一个矮个子男孩拿着抹布在吃力地擦着,过了一会儿,另一个高个子男孩子过来说:"我来擦吧!"矮个子男孩子继续擦着,头也不抬地说:"你去玩吧,我擦就行了!"可高个子男孩依然和他争:"还是我擦吧!"这普通而温馨的一幕感动了我:这种关心集体,热爱劳动,主动奉献,关心同学,难道不是素质?

吃午饭了,我看到学生们的菜非常简单,后来听说学生们每周的生活费仅仅五元钱!可是,我从孩子们脸上看不到苦难的表情,看到的只有乐观的笑容。这种吃苦耐劳,坚韧不拔,难道不是素质?

……

素质教育的精髓是什么?对此可能有很多种答案。但是至少这个说法可能是大家都没有分歧的,那就是:学会做人,学会学习!

杜郎口中学的孩子当然学会了做人,他们纯朴、善良、勤奋、坚韧、乐观、自信,这些都是做人最基本的素质。他们当然也学会了学习,可以这样说,他们每一个人(而不是个别尖子生)在每一堂课上展示的学习能力,在中国所有的学生中,绝对是一流的!

培养出了这样既会做人又会学习的孩子的杜郎口中学,搞的怎么不是素质教育呢？

不知从什么时候开始，有人有意无意地将素质教育与应试能力和成绩对立起来。别人升学成绩优异，便是应试教育；自己升学成绩不行，便是素质教育。说轻点，这叫"自我安慰"；说重点，这叫"自欺欺人"！

我认为，完整的教育，既要为学生的一生着想，也要为在很大程度上决定他们命运（至少在现行社会背景下）的几天（中考或高考）服务。没有前者，是鼠目寸光的教育；缺了后者，恐怕也不能说是对孩子负责的教育。如果学生不能升入高一级学校，他以后的生存能力很可能会受到影响，如此，谈何幸福的一生？

我在杜郎口中学一间教室的一个黑板上看到孩子们用稚嫩的笔写下这样激励自己的话："苦不苦？想想父母背朝青天面朝土！累不累？想想父母走南闯北谁遭罪？"看了这样的话，我不由得想到，这些孩子们主要是靠升学而赢得自己的美好前途，作为他们的老师居然不抓他们的升学而抽象地抓"素质"，那才是不可思议的怪事！写到这里，我想请读者允许我激愤地说一句：面对这样的孩子，如果我们无视他们的生存需求，而不抓升学率，请问教育者的良知何在？

是的，比起城里的孩子，杜郎口中学的学生可能没有"宽阔的人文视野"，没有那么丰富的课外阅读，也没有太多的文体活动，但这能怪他们吗？我请责怪他们没有课外阅读，没有文体生活的人到杜郎口去看看，这里的老师和孩子是怎样一种工作环境和生活条件？这所学校长期没有音乐美术老师——那么偏远的学校，很少能够分配去一名艺术老师；学校图书室长期没有什么藏书，你要求他们"诗意地栖息在大地上"，这不是太"站着说话不腰疼"了吗？

杜郎口中学的孩子现在没有开阔的人文视野，这不是杜郎口中学的错，这是整个中国农村教育的现状！

凡是到过杜郎口中学的人，都会被所有孩子（而不是几个选出来被展示的学生）感动，他们富有爱心，充满自信，喜欢思考，善于合作，乐于展示。这样的孩子，绝对是高素质的人！

所以，我说杜郎口中学是素质教育的典范之一！（注意，是"之一"不是"唯一"）

当然，杜郎口中学不是十全十美的。看到杜郎口，我不得不想到我们的新教育。我认为，新教育是一个开放的系统，它应该向所有有效（甚至优秀）的教育实践学习。比如杜郎口中学，其教学模式完全可以整合进新教育的理想课堂，当然，杜郎口课堂教学模式只是理想课堂模式的一种。同时，新教育实验的一些有效做法，同样可以弥补杜郎口经验的不足，比如书香校园的营造。限于客观条件，杜郎口中学的课外阅读现在是比较贫乏的，虽然这怪不得杜郎口的老师们，但我相信，随着办学条件的日益改善，杜郎口中学成为书香校园将不是遥远的事。

曾有一个朋友对我说："一个学校仅仅靠升学率成了所谓'素质教育'的'名校'，这是中国教育的不幸！"我当即便回答他："一个靠拼搏而创造了包括升学率在内的教育奇迹的农村学校，如果得不到善待反而被贬斥，这是中国的悲哀！"

2008 年 1 月 21 日

The second album
第二辑

希望每一个理想不灭、良知犹存的教育者,保卫真正的改革者。崔其升做到了我们想做却不敢做或不能做的事,实现了我们想实现却无力实现的教育理想,因此,保卫崔其升,就是保卫我们自己——保卫我们的教育理想,以及我们心灵深处的教育良知!

埋怨、等待或者突围

——给我校老师的一封信

亲爱的战友们：

自从校园网络论坛开通后，我以这种传统方式给大家写信的时候少了，有什么想法都发到了网上。这次因为编辑新的一期《新教育》，发展研究室希望我有一篇文章，于是我便还是写点想法，何况最近我们结合学习杜郎口以深化新教育理想课堂的探索，我还是很有些想法的，确实需要给老师们交流交流。

最近，我在学校论坛上写了一组系列文章《杜郎口漫想》，上面比较集中地谈了我对杜郎口经验的看法，估计大多数老师都看了。除此之外，我还有一些想法想和大家交流——

第一，新教育实验应该吸纳杜郎口经验。本来新教育实验就是对古今中外成功教育理念和经验的整合，我们没有理由漠视杜郎口。我们应该以杜郎口经验来充实我们的理想课堂探索，进而带动新教育实验的其他行动。当然，尽管如此，我依然还是坚持，生搬硬套或简单模仿地学习是不可取的，我们的确有我们自己的一些具体情况，但我们学起来再说！先学习，再创新；先行动，再反思。我们要思考的是，如何把杜郎口经验与我们学校的实际情况相结合，进而创造我们自己的课堂模式和教育特色，这将是我们在相当长的一个时期里的攻关任务。

第二，不争论，行动起来再说。中国改革开放有一个重要的经验，就是"摸着石头过河"，进入九十年代，当对改革的各种议论出来后，邓小平用三个字一锤定音："不争论"。我理解邓小平的"不争论"，不是不许不同的学术观点，而是强调不要让清谈式的争论影响中国改革的行动！现在我们学校也应该如此。不管大家对杜郎口经验还有什么不同的看法，至少有一点大家是能够认同，我们学校必须变！既然要变，就得要有行动。自我来这学校任校长后，新教育的理论学习和思想传播已经有一年多，现在是行动的时候了！其实，我们学校已经有不少老师自发地行动起来了，这是好事，我向这些老师们表示敬意！当然、目前在实践中，许多老师都感到了困惑，这更是好事。因为困惑意味着研究的开始，甚至是变革的突破口。我们学校也将采取初一年级整体推进，其他年级以班为单位自愿参加的策略，开始我们的行动。

第三，请关注我的听课记录。我现在给自己的规定是，只要不外出，我每天至少听两节课。我听课主要是看学生的状态，因此尽管我不一定熟悉每门学科的知识，但我可以通过学生的状态了解到教师的教学状态。我一到这个学校来就说，"要把'教'的过程变成'学'的过程"！核心是把课堂还给学生。这和杜郎口中学的教学理念不谋而合。其实，何况杜郎口，包括洋思、东庐等经验在内的所有成功的教学模式，无一不是把学生推到了学习的前台，按照学生学的思路来设计教学。这应该是课堂改革的关键！因此，我希望老师们在这方面多动动脑筋。特别希望老师们多关注一下我的听课记录。每次听课记录后面，我多少都写有我对该堂课的评论，我评课不一定妥当，仅供大家参考。我更欢迎老师们，特别是被听课老师和我争鸣。

第四，学校有关制度必须得到切实的贯彻执行。我们最近梳理了过去在赵校长时代就已经建立的各类规章制度，并重新印发给大家。制度的重要性不言而喻。检查我自己过去一年的不足或者说失误，就是对制度执行不严。我希望从今以后这个问题能够得到纠正。我们暂时没有提出新的要求，把已经规定的做好就很不错了。当然，随着时间的推移，旧的制度肯定要修订，还有一些新的要求需要补充进去，但下一步再说，等到时机成熟了，我们会委托教代会对制度进行充实完善的。

亲爱的战友们，还记得我去年给大家的信中说的话吗？当时我对大家说："我们深知，教育不仅仅有浪漫，更有无奈的现实和数不清的绊脚石；改革不仅仅有高歌猛进，更有'身陷绝境'的时候，但是无论前面有什么在等着我们，我们前进的步伐都是不可阻挡的！"现在，我们可能就遇到了困境，这个困境就是，大家在激动和兴奋之后，内心深处强大的惯性和惰性渐渐占了上风，于是，行动开始迟缓，甚至停滞。我们要战胜困难，首先必须战胜自己。当前的学校，在表面风光的同时，其实是危机四伏。面对危机，我们可以埋怨，然后在埋怨中消沉；我们也可以等待，在等待中坐失良机；我们还可以突围，用我们的坚毅的行动，去闯出一片我们自己的天地！毫不夸张地说，现在学校发展的外部环境是空前的，甚至可以说是绝后的——我们还指望以后会有新的总理对我们学校再来个重要批示吗？因此，抓住这次机遇，我们学校就能够乘势而上，跃上新台阶。相反，如果我们稍一犹豫，历史机遇将化作一去不复返、追悔莫及的永远遗憾！

因此，我们应该停止埋怨，放弃等待，勇敢地突围！

这是我们——你，我，还有他，我们全校每一位成员——唯一明智的选择。

你们的战友和领跑人：李镇西

2007年12月9日晚上

不应克隆杜郎口

——我在"中国名校共同体"大会上的发言

5月6日晚上，我在山东昌乐二中的"中国名校共同体"大会上表达了一些不同的观点，那天晚上，主持人说"李镇西实话实说"。我是这样说的——

通常我们所强调的，都是我们所忽略的。因此我们说话的时候，总是省去了许多默认的前提。比如，当人们不吃饭的时候，我们要大谈吃饭对生命的重要性，呼吁人们珍爱生命；如果现在有人站出来质问："人毕竟不是动物，如果仅仅是吃饭，这和动物有什么区别？"这显然就是存心抬杠了。但是当人们重视吃饭而忽略穿衣的时候，我们的确应该大声疾呼："我们要重视穿衣，因为人还有尊严！"这时候如果有人站出来质问："难道吃饭就不重要了吗？生命不存，尊严安在？"这同样是在抬杠。

我先说这些，无非是想说，当我们过于突出教师作用而无视学生学习主体的时候，我们要多谈教师不要讲得太多，甚至不要讲，应该放手让学生自学。但是，当现在杜郎口模式得到普遍认同的时候，大家都已经重视学生学习主体性的时候，我想谈谈可能又会被人们所忽略的一些因素。

第一，杜郎口课堂模式的精髓是什么？用专家的话来说，就是让学生成为学习的主人，让课堂焕发生命的活力。用我的话来说，叫"教师教的过程变成学生学的过程"，或者准确点说，叫做"教师的教服从于学生的学，教和学融为一体"。总之，"尊重学生"是核心理念。既然如此，我觉得呈现这种理念的教学方式应该是多元的，而未必只有一种。不同的学科，不同的教学内容，不同的课型（比如语文课的讲读课、自读课、复习课、评讲课、作文课等等），教师不同的个性，都决定了教学模式恐怕不宜整齐划一。

第二，仅仅停留在课堂形式上的学习模仿，是远远不够的。我们要把比关注课堂形式更多的注意力，用来关注课堂背后的东西。课堂只是一个结果，或者说教育改革的果实。我们只看课堂，就相当于只看到了果实的皮。我们要把这皮扒开，看里面是什么。我认为，杜郎口成功的秘密，至少在于四点：人格魅力、管理体制、反思文化、拼搏精神。崔校长的人格魅力，包括他的境界、品质、思想、情感、智慧、毅力、权威等等。管理体制，包括他的用人机制、督导制度、评价体系、执行结构等等。反思文化，走进杜郎口，"反思"浸透于校园的每一个角落，甚至空气中也弥漫着反思的气息，可以说时时事事处处人人都在反思。这种反思已经成了教师们的自律行为，一种对教育宗教般的情怀。比如自罚。拼搏精神，我想凡是到过杜郎口中学的老师都会有深深的感受。记得徐立峰老师到我校去的时候，他是这样回答"你们的老师累不累"的问题的："在我们学校，老师如果不认真工作，大家都会看不起他，他会感到耻辱，这是心累！"如果离开了对这些的研究学习或借鉴，恐怕学习杜郎口只会流于形式，因而收不到应有的效果。

第三，怎样看待教师的作用？怎样看待教师的讲？讲道理大家都明白，什么教师的主导作用也不可少呀，教师是组织者、引领者呀，等等。但现在在一些学杜郎口的课堂上，我们看到的更多是桌子拉开，一放了之。或者简单地让学生交流展示,而老师的作用仅仅是鼓励和喝彩。李炳亭兄说,低素质的教师同样可以教出高素质的学生,我坚决反对这种绝对的说法。李兄说法的依据是杜郎口的老师普遍文凭很低,专业素质并不高,但因为会引导会组织,因此学生的能力素质很高。而我认为,杜郎口中学是没有办法的办法,他们无法在短期内提高教师的专业水平,便在学生身上打主意,琢磨如何研究学生的学。正如崔校长所说,既然学生都觉得老师讲得还不如自己讲的,那干脆让学生自己学自己讲!杜郎口的意义,在于让我们看到了学生的学习潜力是无限的,让教师意识到不要把我们教师自己的作用无限夸大,好像离开了我们的讲,学生就不会学。杜郎口的老师通过课堂改革还给了学生自主学习的地位、权利和尊严!同时,把教师不可一世的权威消解了淡化了,还原为和学生平等的学习合作者。但是——我重点要说的是这"但是"后面的话——教师作为平等的学习共同体中的一员,不是一般的合作者,它是"平等中的首席"。面对学生交流展示,教师放任自流,或廉价地说"很好很好",这不过是让萝卜和萝卜一起烧,结果永远是萝卜;而教师应该是这锅里的牛肉,最后的结果应该是萝卜烧牛肉。杜郎口中学的语文老师从总体上说,我感觉人文素养还可以提得更高一些,就目前而言,他们能够创造奇迹,不仅仅令人肃然起敬,更令人感动,但是,我在设想,如果杜郎口的语文老师专业素养更高一些、人文视野更开阔一些,同样以现有的教学模式,学生将会更加优秀!另外,教师在课堂上的作用,不应该仅仅是组织者,更应该是引领者和拓展者。他应该敏锐地发现或者说捕捉一些契机(或者是在学生的讨论,或者是直接激疑),把学生的思考引向深入,把学生的视野拓展到无限开阔的地带。

另外,关于教师的讲也不可简单否定。学生的知识储备、生活阅历以及尚未成熟的思维能力,都决定了他们对某些课文(不是所有课文)的理解是浅层次的,在某些时候,教师以自己对课文的深度阅读的讲解,无疑给学生一种智力挑战，一场头脑风暴，一次心灵的冲撞。语文课应有深入心灵的感染力、醍醐灌顶的震撼力。一句话，语文课堂应有的若有所思或热泪盈眶的人文情怀，这都不是仅仅让学生之间展示交流所能达到的，而需要教师站在比学生更高的精神制高点去引领学生。

第四，我们成立这个共同体的目的，我想应该是深化我们的素质教育，促进我们的教育改革，最终提升我们各个学校的教育品质和境界，而不是复制为十几个或几十个杜郎口。当然，正如昨天徐翔校长所说，刚刚开始的时候，我们应该甚至必须像习字临帖一样不走样地学，但是过了临帖的阶段，我们还是应该因地制宜，在紧紧抓住杜郎口精神的实质（就是我刚才概括的四条）的同时，富有创造性地建构属于我们自己的教学模式。几十年来，我们国家有着太多的"农业学大寨"式的"学先进"，结果如何，大家已经看到。因此，我希望，学杜郎口不要搞成教育界的"农业学大寨"。中国这么大，不应该不分东南西北地搞整齐划一；同样，学习杜郎口，也不能割断历史，古今中外，包括改革开放三十年来的一切教育成果，都应该成为我们创新的养料。杜郎口中学的教学模式，是一场革命，但不是割断历史的"凭空出世"，杜郎口经验同样蕴含着从孔夫子到陶行知的教育理念和智慧，因此我特别不同意李炳亭兄说杜郎口中学的课堂改革是"课堂教学改革的元年"的说法。如果共同体最后的目的，是克隆出一批杜郎口，且不说是否真能够克隆，即使成功地克隆了，这对被克隆的学校未必是一件好事，对中国教育更不是一件幸事！

第五，几个小问题：

关于严重拖堂的问题，这两天的课都严重拖堂，有的课上了一个小时！这是对学生的不尊重。所谓尊重学生，以人为本，也应该体现于这些细节。

关于公开课的"完美"展示。无论是现场课，还是录像课，我感到学生似乎太完美了，我估计课前学生为了上这堂课进行了比平时更充分的准备。我之所以很赞赏杜郎口的课堂，就在于它的原生态。既然是研究课，我们就应该让我们的课尽可能地常态。这才有研究的价值。

关于解放老师的问题。我不同意这种说法："要让学生减轻负担，必须加重老师的负担。"我和朱永新老师一起搞的新教育实验所追求的目的，就是让师生都能过一种幸福完整的教育生活。对少数如苏霍姆林斯基的教育家来说，教育就是生活的全部，这是他们的自觉选择，因而同样是一种幸福。但我们不能用圣人的标准去要求我们大多数普通教师。如果我们普通教师每天的生活除了教学还是教学，或者说上课、备课、考试、批改作业等等成了他人生的全部，恐怕很难说他过的是一种幸福完整的生活。因此，我们在课堂改革或者说教育改革的时候，除了解放学生，还要研究如何解放教师。

2008年5月8日

"有一种水,能让你喝醉……"

——再访杜郎口之一

2010年6月21日,我再次来到杜郎口。这是我第三次来这里了。

如果说前两次来,我主要是来学习的;那么,这次带着何书记,则主要是来研究的。一来我校搞课堂改革有些疑惑,比如小组建设、课堂评价等等;二来何书记原来在高中任职,到我校后才接触杜郎口,他对杜郎口非常有兴趣,自己看书思考,这次也想实地看看。三来呢,最近因为我不断在博客上发文谈杜郎口,引起了一些争议,听到一些不同的声音:"杜郎口没有人性"呀,"杜郎口的学生只是在接受应试教育"呀,"杜郎口的课堂是演戏"呀,"白天学生展示,晚上老师加班加点"……我也想带着这些疑惑,更加深入地研究研究。

我们是下午四点钟左右到的学校。自然看到了以前看到的景象,就是参观者很多。崔其升校长本来在外地,听说我来了,匆匆赶来。他还是像老农民一般朴实,握住我的手只说:"对不起,我迟到了!"

刚寒暄几句,何书记坐不住了,说去校园看看。崔校长便陪同我们出去转。我已经两年没来了,但转了几间教室,看到孩子们依然精神勃发,积极参与。我对此已不再惊讶,可何书记却大为感动,不停地拍照录像。

在校园里,我明显地感觉到学校有了许多变化。比如,原来的泥土操场,现在已经修成四百米的标准塑胶跑道了,跑道中间的操场也是绿色的,好像也是塑胶铺成的,可又有些不像。我穿过跑道,走进操场的中间,这才发现,原来还是水泥的,只是涂了一层绿色油漆。我恍然大悟,开玩笑地说:"原来是假塑胶呀!"崔校长嘿嘿笑了:"没么多钱,节约成本嘛!"

这时第三节课下课了,我看到孩子们纷纷往操场跑。原来他们今天要训练健美操。张代英校长告诉我,每天下午第四节课都是课外活动,孩子们根据自己的兴趣,可以参加美术小组,可以参加音乐小组,可以参加舞蹈小组等等。今天是统一训练健美操。我问为什么要统一训练健美操,她说,孩子们每天做一样的课间操比较枯燥,于是学校便教孩子们做几套不同的体操,这样每周都换着做,增加孩子们的兴趣。虽然下午已经上了三节课,但我看到孩子们依然精神抖擞,在广播音乐的伴奏下,一丝不苟地训练着,橘黄色的校服在阳光下特别耀眼。

我想到前两次来,孩子们都是没有穿统一校服的,便问崔校长学生是什么时候开始穿校服的,他说是去年开始的。我正想问这不增加孩子们的家庭负担吗,崔校长好像知道我要问这个问题,便说:"孩子们的校服都是学校赠送的,一分钱不收!""钱从哪里来?"我问。崔校长说:"我们不是收了前来参观的老师的费用吗?这些费用中一部分便用来买学生和老师的校服。"哦,原来如此。"那你们收的这笔钱,都不上交而由学校支配吗?"我又问。"那不是!都得上交。然后如果我们要用,再打报告申请。"

我想到杜郎口中学最遭诟病的就是收参观费:"商业气息浓厚!""都成旅游景点了!"……但是他们不知道这些钱的用途。崔校长特意带我去参观他们新建的食堂。这座去年九月才投入使用的食堂分两层,一楼是学生餐厅，可以同时容纳全校学生就餐；二楼是外来参观的教师餐厅，也可以让七百名教师同时就餐。教师餐厅俨然人民大会堂的宴会厅，桌椅都是枣红色的实木特制的。崔校长说："原来没有这间餐厅，来参观的老师都是在旧食堂和学生一起吃便餐。现在条件好了！"我又问修这食堂花了多少钱，崔校长说："四百万。全是从学校收的参观费里开支的。"也就是说，实际上教育局根本没有也不可能投一分钱来修这么漂亮的食堂的。

我想到两年前来，这里的学生生活很艰苦，一周的生活费仅仅五元钱，现在怎样呢？我问崔校长。崔校长说："现在学生的伙食可好啦！而且学生吃饭全免费。也是从学校收的参观费里支出的。"

我们从新食堂出来，来到旧食堂，这里的旧餐桌还没有撤，餐桌前坐着一些学生在看书。原来这里已经改为阅览室了！我心里感叹崔校长真是精打细算，"旧物"利用。阅览室里只有一排书柜，显然藏书不多，但孩子们看得很认真。我注意到一个中年妇女也在那里看书，崔校长好像也不认识，走过去问她是不是来参观的老师。她说她的孩子在这里读书，她是本校学生的家长，来自内蒙。她说着就站了起来，崔校长很热情让她坐下继续看。趁崔校长在给何书记介绍情况的时候，我走到那位家长的身边，她当时正在还书，大概准备走了。我对她说："可以和你聊几句吗？"她微笑着点头。

我问："你来自内蒙那里呢？"

"呼伦贝尔。"她说。

"哦，很美丽的地方呀，我去过的。你怎么想到把孩子送到离家乡这么远的地方呢？"我继续问。

她说："我有亲戚在山东，听说这学校不错，便把孩子送来了。"

"孩子现在读几年级？感觉怎样？"

"初一。孩子很喜欢这里，说这里很好。而且，孩子来这里读书之后变化很大,以前孩子不爱学习,现在爱学习了,特别是自信心增加了。他说这里老师对学生特别好。"说到孩子的学习,她的话突然多了起来。

"可是,听说这里学生的负担很重。"我问。

她说:"我不觉得,学校没收多少钱呀!像我们外地到这里来读书的,一年就两千块钱。"

我笑了:"我不是说经济负担,我是说孩子的课业负担。"

她说:"那更不重了,孩子说这里上课很轻松很有趣,作业也不多,大多在课堂上完成。晚自习就把所有作业完成了。"

"孩子晚上睡得晚吗?"

"晚自习八点五十结束,之后就回寝室,九点半一过就关灯休息了。"

看来这位家长对孩子在这里的学习、生活还是很满意的。

我们在学校转到快七点,本来肚子已经饿了,但我还想看看学生的晚自习,便和何书记一起又来到教学楼。孩子们六点五十开始晚自习。我们从每一间教室经过,时不时走进去看看。有的教室里孩子们安安静静地自习,有的教室里如白天一样"喧闹",孩子们还在展示呢!在教室外面时不时会看到一群学生在黑板上写题做题,也有老师给他们辅导。我本来很想看学生晚自习是如何预习的,但好像都没有预习,一问学生才知道,再过几天就要期末考试了,各科的新课都上完了,目前正在期末复习呢!我的感觉是,杜郎口的晚自习,的确主要是学生自习,即使孩子们展示,也是围绕复习内容在互相教,也就是互相辅导;也有老师个别辅导的,但我没有看到一间教室里是老师对所有学生讲课。

从下午老师们陪学生练健美操,到晚自习时老师们对孩子们的个别辅导,我没有从他们的脸上看出疲倦,相反我看到的是他们对孩子亲切的笑容和一种自豪与自信。我突然想到外面传说的"杜郎口的老师很压抑",心里觉得好笑。我还想到有人说杜郎口"白天让学生展示,晚上加班加点讲课","学生每天的学习时间过长",这些说法更可笑。可以这样说，杜郎口中学在这方面想作假都不可能，因为这里每天都住着外地老师，从早到晚都有熙熙攘攘的老师参观（而不仅仅是白天），每一个老师都是一部监控摄像机，杜郎口中学几乎是透明的了，哪有机会"作弊"啊？

在晚自习的教室里，有几个细节，让我再次感到杜郎口中学孩子们的素质显然并不仅仅是做题和应试——

许多教室的黑板上，都有"报到站"三个字，下面是许多孩子的名字。这怎么回事？一打听，原来是这样的，凡是认为自己在学习上对某项知识弄懂了的，便自动到"报到站"报名，意味着自己可以做小老师了，然后便帮助其他同学。这种自信，这种乐于甚至"急于"帮助同学的心态，难道不是城里许多所谓"优生"恰恰不具备的素质吗？

在一间教室后面的墙上，贴着一个学生的作文，内容是感恩——

> 有一种水，能让你喝醉，这种水叫母爱，因为母爱似水；有一种山，能让你坚韧，这座山叫父爱，因为父爱如山……

接下来，作文写道作者小学五年级得了阑尾炎，爸爸不敢告诉女儿，怕女儿承受不了，而在女儿面前却若无其事地安慰女儿"没什么"，但父亲却躲在洗手间痛哭……

这篇文字朴实、感情真挚的作文打动了我。在许多孩子自私自利的今天，这种情怀难道不是一种素质？

在另一间教室侧面的黑板上方，一行长长的字再次震撼了我的心。孩子们用工整的字写道："面对麦收中忙碌的父母，面对他们那双期待的眼神，在课堂中我们应该以一种什么样的状态去学习？积极主动，忘我投入，是献给他们最好的礼物！"

看到这里，我的眼睛湿润了：这种懂事，这种体贴，难道不是许多城里名校孩子所不具备的最可贵的素质?

我想到一些人对杜郎口的误解,感慨道:这些误解者中,有多少人真正来过杜郎口中学啊!

当然,社会上一些对杜郎口的误解或者逆反,也与媒体宣传时的一些极端化语言有关。所以我对一位媒体朋友说,对杜郎口宣传一定要尽可能客观,不可夸张,否则是害了杜郎口中学。

赞美也好,误解也好,诽谤也好,都和崔其升无关。崔其升从来不往心里记。他有自己的事业,面对自己所热爱的学校,自己所钟情的教育,他胸襟豁达,心态平和,举止从容,他有自己的追求和幸福。有一个名校长曾在某全国论坛公开骂他,说杜郎口是"骗子学校",崔校长知道后淡淡一笑,说:"这位校长的学校做得比我们好,他对中国基础教育的贡献远远比杜郎口中学大,影响也远远超过我,我也是学习他才走到今天的。他是我的长辈,我前几天还在学校大会上要我们的老师向他学习!"

他是一个很单纯的人,甚至很纯粹的人,因为这"纯粹",他有时候很"傻",而这"傻"给我们带来了许多欢乐。比如,在昨晚吃饭的时候,谈到我后天将去昌乐二中的安排,山东文艺出版社的刘文说派车送我,崔校长马上呵斥他:"你这是对我的侮辱!"

说这话的时候,餐厅里的电视里正播放世界杯葡萄牙队对朝鲜队,荧屏上的激战让我们连连喝彩,崔校长也和我们一起傻笑。突然,他侧身转过来对着我,满脸认真地问:"哎,大哥,这次中国队怎么没参加呢?"

大家又是一阵爆笑,"店内外充满了快活的空气"。

灵魂深处的声音

——再访杜郎口之二

早晨八点来到学校，听说崔校长已经在一个小时以前召集领导和班主任开过会了——因为昨天他在球场边的墙上发现了一个脚印。他说任何事都是品位，如果有人看到不好的事，却没感到不好，这才是最可怕的事。崔校长就是这样，善于也敏锐地利用各种小事及时对老师们进行引导。他特别说，可怕的不是出现不好的现象，而是大家看见了却没有感觉到不好。

上课了，我随便走进一间教室听课。这是一节思想品德课。内容是通过学习培养人的高雅情趣。一个女生正大大方方地在讲自己的爱好。对这种场面以及场面中学生的自信我已经很熟悉了。这个同学正说自己喜欢"赡养小动物"，她说完后，其他同学正要站起来说，老师问："刚才你说你喜欢赡养小动物，同学们知道'赡养'两个字怎么写吗？"

于是，呼啦啦上去一群学生写了起来，当然有对有错，老师表扬了写正确的同学，然后又问："'赡养'这个词可以用来说小动物吗？一般来说，这个词使用的对象是谁呀？"

多数学生说："赡养老人。"

老师肯定道:"对的,我们不说赡养动物,那么如果是动物怎么说呢?"

"饲养!"

"如果是对孩子呢?"

"抚养!"

"如果是老师对学生呢?"

"培养!"

老师让同学们把这几个同义词一一写在黑板上。教室里又"乱"了起来。

然后老师引导同学们讨论"玩"和"迷"的区别,其中有同学们谈到"酗酒",说"酗酒"不仅仅是长时间喝酒而且还喝得过量。

下课的时候,老师布置作业:"请同学们运用今天所学的知识设计问题考考其他同学。"

第二节课,我又来到一间教室,师生正在学习王安石的《伤仲永》。我来迟到了几分钟,黑板上已经写上了学生们展示的内容。

一个男生首先站起来背诵,声音洪亮,而且富有表情。他背完之后,一女生给他纠正了一个错字,然后也背诵了起来。然后又一女生上去翻译,翻译之后又一女生详细讲解字词。学生抢着展示,整个教室里充满一种活泼热烈的气氛。往往是一个学生发言完了,便总有其他学生纠正其错误的地方。学生们发言的覆盖面很广,基本上都涉及本课的学习重点和难点。

老师当然也没闲着,当一个学生翻译"利其然"的时候,老师问:"这是什么用法?"

学生答:"意动用法。"

老师说:"意动?嗯,那类似的意动用法在课文中还有哪些?"有同学说:"父异焉。"

接着又有同学起来分析课文的写法，比如一个女生说，"世隶耕"是对仲永天资的衬托。

同学们还围绕老师所提"'父利其然'的原因是什么"进行激烈的讨论，老师又问："你认为父亲做得对吗？"

多数学生都说不对，但有同学认为这是对的，因为父亲为了摆脱贫困，这是可以理解的。于是，其他同学纷纷发言表示不同意这个观点。

作为一个旁观者，我已经不在乎学生谁是谁非，而赞赏学生这种积极参与、忘我投入的精神面貌。每一个孩子都那么自信，那么可爱，而且声音都是那么响亮——这是一种灵魂深处的声音。

课后，我和孙玉生老师聊了一会儿。孙老师是负责质检工作的。他说，质检重在静态的结果，验评重在动态的课堂。如果验评不过关，就不质检了，直接打零分。

我问："课堂上并不是所有学生都有机会发言的，这怎么办呢？"他说："我们特别注重弱势群体的展示，如果我们发现近期发言不好的学生，就专门叫他们到另外的办公室，重新叫他演说，以此对老师们进行评定。这样老师们就非常重视对每一个学生展示演说的训练了。"

他说："我去听课，我的课堂记录，着重看老师的课堂引导，看学生是否主动、生动、快乐、有效。"

谈到杜郎口中学课堂改革的历程，他说最初大多数老师不支持，主要是担心成绩。于是学校采取的策略是：思想引领，榜样带动，强势推进（比如强行规定讲课模式为"10+35"），跟踪评价。

我又问："从大多数老师不支持到全民共识花了多少时间？"

孙老师说："改革从1997年崔校长来了之后起步，但最初几年力度不够，主要是慢慢摸索和统一认识，真正大规模改是从2001年开始的。"

谈到"小组合作"，孙老师说了三句话："任务具体化，单位缩小化，效益最大化。"他强调："教学任务一定要落实到最基层。要分到两个人才真正有效。是'互助'不是'帮扶'，因为是平等的。"

我又有疑问了："两个人的成绩是相当的吗？"

他说："那当然，如果悬殊就不可能合作。"

我问："两人小组如果不能解决怎么办？"

他说："就交给四个人解决。不是六个人一组吗？"

我特别赞赏杜郎口中学近乎于"不尊重老师尊严"的"反思文化"，我问是不是一开始老师们就接受这种方式。

孙老师说："这种反思形式是从2001年开始的。刚开始谁也不愿意，但老师随大流的多。崔校长先从领导开刀，领导先公开自己的弱点，把自己工作中的不足写出来，贴出来。对犯了错误的干部，事先先打招呼，再在会上公开批评。这样，慢慢地老师们也就认可并接受了。"

外界很多人都说杜郎口教师的"业务素质低下"，如果仅就专业水平而言，这个说法不无依据。据我所知，直到现在杜郎口中学的教师中仅有一人是本科学历，其他均为专科或中师，但杜郎口中学很重视教师的学习。孙老师说："我们为了提升教师的业务素质，向老师们提出了五个'学习'——向专家学习，向先进理念学习，向同龄人学习（包括来研修的老师学习），向学生学习，向实践学习。我们还特别注重老师的读书，现在我们每周二和周四的下午第四节，都是老师们的读书时间，所有老师都到阅览室阅读，这是强制的。"

"你认为杜郎口中学的老师快乐吗？"我问这个问题是有感而发，因为外界一直流传着杜郎口老师很辛苦的。孙老师笑了："老师们是否快乐，关键是他们工作是否主动，并且是否有创新性。老师工作主动了，也就幸福了。"

这话引起我的共鸣："我同意这个观点。就像学生的课业负担，其实孤立地看学生的作业量很难说负担重还是不重，关键是学生是否主动学习。如果学习被动，甚至不想学习，布置一道作业他就觉得很累；但如果孩子有学习的主动性，布置十道作业，他也不觉得累。"

我问杜郎口中学老师每一天的作息时间，孙老师说："学校规定老师们早晨七点四十签到，上午十一点离校；两点半到校，四点半离校。凡是有晚自习的老师晚上六点五十必须来，晚自习总共两个小时。所有老师都有住宿的地方，有晚自习就住在宿舍。"

我一听，觉得从作息时间看，杜郎口中学的老师负担并不比一般的学校更重。

孙老师说："其实，很多老师都自愿早到学校，而下午离校时间远远超过四点半。但老师们不觉得累，他们乐意呀！因为他们都把学校当做自己的家，为自己是这个学校的老师而自豪！"

他说："现在的老师的待遇非常不错，一日三餐免费，穿着不要钱，学校发校服，老师们中已经有三十辆车了，老师们考驾照学校报销费用，如果老师要买车，学校补助三万。教师子女上小学有专人接送，如果老师的孩子上幼儿园，全部免费。因此，虽然一般老师的月工资不过两千元左右，但一般都不动的。"

我一直认为，教师因教育本身而发财是很光荣的。崔校长创造了中国教育奇迹，也给老师们带来了财富，我觉得这没有什么可耻的。老师们用自己的劳动和创新换来的钱，无论如何都比贪官污吏的钱干净一万倍！

而且受益的还不只是老师，学生们也沾光，几年前我来的时候，孩子们每周只有五块钱的伙食费，而现在他们每月只交五十元伙食费，剩下的全由学校补贴，并且吃得非常好。学生们的校服全免费，全校学生都住校，一分住宿费不交，学校还免费给孩子们提供被褥等生活用品，平时学生必须油印一些习题之类，也一律不收油印费。

我问："学生的负担重吗？"孙老师显然知道我这个问题的潜台词，他说："我还是给你说说学生的作息时间吧！学生上午四节课，每节课四十分钟。中午吃了饭,十二点半到两点钟,学生不许在教室里,一律在宿舍午休。下午三节课,然后第四节课是学生的课外兴趣小组活动时间,每个学生都参加一项活动。我们学校共有19个兴趣小组:书法、象棋、舞蹈、管弦乐(乐器依然是学校买的)、太极拳、绢花、剪纸、健美、影视评论、朗诵艺术、篮球、排球等等。晚自习结束后,学生回宿舍洗漱,九点半熄灯休息。"

我问:"学生不会偷偷把灯重新打开吗?"

孙老师笑了,"不可能的,因为拉了闸,开灯也没用。只有睡觉!"

高老师补充说:"我们严格保证学生每一天有十个小时的睡眠时间!"

我又问:"学生的作业能够完成吗?"

孙老师说:"没有课外作业,因为在课堂上都已经解决了。"

我还以为晚自习是学生做作业的时间呢!孙老师说:"不是的,晚自习就是边预习边展示,最后半小时完全由学生自己预习,进入'真空状态',也就是说没有老师。"

我问学校的生源怎样,孙老师说:"一直没变化。我们的学生都是杜郎口镇的孩子。这里的招生政策就不可能允许我们大面积地招收外地学生。当然学校也有个别外地学生,但不多。最近几年政府要求向职高推荐生源,今年有十二个学生读职高。我们这里的学籍管理非常严,学校不可能撵走'差生'的。"

杜郎口中学成名已经好几年,却一直没有"优化生源",星星还是那个星星,月亮还是那个月亮,但他们的升学成绩一直保持在全县十九所学校中前三名。这不能不让我肃然起敬!

我又想到,课间我曾和迎面而来步履匆匆的中年女教师相遇,几秒钟的犹豫,我终于还是鼓起勇气问了她一句:"你感觉累吗?"她一边走一边不假思索地说:"不觉得,习惯了。"本来她都已经和我擦肩而过了,突然又回头补充了一句:"事情再多再累都是我自己的,我们许多老师都把学校当做自己家嘛!"估计有人又会认为她在说"假话",可是我却感到这是灵魂深处的声音。

许多人都以为杜郎口中学的老师生活在地狱中,并为他们竟浑然不觉而叹息不已,觉得他们很"奴性"。可我要说,人与人之间心灵的距离有时候比地球与火星还遥远。既然"燕雀安知鸿鹄之志",又怎么能期待所有的人能够进入杜郎口中学老师高尚的心灵呢?

"学校有风气,老师才有士气。"

——再访杜郎口之三

上午第四节,崔其升给我们介绍了他的评价与管理。下面是我不完整的记录——

我今天讲的评价与管理,不是指具体的课堂如何评价管理,而是最根本的东西。我现在对人的评价已经上升到做人的品位上了。我有三句话:"工作就是道德,表现就是人品,业绩就是人格。"我认为,这样的评价与管理才抓到根子上。

老师在工作投入上应该达到一种忘我程度,我们学校的老师现在做到了。我经常对老师们说,单位就是自己的家庭,工作就是自己的生命。老师在本职工作上表现好这不过是本分。现在我更要看老师"分外"的表现,这就是你的人品人格。比如地面上有烟头,现在多数老师都会注意这个烟头。我们学校的校园清洁卫生都是我们老师和学生做的,全员都在管学校的卫生。如果老师随手拾取垃圾袋,在我看来,这比他上一堂好课更让我敬佩。

我们有许多公益的事,应急的事,如果老师们都把这当成自己的事来做，意义更大。我看一个人就看这个！就看他本职工作以外的事，你是什么态度。我们学校现在如果有老师病了，其他老师都主动举手要求帮忙代课，都争着抢着去做，从不提报酬。这和学校安排你代课不一样。这才是高尚！

一个学校要搞好，关键是干部。社会上的地痞来打老师，我让老师走开，我冲上去。创业阶段，我亲自焊车棚，做到半夜。这样省下钱给老师改善待遇。

现在，意外的事安排到谁的身上，都觉得是荣耀，是学校的信任，是有面子。

学校有风气，老师才有士气。现在我们的老师非常平静，朴实。

我爱给老师们说，朴实和真诚，这四个字是一种境界。我们一定要搞真教育。今天教育局的人去小学抽查，突然袭击，为什么呢？因为作弊成风，所以才由教育局的人去抽查。而我们学校的学生考试没有老师监考，但没有一个抄袭。

我主张两手抓：一方面表扬优秀的，一方面严厉处罚后进的。我也有三句话："优则举，违则更，众者从。"

有一个临时工，是代课教师，到北京学集体舞，去的时候交饭费，一顿饭三四十块，舍不得，于是溜出去到摊位上吃烧饼，四天培训回来花了85元钱。我很感动！我当场对全校老师说：今天我谁也不商量，我就"独裁"一次，会散后，请他到财务室，给他奖励一千元！

危难时候忘记自己的人，我提拔成副校长。我们学校的张代英副校长就是这样被提拔起来的。那年坏人来闹事，我和张代英冲在前面，那时张代英才二十几岁，可勇敢地和坏人打，她的脸都被划伤了。

我们这里的奖金，没有什么规则，比如达到多少分就多少奖，一个月怎么样，两个月怎么样，没有的！而是谁作出贡献就随时奖励。

在这种情况下，过去不好的老师也必须变，因为不变他就没路可走。

有一个人落聘了，我给他爹打电话，我说我这是对你儿子好。他爹是我的铁哥们。凡是和我有关系的，我越在工作上苛求他！我今天批评了徐立峰，因为昨天上课不够精彩，我觉得这是对徐立峰最大的帮助。我亲侄子在这里，有一次开水龙头，任水哗哗地流，我在大会上狠狠批评他："如果下次你再这样，我脱下鞋，用鞋把你的屁股打烂！"

做人还体现在孝心上。我要求教师出差或外出学习必须给父母买东西，否则下次哪怕你考第一名，也取消你的名次！在我校，决不允许不孝顺的人！春节发钱给老师们五十元，专门给父母买东西。

我的兄弟崔其同以前不好，就撤职；现在工作好了，就恢复职务。

风气正了，其他都好办。抓住了根，才抓住了关键。

我特别注重"小的管理"，就是用现场说话。这比讲道理还好。比如昨天，我看到某教室的课堂上讲课的学生拿的教鞭太长，学生用起来很不方便。以前我在会上就讲过这事，提醒重新买一个教鞭。但昨天依然如此，于是今天我狠狠批评了年级主任和班主任，并各罚一百元钱。我要强调学校无小事，每个人对学校都负有责任。

现在，如果有谁给另一个老师找茬，或者分打得很低，这恰恰说明两人的关系好！我经常说，给你提意见，刁难你的人，才是你的恩人！

"这个学校的发展史，就是斗争史！和歪风邪气斗！"崔校长以这句斩钉截铁的话结束了他的发言，每个字都掷地有声。

崔校长的观点我一时还难以全部同意，这点我后面还要专门写到，但他的一席话再次让我震撼——不只是他说的观点，更因为他所说的一些事例。比如，那个教鞭的事，在我看来简直有点小题大做，而且"责任不明"，明明是后勤人员失职嘛！怎么扣班主任和年级主任的钱呢？但因为大家都接受了崔校长所倡导的正气，杜郎口中学的风气的确也很正。于是不光是被罚者心服口服，老师们也都接受。在杜郎口中学，老师们没有找借口推卸责任的习惯，人人都是"第一责任人"。

我知道，杜郎口中学今天近乎"真空"的纯正风气并非从来如此。十多年前，学校歪风邪气占上风，老师之间打架甚至用上了铁棍，还有反对改革的人公开辱骂崔校长，用砖头砸他的房屋，让这个硬汉趴在桌上流着眼泪长叹："为什么我要做一件事这么难？"所以，十多年来的改革，正如崔校长所说，他花最大力气抓的并非课堂，而是风气。现在，学校终于有了正气！

午后一点五十分，老师们按惯例聚在教学楼前开反思总结会。这种场面我已经不奇怪了，因为前两次来我就看到了老师们真诚的反思。但今天有一个场景依然让我感动甚至震撼。大概在两点钟的时候，有一个中年男老师主动给大家唱了一首歌《三百六十五里路》，唱之前他说，杜郎口中学这么多年来就是一步一步走过来的，他愿意和大家一起继续走下去；另外，今天是他儿子的生日，而且他儿子就是在两点钟降生的，今天不能当面给儿子生日祝福，他就唱一支歌献给儿子的生日。于是他用浑厚的嗓音唱了起来，他的歌声立即赢得了大家热烈的掌声。在后来的反思发言中，好几位老师都以他唱的歌词作为开头，反思自己在成长之路上的不足。

下午，和高老师聊天。她说，其实杜郎口中学每天都比其他学校少两课时，因为每天下午第四节都是课外活动，另外中午没上课，其他学校中午都要上课的。她说，必须保证孩子每天有十个小时的休息时间，在这种情况下，要保证质量，我们只有提高课堂效率。我问，学生现在能够保证每天十个小时的睡眠时间吗？她给我算时间说能够的——学生宿舍晚上九点半熄灯，学生便上床了；第二天早晨学生六点起床；每天中午十二点半到两点钟，学生必须到宿舍睡午觉。我问学生锻炼时间在什么时候。她说，早晨和下午放学后，从时间上说，是能够保证一小时的。

她又说："我们当初搞改革，主要是看学生可怜！学生上课听不懂，没事做就打扑克，我们天天收缴扑克。你想想，学生听不懂你却偏要他遵守纪律听课，多么痛苦！后来我们进行课堂改革，学生有事做了，上课便有了兴趣。关键是要相信学生，学生的潜力真不可低估！"

我再次问到杜郎口中学是否有外校生。高老师说："有少量。因为太多的关系户，包括许多领导的关系非要把孩子转来。我们是不愿意收的，因为来的许多孩子行为习惯都不好，影响了我们的风气。但实在推不掉的，便收了少量的学生，内蒙的、河南的、淄博的等等，总共大概有四十多个。"

我想，只有四十多个，的确不算多。我又想到昨天和崔校长说起这事，崔校长似乎还有些不平："有些学校收的慕名而来的学生都是优生，我们来的不少学生却是很差的学生——当然不是说全部都习惯不好，但的确不少转来的学生是不太好，我实在不想收。"我当时笑了："人家把你这里当工读学校了！"他说："是呀！"

谈到教师素质，高老师承认现在杜郎口中学的教师的素质还差，但随着课堂改革，老师们的专业素质也有提高。主要体现在教育观念有了很大的变化，特别是学生观，现在老师们都能相信学生，同时引导学生的能力和课堂调控能力也在提升；还有，通过读书，通过到外面去献课，自己的专业素养也在提升。

我问:"现在你们学校老师中周末经常被邀请到全国各地上课的老师有多少?"她说:"有三分之二强。"

我吃了一惊,想:如果不是课堂改革,这些老师是不可能成为名师的。

"记住,有一杯别放糖!"

——再访杜郎口之四

下午第四节课,一阵嘹亮的《长江之歌》管乐旋律传来,冲撞着我的耳膜。我一下反应过来:学生的课外活动开始了。我寻声来到演讲厅,一群孩子正在练习小号和各种管乐,很是投入。

我又来到各个活动点,饶有兴趣地看着孩子的各种活动——

食堂饭厅,许多孩子在下象棋;阅览室,是一群热爱书法的孩子在练习硬笔书法;教学楼四楼上,是学生美术组,孩子们正在画着素描;剪纸小组,一群小姑娘用灵巧的双手剪出了美丽的窗花;我被又一阵音乐吸引到了一间普通的教室,没有想到这间简陋的教室竟然是舞蹈房,小姑娘们正在跳着节奏鲜明的舞蹈;在另一间教室,热爱乒乓球的男孩子正在激战抽杀,我走过去也和孩子们打了一会儿乒乓球,开心极了。操场上,是篮球队和排球队的孩子们龙腾虎跃的身影……

不管哪个小组,我都能看到孩子们幸福的脸庞。他们生活在杜郎口中学真是幸福!只是他们并不知道,许多远方的人还在为他们"生活在应试教育的重压之下"而痛心疾首地"鸣不平"呢!

下课铃响了,课外活动结束了。我看着几个女孩子朝食堂走去,便在后面叫她们:"哎,那几位同学!"

她们转过来,惊讶地看着我,不知道我为什么要叫她们,但还是朝我走来。

我看着一个小姑娘脖子上挂着一个"记者证"的牌子,便问她:"你是记者?"

她笑着点头。

我又说:"那你经常采访别人了?"

她依然笑着点头。

我说:"那你今天能不能接受一下我的采访呢?"

几个女孩子都笑了:"当然愿意。"

我说:"我是来参观的老师,想和你们聊几句。这样,我们到那边树下坐着聊吧,好吗?"

五个女孩子跟着我来到花园边的柳树下,我们坐在一排椅子上。

我说:"我是来自四川成都的老师。你们去过四川去过成都吗?"

她们摇头:"没去过。"

我说:"那你们以后一定要去,四川是很美丽的,都江堰、峨眉山、九寨沟……听说过没有?"

她们睁大了眼睛,说:"知道知道。"

我说:"不过,现在在我眼中,最美的地方还是你们杜郎口中学!"

她们笑了。

我问:"你们都是初一的学生吗?"

四个女孩子都点头,但一个女孩说:"我是初二的。"

我又问:"你们在这学校生活和学习,最深的印象是什么?"

她们说:"老师对我们特别好!""非常爱我们!""非常负责!"

我继续问:"这种上课方式你们喜欢吗?"

"当然喜欢了!"她们眼神中流出对我的不理解,好像很奇怪我为什么要问这种问题。

我追问:"这种上课方式有什么好呢?"

她们说:"我们自己学,自己讲,记得更牢!""还锻炼了我们的口头表达能力!""我们更自信了!"

"作业多吗?"我又问。

"平时没有作业呀!老师很少布置作业的。"

"很少布置作业?那就是说也有布置作业的时候喽?"

她们说:"是呀!星期六和星期天会布置少量作业。"一个女孩补充说:"一点点,不多。"

我问:"你们每天的睡眠能够保证吗?"

她们说:"当然能。每天晚上九点半就熄灯了,中午还要睡一个多小时呢!"

我问:"中午你们都能睡着吗?"

她们点头:"能的。"有一个小姑娘说:"我还睡不醒呢!"

我又问:"你们都是杜郎口镇的人吗?"

她们说:"是的。"但那位初二的女孩子说:"不,我不是。我来自河南洛阳。"

我很惊奇,问:"河南洛阳?怎么会到这里读书呢?"

"慕名而来呗!我妈妈也是教书的,听说这里很好,便把我转过来了。我是今年春节过后来的。"

我说:"你原来的学校不好吗?"

"不好,在当地属于比较差的学校。"

"那你在原来的学校成绩如何?"

她说:"在班上排在二三十名的样子,中等吧!"

我想,在那样的学校排在中等水平,可见学习成绩是不太好的。

我问:"现在这个学校和以前的学校相比,你觉得有哪些不同?"

她说:"原来的学校上课的时候全是老师讲,我和同学们根本不想听,每天上课都觉得时间很慢。而现在,上课很有趣,因为我和同学们都有事做,我们都积极投入,觉得时间过得很快。"

"那你现在成绩怎样?"

她说:"还算比较好吧!反正比原来好!"

我又问:"这所学校和以前的学校比,哪个学校的作业负担更重?"

她说:"当然是原来的学校!这个学校基本上没有课外作业。"

我问:"你在原来的学校读书的时候,晚上几点钟睡?"

"至少在十一点以后,作业做不完。"

"现在呢?"

"现在九点半,学校统一关灯,我们都睡觉了。"

本来我还有许多问题想问她们,但我怕耽误她们吃饭,便说:"你们能不能在周末给我写写你们对学校的感受?现在社会上不少人不理解杜郎口中学,有许多误解,甚至还有人造谣诽谤杜郎口中学呢!"

她们说知道的,因为她们曾经在网上看到过一些人说杜郎口中学的坏话,她们都很气愤,因为那些说法完全不是事实。

我说:"对这些不实之词最好的回答,就是杜郎口中学学生的声音!"我拿出名片给几位小姑娘:"这上面有我的电子信箱,写好后你们发给我吧!"

那个河南来的初二女生接过名片看,突然惊叫:"你就是李镇西?"

我说:"是呀!怎么啦?"

她无比兴奋:"我读过你的书!我妈妈给我讲过你,妈妈买了你的书《爱心与教育》,还有写你女儿的《做最好的家长》!我都读过的。"

我笑了:"谢谢你妈妈!如果我收到你们的信,一定给你们每一人寄一本我的著作!"

小姑娘们非常高兴:"太好啦!谢谢李老师!"

我说:"我才应该谢谢你们!吃饭去吧!再见!"

"再见,李老师!"小姑娘们对我挥手。

虽然在这之前我已经来过杜郎口两次,但当听到社会上一些质疑之声时,我也曾经有过不自信的疑惑:"也许就像其他'爆发户名校'一样,杜郎口中学也有摆不上桌面的'秘密'吧!"尤其是对"白天作秀,晚上作假""明里暗里挤走差生,优化生源"等说法,我确实不敢有百分之百的把握说杜郎口中学确实是真教育。

但是,这次来杜郎口之后,我对杜郎口教育的真实性确信无疑了!我无意也无力说服所有至今将信将疑的人,杜郎口中学也不在乎人人都说其好。只要是真诚的人,总会尊重事实的。不过,偏见比无知离真理更远。有人即使到了杜郎口现场,他也不会相信杜郎口奇迹是真的,他也会总是说"假的假的""演戏演戏"。这也不完全怪他们"固执",毕竟这么多年来,中国教育乃至中国社会,一夜成名的"神话名校"太多太多,假的东西太多了,遇到真的也不那么容易让人信服了。

记得二十年前,我在火车站看到一个妇女吃力地拎着几个大包,我赶紧过去帮她,结果她惊恐而坚决地拒绝,我说我是教师,绝对是真诚帮你。可我越这样说,她走得越快,仿佛我是烈性传染病人。不能说当时我没有委屈感,但我更多的是理解:她可能曾经上过当,所以不敢轻易相信人了。理解之后,我感到悲哀与愤怒:这个社会骗子太多,让人与人之间失去了起码的信任。

明天就要离开杜郎口了。晚上,崔校长夫妇请我和光友书记吃饭,作陪的有杜郎口中学的几位老师,还有县教育局的两位老局长。

饭桌上崔校长请我拿出笔记本电脑,然后通过播放光碟给我们看最近中央电视台关于杜郎口中学课堂改革的一个近八分钟的新闻节目。看完之后,崔校长感叹:"当初我们只想如何摆脱教育质量最后一名的耻辱!于是我们背水一战,进行改革,哪里想到会有今天啊!"

巧得很，餐厅里接待我们的是一位很有礼貌的小伙子，他主动招呼高老师，并自我介绍说他是杜郎口中学毕业的学生，刚刚参加完高考，来到这酒店进行社会实践活动。

高老师非常感动，说你居然还记得母校的老师。高老师当年其实并没有教过他。我更感动，因为从他朴实的气质，以及礼貌而有教养的言行中，我看到了杜郎口中学的教育成果。

他问我们喝什么茶，我们说就来菊花茶吧！小伙子便吩咐另一个服务生去准备菊花茶，并特别嘱咐了一句："记住，有一杯别放糖！"

原来，他居然还记得崔校长有糖尿病，是不能吃糖的！

崔校长更没有教过这个学生，但全校孩子都爱他们的崔校长，都知道崔校长身体不好。

我再次怦然心动。

保卫崔其升

——再访杜郎口之五

我知道写下"保卫崔其升"这五个字极有可能又会招来一些人的反感,但我只能忠实于我的心灵。

一个"好皇帝"

已经离开杜郎口了,但我的思考一直没有停止,心里一直萦绕着三个字:"崔其升"。

这几天,看到朋友们在我的《再访杜郎口》系列文字后面的不同观点,我很高兴的是,没有一条是恶意谩骂。有一些不同观点我认为是"想当然",有一些则是从理论出发的抽象推理,或从教育经典"尺子"出发的比照(比如,"铁皮鼓"简单地用苏霍姆林斯基来打量杜郎口,在我看来有点理论"冒酸",是典型的"从本本出发"——怎么可能用"理论"去硬套鲜活长青的"生活之树"呢),也有不少批评和质疑,我基本同意。只是我在《善待杜郎口课堂》中说过,就目前而言,应该多说杜郎口的好处。但是,多说杜郎口的好处,并非意味对其局限或者说不足就视而不见。

我今天也不是专门谈杜郎口的不足，而是想说说透过我所看到的现象所想到的可能相对深层次的东西。我想超越我的"怦然心动"，谈谈我的"若有所思"。

还是回避不了对崔其升校长的评价。我依然毫不讳言我对崔其升的超越其他任何基础教育改革者（这些改革者的名字可以说出一大串，相信各位也会想到）的崇敬——

他是一位有魄力同时又谦逊低调的改革者，是一条有不屈脊梁且刚正不阿宁折不弯的汉子，是一个至今没有被世俗污染的纯粹的真人！

当然，他同时也是一个"皇帝"，只不过是一个"好皇帝"。我曾经当面调侃他："你是一个'好皇帝'！"我还开玩笑地叫他"皇上"。虽然是调侃，其实也说出了我对他在杜郎口中学的定位。说他是"皇帝"，是因为在杜郎口中学，几乎没有其他学校所拥有的健全的制度体系，一切都是他说了算，所谓"现代法治观念"几乎没有体现。他自己也说，制度不也要人去执行吗？他的确有点像"皇帝"一样一言九鼎，雷霆万钧。

但他的确是一个"好皇帝"，他对老师的一切要求都是从自己开始的，而且远比对老师要求严格，可以说他对自己到了苛求的程度。老师们认可他的"人治"，固然有法治意识尚待充分苏醒的因素，但更多的是对崔校长人格魅力发自内心的崇敬。有人曾经把杜郎口中学比作朝鲜，也有人把杜郎口中学视为当年的大寨或大邱庄——这些比喻，其含义是不言而喻的。但我要说，这个比喻似是而非。崔其升绝不是金正日，不是陈永贵，不是禹作敏！他有事业心，但绝无权力欲，以权谋私和他绝缘。他心地善良，虽然经常批评人，但从不整人；他品格正直，不会权术，虽然有时也不得不在"潜规则"面前表现出某种屈从的无奈和狡黠。他的身体可以说是相当糟糕——29岁就患上糖尿病，现在已经很严重，但他已经并继续用自己的生命在润滑着杜郎口中学的运转机器。多年前，他在全校大会上向全体老师公开宣布："如果我的工作量低于学校任何一个人的两倍，我就没资格做这个校长！"写到这里，我再次非常心疼。离开杜郎口中学之后，我给他发了短信："其升好兄弟，我心疼你的身体！一定要多保重啊！"他回信："大哥，你的吩咐是对我最好的爱护，我一定按您说的去做！"但我知道，为了他所钟情的事业，为了他一往情深的学校、老师和学生，他肯定会"言行不一"的。

他批评违纪者毫不客气，但他其实心地善良到了极点。我听到了许多他关心老师的故事，这里不再赘述。记得当年学《县委书记的好榜样》，其中有一句对焦裕禄的评价："他心中装着全体人民，唯独没有他自己！"这话完全可以用来评价崔其升校长对杜郎口中学的奉献。他批评起人来，有时甚至要骂粗话，但他心肠柔软，为老师们着想真的到了无微不至的地步。比如，被人广泛诟病的参观收费的问题，孤立地看，许多网友的批评都是对的，但就崔校长来说，这是在中国特定国情的背景下，不得已而采取的为改善学校条件、提高老师和学生生活质量而打的"擦边球"。他对我说："学校收取每人次60元的参观费用，我们首先是投入到了学校餐厅的建设，这么多外地参观人员，多的时候能有5000人，我们必须保证他们的吃住，而这么多人来参观学习，学校的老师得额外花费时间和精力，他们也必须有相应的酬劳。"这话不好听，但是大实话。可能有的老师不知道，杜郎口中学离杜郎口镇都还有几里路，学校周围都是农田。老师们来学校参观，如果学校不解决食宿，真的还很难找到地方吃饭和睡觉。我刚才说了，网友们对此的批评是不无道理的，毕竟学校不是景点，但学校修食堂和公寓，这本来是国家应该投入的，现在却成了崔其升操心的事。当然，这笔费用不仅仅是修食堂，还包括我前面说到的为老师和学生改善学习生活条件。为此他不惜承受无数责骂——只要为了学校和老师还有学生，他哪怕"身败名裂"也在所不惜！想想，如果中国所有校长，都有崔校长对老师们和学生们的如此真诚的爱心，中国的教师才真正会有尊严地生活！

上次来杜郎口中学，我亲自看到一位干部在大会上谈到自己工作还做得不好，没有为崔校长分担工作而自责地禁不住流下了眼泪。可能在一些有"现代观念"的朋友看来，这是"愚忠"，是"臣民意识"，但我要说，这是老师们对崔校长人格魅力的由衷折服，以及由这折服所产生的忠诚。可以这样说，现在崔校长这样的校长，在中国已经不多见了。包括我，和他的差距实在太大。毫无疑问，崔其升校长的一些观点和做法，显然和我所信奉的民主、自由、法治、宪政等观念是相悖的，但具体到特定的环境，特定的人，我理解他的种种"局限性"。

纯真而朴实的突围者

面对现在媒体的一些夸张的宣传，他也是不同意、甚至反感的。他一直反对"复制"杜郎口中学的说法，他反复说，每个学校有每个学校的情况，不能全盘照搬；何况杜郎口中学的做法也很不成熟，还有许多不足。他的原话是："我不同意用'复制'这个词，我也反感被叫做'杜郎口模式'，一说起模式，就是一种固定的形式，但杜郎口中学不是静止的，每一天都会有新的变化，不可能被完全复制。"面对中肯的批评，崔其升是虚怀若谷的，他不是那种听不进不同意见的人。比如，前几年，学校下午第四节并没有学生的各种课外兴趣活动，后来崔其升接受了批评和建议，才开始了学生的课外活动。应该说，崔其升是清醒的。崔其升眼中的杜郎口中学和媒体上的杜郎口中学，是有区别的，有时甚至是两码事。遗憾的是，我们许多人因为对"媒体杜郎口"反感，便把这种反感迁移到崔其升身上了。

崔其升朴实得像个老农民，纯真得像个小孩子。他是一个善良无比的人，甚至是单纯得有点傻乎乎的人。他总是把所有的人当做好人，尽管经常因为天真因为轻信上当受骗。但他并不因此而变得多疑起来,失去对人的信任。下次别人来了,他照样以善良待之。有人给我讲了崔其升的一个故事:有一次崔其升从北京西客站准备打的去首都机场,结果马上来了许多出租车司机很热情地问他到哪儿去,有人甚至还来拉他,帮他提包;当时崔其升很感动,觉得不愧是北京人啊,首都人民真热情!于是他就上了一个司机的出租车。车开到半道,司机突然要崔其升给三百元钱,不然就下车。崔其升当时就蒙了,他万万没有想到"首都人民"会这样!崔其升就是这样的善良,但受骗之后,他依然不会有"防人之心",他仍然善待别人。

他是真正的"大智若愚"。虽然我刚才说他像农民般朴实像孩子般纯真,但他其实有着大智慧,不然一所濒于倒闭的农村学校怎么可能成为全国许多教育者朝拜的"圣地"?他的记忆力惊人。前不久他翻开一本语文教材看了一篇文言文之后,叹息道:"现在记性真不好了,一篇文言文我要读三遍才能背下来!"我们目瞪口呆。但是,崔其升这不是幽默——我一直感到他的缺点之一就是缺乏幽默感,他真的很苦恼,因为青年时他读书完全可以过目不忘,就是现在,记陌生人的电话号码,也是他的一绝,常常让人惊讶不已。只是他的智慧都是通过农民般朴实的行为和孩子般认真的行动表现出来的。他不是那种善于"提炼"善于"挖掘"善于上升到"理论"的夸夸其谈的人。目前关于杜郎口中学的所有总结提炼,包括"三三六"呀,"模式"呀,都和崔其升没有直接关系。

我绝不同意崔其升的"人治"。前面几篇《再访杜郎口》中,我写到他因为学生用的教鞭不合格,而处罚班主任和年级主任,还有为了表扬出差吃盒饭的老师而临时决定奖励其一千元。这些罚和奖都是即兴的,没有任何制度依据。我是不同意的——当然,对此崔其升也不同意我的"不同意"。我还是认同这样的常识:从长远来说,制度比人更重要。因为如果仅仅是靠人的道德,这是靠不住的;而制度可以避免"人"可能带来的种种弊端甚至恶果。我也把我这个想法对崔其升说过。不过，对目前的杜郎口中学来说，因为崔其升具有非凡的人格魅力和崇高的道德品质，所以他"随心所欲"的管理，比换一个人后靠"制度"管理也许更有效。问题是，崔其升退休之后呢？会"人亡政息"吗？因此，至少崔其升现在应该有制度建设的思考，应该让杜郎口中学朝制度管理过渡。

不过，写到这里我其实很矛盾：在目前的中国，好多改革成功的学校，几乎都有一个铁腕强人，搞"民主管理"的往往难以成功。别的不说，就以我为例，我真诚地在自己任职的学校搞民主管理，不能说没有效果，但我们的课堂改革包括各个方面都存在执行力不强的问题，局长也委婉地批评我"太软弱"。我这里当然不是否定我所追求的民主管理，但在某些时候某些地方，就工作推进和效果来说，校长的魄力与强力推进的"霸道"，至少是一种可以理解的策略。民主制度需要土壤，在土壤没有形成之前，孤立地搞"民主"，到最后很可能什么都做不成。

我见到过太多的"教育典型"和"教育改革者"，因此，当初我第一次从媒体上听说杜郎口中学的教改经验时，我第一个反应是：又一个"大寨"诞生了！心里很是不屑。我想，在这个炒作时代，凡是吹成神话的所谓"典型"，我都有理由怀疑其真实性和非教育的动机，甚至炒作背后的利益因素。我的确也看到一些所谓名校校长，一旦"出名"便失去了自我，吹牛浮夸毫不脸红，而且贬低同行（在今年上半年一个全国校长论坛上，某名校校长面对几百听众，在夸耀了自己学校为中国基础教育作出的巨大贡献——这的确是事实，我对这所学校非常敬重——之后，公开诋毁杜郎口中学是"骗子学校"，说杜郎口中学"白天作秀，晚上作假"）。但是，在我的视野中，迄今为止，崔其升是唯独——注意，我用的是"唯独"这个词——一位在如此险恶的环境中用生命突围并创造奇迹的教育理想者，而且他的教育是真实的，是朴实的！这个真实和朴实，自然包括和他的魅力人格糅杂在一起的种种不足和局限性——抽调了他的种种局限性，他还是崔其升吗？他本来不是神，你却非要把他当做"神"来吹嘘，连他的不足你都要学，这是他的错，还是你的错？在我的视野中，目前到杜郎口中学来参观学习的老师，绝大多数都是自发的，从来就没有一个是教育行政部门用枪押送着来的。可有人却因此而怪崔其升，这公道吗？

表面上看，崔其升和他的杜郎口中学目前占尽春光，风光无限，其实，如前所说，老崔现在腹背受敌。在中国这片土地上，在现今"中国特色"的背景下，居然出现了崔其升这样纯正的教育改革者，我实在不愿意看着他悲壮地倒下。因此，我最近写下一系列文字为他辩护，我真诚希望我们每一个理想不灭、良知犹存的教育者，支持杜郎口（包括指出其不足以完善它），宽容崔其升（包括提醒他的局限性），保卫真正的改革者。崔其升做到了我们想做却不敢做或不能做的事，实现了我们想实现却无力实现的教育理想，因此，保卫崔其升，就是保卫我们自己——

保卫我们追求的教育理想，以及我们心灵深处的教育良知！

2010年6月21—23日写于杜郎口中学

附：刚刚写完这组长文《再访杜郎口》，便从搜狐信箱里收到那天给我聊天的那个女孩的来信——

初遇李镇西

薛 熠

走（应为"昨"，李注）天在上课外活动时，崔校长、张校长、高老师，还有一个外校的老师和他们在一起。我们正在练习《节拍》，或许是因为经常有外校老师来参观杜郎口中学的缘故,所以并没有在意。

　　到了吃晚饭的时间,我从教学楼走出来,便看到了那位老师和同学正在坐椅上交流着什么,出于好奇,我就走上前去,并加入到他们的讨论当中。那位老师问了我们这样几个问题:"你们晚上几点睡觉的?""你们觉得这种模式怎样?""有作业吗?"对于以上问题我们几个同学分别作出了回答:"晚上九点多就睡觉了。""觉得这种模式十分能锻炼我们的自主学习的能力。""平时没有,只有周末才有很少的作业。"那位老师在得知我不是本地的学生后,就问了我几个关于我在原来学校情况的问题:"在你们那里几点睡觉?""在原来班级的成绩怎样?""来到杜郎口的感觉是什么?""能适应这里的教学模式吗?"关于这些问题我的回答是这样的:"在原来的学校经常很晚才睡觉,大概到十一点钟才睡,在班级中的成绩一直是中等,并不是很好,来到杜郎口后没有觉得什么不适应的。"到了最后,那位老师把他的名片给我们一人一张,李镇西?我心里不是很肯定地在想。我便问那位老师:"您就是李镇西?您还写过书吧?"得到他的肯定回答之后,我很是激动地说:"老师,我读过您的书,因为我妈妈是老师,她买了您两本书,我全都读完了。"他听完很惊讶地说:"你妈妈是老师?"得到我的肯定回答后,他还告诉我们让我们进他的博客给他留言,并且还可以把今天和他谈话的内容写成文章还有在杜郎口的感受一并给他发过去。

　　说到来杜郎口的感受,绝对不是一句两句就可以说清楚的,我提炼出来了三个词:1. 自主;2. 权力;3. 舞台。怎样解释呢?自主:这点不用多说,都可以看得出来,在这里锻炼了我们的自主学习的能力,提高了我们自主学习的意识。权力:把课堂教给我们学生,课堂以学生为主,在这里,有一句话给我很大的震撼,砸掉讲台。我以前对讲台很反感,讨厌老师在上面讲课,我们在下面听课的感觉。来到杜郎口,在课堂上学生权力最大。在杜郎口中学真正实现了老师和学生做朋友这句话。

舞台：在杜郎口只要你站在聚焦处，你的发言大家一定会倾听，所以来到这里后就觉得杜郎口是我所到过的所有地方中，把"倾听"这个词诠释得最好的地方。

来到这里才知道老师可以这样当，学生可以这样做，这一切或许在别人看来不说是天方夜谭，但也至少是匪夷所思。事实上，这一切都是由杜郎口的老师做出来的。在学校中，如果有错误发生，老师不会去责怪学生，而是先自责——这里的老师从不把责任推到学生的身上，而是找自身的问题，这就是为什么一楼的走廊中有那么多白板，上面好多都是老师的反思。在杜郎口中学所"流行"的并不是怎样推卸责任，而是如何去承担责任。勇于承担责任不正是我们这一代孩子所缺少的吗？

由此我要感谢杜郎口，感谢杜郎口的老师，感谢杜郎口的同学，他们教会了我太多太多让我这一生都难以忘怀的东西。

善待杜郎口课堂

对杜郎口中学的课堂模式,至今人们还有不同的看法,甚至还有比较激烈的争论。但我一直欣赏杜郎口中学的课堂改革,并坚定不移地为它辩护。

我当然并不认为杜郎口中学的课堂形式具有"放之四海而皆准"的"普适性"——具有这样"普适性"的形式永远不可能有,因此,当我听到某知名校长在一次全国教育论坛上斩钉截铁地说:"现在中国所有的课堂改革都是学我们学校的,我们学校的经验任何学校都适用!"我一笑了之。

但是,如果我们的教师专业水平不太理想,同时我们的学生整体素质太不理想,而我们又想让教师的专业水平和学生的整体素质都得以提高,那么,借鉴杜郎口中学的课堂模式应该是一个不错的选择之一(注意是"之一")。这话也可以反过来说,如果教师人人都是学识渊博、技艺精湛,学生个个都聪明绝顶、能力超强,那完全不用学杜郎口中学——这样的老师,这样的学生,怎么上课都行,教学质量肯定都非常棒!

问题是,我们相当多的学校不是这样,我们面临杜郎口中学当初面临的问题:教师厌教,学生厌课,课堂沉闷,质量低下。而我们希望学生学好，盼望学校翻身，更渴望自己的教育职业能够充满快乐。怎么办？那就学杜郎口呗！

杜郎口中学成功的秘诀在于，他们选择了最可能也最容易改变的因素——课堂教学方式。通常情况下，我们无法改变统编教材，无法改考试制度，也无法短时期内改变教师的素质，更不可能改变生源状况，剩下的就只有课堂教学方式了——这是我们唯一能够改变的。杜郎口中学正是从这里入手，开始了轰轰烈烈而扎扎实实的改革！

他们改变教学方式，又不仅仅是在更加"生动""直观"之类的教师个人技巧上做文章，而是从砸掉讲台开始，限制教师多讲，鼓励学生多说，把传统课堂中的"教师中心"完全颠覆了，课堂流程由教师教的过程转化成了学生学的过程。或者说，教师由过去着眼于自己怎么讲得精彩转变为现在着眼于学生怎么学得有效。于是，学习成了"生命的狂欢"，教室成"知识的超市"。奇迹出现了！

所谓"三三六"之类，是专家们的提炼，而杜郎口中学的老师们最初的想法没那么"深刻""复杂"，他们无非就是遵循常识而已。让学生学会学习，并不停地讲，教学质量自然提升。最好的学习，就是给别人讲，这是个常识。这个常识很深刻，也很朴素。多年来我们把这个常识给忘记了，不停地给学生讲，却不让学生讲。于是，知识在我们教师头脑里记得越来越深刻，学生却什么都没记住。杜郎口中学的老师们相信了这个常识，并利用了这个常识，让学生在课堂上不停地给别人讲，成绩当然就提升了。这就么简单。

杜郎口中学是从改变教学方式开始的，但是他们最后改变的绝不仅仅是教学方式，由此带来的是教育（不只是"教学"）观念的变化、师生关系的变化以及师生素质的变化。在学生主体的教育观念下，在师生互动的教学模式中，学生综合素质全面提高，教师专业水平全面提升。师生共同成长在杜郎口中学成为现实。人们只看到杜郎口中学令人惊叹的教学质量，而我更欣赏的是，在这样的课堂上，孩子们所收获的是"最素质"的东西：孩子们的自信、他们出色的口头表达能力、他们的自学能力、他们的团队合作精神、他们对人的彬彬有礼、他们生活的简朴、他们高远的志向……同时，教师也成长起来了——现在杜郎口中学的不少教师已经成为全国各地争相邀请讲学并示范上课的专家，而这在过去，是不可思议的。

我多次去杜郎口，我对它的所有评论都是有依据的，包括有些不实传闻，经过我的调查核实，也证明至少是误解。说实在的，每次去杜郎口，所见所闻带给我的首先不是什么"思考""启发""观念"，而是两个字："感动"！一群朴实无华甚至看起来木讷的老师——他们的形象更像耕种的农民，却创造了教育的奇迹，而且是真教育！这不能不让我感动。如果从理论出发，我们很容易说出他们的这样或那样的问题；客观地分析他们的每一个具体做法，我们的确可以指出其这样或那样的不足，但面对这样一群长期扎根在田野的泥腿子教师，我唯有肃然起敬。我实在不忍苛求他们的专业水平如何如何"让人不敢恭维"（某专家的评论），须知在城里豪华学校（包括所谓的"名校"）里，许多学富五车的"高素质"教师却没能创造出杜郎口中学那样的业绩。

我每次在博客上对杜郎口中学予以好评，都会招来一些谩骂与诽谤。我想，杜郎口中学的课堂模式当然是可以质疑的，但谩骂与诽谤则不应该。记得学者谢泳在谈到民主的时候说过大概这样的话，民主不是没有缺点，但在我们很缺乏民主的今天，不宜多说民主的缺点，而应该多说说民主的优点，这样有助于民主理念的普及。同样，杜郎口模式并非"绝对真理"，更不用某些人说什么"开创了课堂改革的新纪元"，我几年前就说过，教育上千万不要再搞什么"农业学大寨"那样的运动了，没有哪个学校的经验敢说是绝对的"样板"。但就目前来说，我认为还是应该多说说杜郎口的好处。研究杜郎口，完善杜郎口，超越杜郎口，才是科学的态度。从来就没有,也永远不可能有什么永恒的经验,各领风骚三五年,是科学发展的常态。杜郎口中学也是如此。若干年后被超越,甚至被人遗忘,这很正常。但是就目前来说,杜郎口中学至少作为教育百花园中的一朵独特而绚丽的花儿,应该受到我们的善待和宽容。

2010年6月10日

The third album
第三辑

所谓"民主课堂",就是充满民主理念的课堂,它意味着对学生能力与潜力的无限信任,意味着必须尊重学生原有的基础与个性,意味着师生是探求知识真理道路上的志同道合者,意味着还学生自主学习的权利,意味着让学生成为课堂的主人……

思想创新与语文教育

当人类第一次用一块石头去打制另外一块石头时,这就标志着人把自己同一般的动物区别开来了。这个创新当然是原始的,但它昭示了人的本质。

今天我们提创新,的确是时代发展的必然。在农业经济时期,生产的资料是土地,知识形态是经验,生产力是人力、畜力和直接的自然力。在工业经济时期,生产的资料是大厂矿及其机器系统,知识形态是技术,生产力是通过转化的自然能量(比如蒸汽机)。而知识经济区别于农业经济和工业经济最重要的一点,在于知识在生产过程、经济运行中所占的比重、含量的大大增加(不只是量的增加,更是质的增加),这些"知识"不但起主导作用,而且是经济增长的源泉。因为知识具有共享性,传播速度很快,所以知识创新的周期非常短,因而知识必须不断创新。与传统的创新不同,知识经济时代的创新,是主动的、自觉的。

然而,现在人们提到"创新",往往只是想到技术创新,具体到教育上,更多的是技巧创新。比如"一题多解"呀,作文的"构思新颖"呀,或者是小发明、小制作等等。技术(包括技巧)的创新当然是需要的,但比技术创新更重要的,是思想创新。

一说到"思想创新",有人便认为是"异端",是脱离了马克思主义的"思想轨道"。然而纵观整个马克思主义的发展史,它恰恰是一部思想创新史。马克思主义的标志是《资本论》;列宁主义的标志是《帝国主义论》;列宁对马克思主义的创新是,马克思认为社会主义革命不能首先在一国成功,而列宁则提出了社会主义革命只能首先在一国成功并实践证明了这一点。毛泽东对列宁主义的发展是提出革命可以通过农村包围城市的方式取得成功。邓小平的贡献在于社会主义可以搞市场经济……我们看,这不都是思想创新吗?从人类历史长河看,思想创新显然比技术创新更重要,因为它是宏观的,是影响整个社会发展的。比如,《新青年》所发起的新文化运动,不仅点燃了五四运动的思想火炬,而且为中国共产党的诞生提供了思想资源,并因此也孕育了几十年后的中华人民共和国。又如,关于真理标准的讨论,我们无法说它产生了多少"当量",但它却开启了整个改革开放的伟大时代,奏响了中国走向现代化的进行曲。

　　如果我们承认思想创新的如此巨大意义,那么,我们不妨再继续追问:思想创新的权利只是少数巨人独有呢,还是每一个普通人都应该享有?从理论上讲,思想创新的权利当然是人人拥有。但是,在两千多年的封建统治中,"思想"是统治者的专利;即使到了新中国成立后,由于封建残余的惯性和极"左"路线的肆虐,一般老百姓是没有思考的权利的,更别说思想创新的权利了。无论是马寅初、顾准,还是遇罗克、张志新,他们因独立思考而付出的代价已经说明了这一点。而中国千千万万的普通人逐渐丧失了思想继而彻底放弃了思想创新的权利,正是中国至今落后的根本原因。

　　从这个意义上看,江泽民同志所说的"创新是一个民族进步的灵魂,是国家兴旺发达的不竭的动力"实在是至理名言。

　　我从来认为,真正的教师同时又是真正的知识分子,语文教师当然也应该具备现代知识分子所拥有的天然的使命感和批判精神。因此，语文教育应该成为思想创新的启蒙教育，这是理所应当的。那么，如何对学生进行创新教育？我认为，首先是教师本人要有思想创新的意识、能力和胆略。其中最关键的是要有独立思考的勇气。如果习惯于在权威面前关闭自己思考的大脑，就谈不上任何创新。即使是对公认的大师级的语文教育家，我们都不能搞"两个凡是"。这里我斗胆以我十分尊敬的"三老"为例。"三老"的思想无疑是当代语文教育界的理论高峰，他们的许多精辟的思想至今仍是我们语文教改的理论养料；但人的生命之有限，而时代发展却无穷，在绝对真理的长河中，任何人都只能拥有相对真理。如果语文教师在实践过程中，只会言必称"三老"，甚至以"三老"只言片语之"履"来削当今语文教育实际之"足"，这只能窒息语文教育事业的发展。须知我们尊敬的"三老"之所以能够称为"高峰"，恰恰就在于他们的思想不断随着时代的发展而创新。不能苛求每一位教师都是思想家，但每一位语文教师至少应该是一个独立思考者，并珍视自己的思想创新的权利，否则，让一个没有思想创新意识和能力的人去搞语文创新教育，岂非缘木求鱼？

其次，语文教师要尊重学生思想创新的权利。不客气地讲，在相当长的一段时期里，语文教育（当然，不仅仅是语文教育）的过程，就是不断扼杀学生思想创新的意识的过程。久而久之，学生的思想也麻木了，他们除了迷信教师、迷信书本之外，已经意识不到自己也有思考的权利。共和国五十多年来之所以没有诞生过诺贝尔奖获得者，这至少是其中一个重要的原因。现在，一些教师开始重视对学生进行创新教育，但说来说去，还只是停留在"技巧"（包括思维技巧）。必须声明，我一点不反对"技巧"的培养乃至训练，因为所谓"观念""意识"都不应该是空洞的，而必须通过操作来体现。问题是，在进行技巧训练的同时，不要忘了创新教育中更重要的一点，那就是开启学生思想的闸门，让他们的心灵获得自由。比如在阅读教学中,与其煞费苦心地"引导"学生找这个"关键词"寻那个"关键句",不如让学生畅抒己见;宁肯让阅读课成为学生精神交流的论坛,也不要让它成为教师传授阅读心得的讲座。又如作文教学,与其仅仅"训练"学生如何在"怎样写"上下工夫,不如放开让学生在"写什么"上多动脑筋。总之,衡量一堂语文课成功的标志,不在于学生与教师有多少"一致",而是看学生与教师、学生与学生之间有多少"不一致"。从某种意义说,宽容学生的"异端",就是对学生创造精神和创新权利的尊重。

中国所有教师的思想创新和学生的思想创新,是让社会主义现代化中国真正跻身世界强盛民族之林的希望所在。

2001年1月21日

没有思想就没有个性

1984年——也就是我参加工作的第三年,我迷上了魏书生。那时魏书生还远远不是名人,但《语文教学通讯》一篇介绍他的小文章,就足以成为我"画瓢"的"葫芦"。于是,我语文教学的每一个环节上,都尽可能"逼真"地向他看齐:"课堂教学六步法"、画"知识树"、控制"三闲"……不能说这些学习一点效果都没有,但从总体上看,我并没有取得魏书生老师那么辉煌的成绩。当时,我很苦恼,却百思不得其解。直到后来,随着教育实践的积累和教育思考的深入,我才渐渐认识到:从某种意义上说,任何教师的教育都是不可重复的,因为教育的魅力在于个性!

是的,任何一个杰出的教育专家或优秀教师,其教育模式、风格乃至具体的方法技巧都深深地打着他的个性烙印。也就是说,他们的生活阅历、智力类型、知识结构、性格气质、兴趣爱好以及所处的环境文化、所面对的学生实际等等因素,就决定了任何一个教育专家都是唯一的、不可重复的。这就是为什么不少人苦苦"学习"于漪、魏书生却老也成不了第二个于漪、第二个魏书生的原因,也是为什么许多优秀教师的先进经验难以大面积推广的重要原因。我这样说,当然不是反对向优秀教师学习,而是想说,向优秀教师学习主要是学习其教育思想,而不是机械地照搬其方法;而且,其先进的教育思想也必须与自己的教育实际和教育个性相结合,只有这样才能将别人的精华融进自己的血肉。因此,我非常赞同程翔老师的观点:"我们必须以自身为基础来吸取消化别人的先进经验。我们学习于漪老师,并非把自己变成于漪老师;我们学习魏书生老师,也并非把自己变成魏书生老师。其实,即使你想变成于漪、魏书生也是不可能的。他们所达到的高度是属于他们自己的高峰,别人是不可企及的;你只能重新创造一座属于自己的高峰。这个高峰就是结合的产物。"(《中学语文教学》1999年第1期)

如果要比较"学术"地解释什么是"个性",我想在众说纷纭的答案中选取这样一种比较通俗的解释:"……狭义的个性通常指个人心理面貌中与共性相对的个别性,即个人独具的心理特征。"(《教育大词典》)事实上,这个解释并没有完全揭示我们平常使用这个词时约定俗成的含义。平时我们说的"个性",更多的是指一个人在天赋、能力、兴趣、气质、行为等方面表现出来或潜在的独特性甚至独一无二性。关于个性的重要性,我曾在一次学术会议上,听顾明远先生说过这样的话:"个性的核心是创造性。"虽然这话当时就引起了争议,但我想至少个性与创造性是直接相关的,压抑个性发展就会抑制创造性欲望和创造性人才的成长。因此,让教育充满个性,这应该是教育改革的方向。

所谓"让教育充满个性",对学生而言,是指重视学生的需要、兴趣、创造和自由,尊重人的尊严、潜能与价值,反对一切非人性的教育措施,培养完美的人格,促进学生生物的、社会的、认识的、情感的、道德的及美感的整体成长,成为健全的社会公民;对教育者而言,则要求我们具备科学与民主的教育思想以及富有创造性的教育方式、方法与手段。特别要说明的是,我们这里所说的"个性教育",不仅仅是指"因材施教"之类的教学方法,更主要的是宽容学生的"与众不同",尊重学生的心灵自由和精神世界的独特性，同时鼓励学生思考的批判性、思维的独特性和思想的创造性。

语文教育，本来应该是最具个性的教育。因为第一，语文教育所借助的载体——文章是人类精神的结晶，通过任何一篇我们所感受到的都是一个独一无二的精神宇宙；第二，感受这些精神宇宙的心灵，也是独一无二的精神宇宙；第三，担任"心灵导航"的语文教师，对语文内容的感受、领悟、解读等等，也深深打上了其精神世界独一无二的烙印。因此，有个性的语文教育应该是理所当然的，而没有个性的语文教育倒是不可思议的。但是，现在的语文恰恰成了最公式化的学科：以前的教学程序是告诉学生"时代背景""作者介绍""段落大意"等等，现在的教学技巧是教会学生选择 A、B、C、D。这当然不能一味指责教师"素质低"——在教材统一、教参统一、备课统一、练习统一、考试统一的背景下，教师本身的个性空间都受到严重的挤压，谈何发展学生的个性？

只有个性才能发展个性，没有教师的个性便谈不上学生的个性，这几乎是不需要论证的真理。然而目前，语文教育特点对教师个性的呼唤与语文教学现状对教师个性的压抑却形成尖锐的矛盾。怎么办呢？无非是在两个方面双管齐下：一方面是寄希望于整个国家语文教育改革的深入，为语文教学开拓越来越广阔的个性天地；另一方面是语文教师自己努力提高自身的素质，在与应试教育的"周旋"（"周旋"就包括了应对与超越）中形成自己的教育个性。对于前者，随着基础教育课程改革的启动和语文新课程标准的实施，我们可以依稀看到一些希望；对于后者，当然很难，但只要努力，也绝非达不到。就说前面提到的魏书生老师，不就是在应试教育的荆棘丛中走出了一条属于自己个性的路子吗？

语文教育的个性，当然是通过阅读教学、作文教学等具体的教学过程乃至教学技巧体现出来，但从根本上说，教学个性决不仅仅指某一项教学技艺的"别出心裁"，而是指一位教师整个的教学风格：同是老一辈的特级教师,于漪和宁鸿彬的风格不一样;同样是年轻的特级教师,程红兵和黄厚江的风格不一样;同样是上海的老一辈特级教师,陈钟梁和钱梦龙风格不一样;同样崛起于山东的年轻特级教师,程翔和韩军风格不一样……既然"一千个读者就有一千个哈姆雷特",那么,一千个教师完全应该有一千种风格。这富有个性的风格的形成,需要我们在多方面进行努力,比如实践积累,比如博览群书,比如善于采名家之长等等。但其中最关键的一点,是善于思考,要有思想。

风格的背后是思想。一提起真正的大家名家,我首先想到的不是他们哪一堂课,而是他们所提出的教育(教学)思想或观点——于漪的"人文教育观",钱梦龙的"主体·主导·主线",张孝纯的"大语文教育",魏书生的"民主加科学",程红兵的"语文人格教育"……也许他们这些思想观点至今仍有争议,但这不妨碍我把他们的个性首先看成是思想的个性。思想源于思考。同样是教了十年书,有的老师可能相当于只教了一年,因为他不断地重复自己,只有实践而没有思考;而有的老师则真是教了十年,因为他在不断思考中,每一年乃至每一天都不简单重复走过的路。思考,积累成思想;而思想,形成教育者的教学个性。

我始终认为,作为"知识分子"的教师应该是一个思想触觉十分灵敏的人;追求真理,崇尚科学,独立思考,应该是每一个教育者坚定的人生信念。作为思想者的教师,在踏踏实实地做好每一件具体教育工作的同时,我们还应该让思考的火炬照亮我们实践的每一个环节:备课的时候,能不能先抛开教参用自己的心灵直接与作者对话?阅读教学的课堂上,能不能在讲清楚"考试重点"之后,也让学生谈谈自己独到的见解?作文教学,能不能在作文的命题和批改等方面除了研究高考作文动态,也多琢磨学生的写作心理?面对无法避开的题海,能不能动一番脑筋进行筛选和提炼?每上完一堂课,能不能通过写教学手记对其得失进行一下反思?面对每一个学生,能不能在关注他们表面上的学习态度、学习方法和学习成绩的同时,更研究一下他们的心灵?此外,我们在认真上好每一堂课的同时,能不能关注一下语文界、教育界、整个社会乃至天下的风云变幻?我们在尊重并继承古今中外一切优秀教育理论与传统的同时,能不能以追求科学、坚持真理的胆识,辨析其中可能存在的错误之处?甚至对一些似乎已有定论的教育结论,我们能不能根据新的实际情况、新的理论予以重新的认识与研究……

我现在仍然学习魏书生,当然,同时还学老一辈的于漪、钱梦龙,学同龄人程红兵、高万祥,学比我年轻的许多后起之秀,但我不会再把他们的具体做法当成"葫芦"来"画瓢"了,而是通过他们的教学方法而感受他们的灵魂,从他们的思想中汲取养料滋润我的思想,以形成我的教育个性。因为我越来越感觉到:教育个性当然不仅仅体现于思想,但没有思想绝对就没有个性。

2002年6月24日

共享：课堂师生关系新境界

一

如果把课堂教学内容比作食物，那么，课堂师生关系经历了三种模式——

第一种是"填鸭式"。教师觉得食物对学生来说非常有营养，于是，便不择手段地满堂灌，唯恐学生吃不饱，而全然不顾学生是否有食欲，也不管学生是否消化不良；当然，也有"高明"的教师，他会将食物先咀嚼得很细碎，然后一点一点地喂学生。——应该说，这种"填鸭式"现在基本上没有了市场。

第二种是"诱导式"。教师不是直接将食物灌输给学生，而是把食物摆在学生面前，然后以各种美妙的言语让学生明白眼前的食物是多么富有营养同时又是多么可口，以打动学生的心，激发其食欲，使他们垂涎三尺，最后争先恐后地自己动手来取食物，再狼吞虎咽地吃下去。——这种"诱导式"在教学上也叫"启发式"，比起"填鸭式"无疑是了不起的进步，因而在目前的课堂教学中方兴未艾。

第三种是"共享式"。面对美味食物，师生共同进餐，一道品尝；而且一边吃一边聊各自的感受,共同分享大快朵颐的乐趣。在共享的过程中,教师当然会以自己的行为感染带动学生,但更多的,是和学生平等地享用同时又平等地交流:他不强迫学生和自己保持同一的口味,允许学生对各种佳肴做出自己的评价。在愉快的共享中,师生都得到满足,都获得营养。——这种"共享式"现在还不普遍,但已经开始出现。

任何比喻都是蹩脚的,何况课堂教学毕竟不是餐厅吃饭。但以上三种进餐方式,分别形象地代表了课堂教学中三种师生关系模式:教师绝对权威而学生绝对服从;教师在行动上似乎并不专制但思想上却分明是学生的主宰;师生平等和谐,教师在保持其教育责任的同时又尊重学生,和学生一起进步。

毫无疑问,今天我们提倡并需要的课堂师生关系,正是第三种——"共享"。

二

"共享"的过程就是"对话"的过程。

表面上看,师生关系仅仅是一个情感问题,其实不然。透过不同的师生关系模式,我们可以看到不同的教育观——我这里所说的"教育观"特指对教育属性的认识:教育是属于"科学"还是"人文"?如果我们将教育实践视为纯粹的科学研究(自然科学或者社会科学),那么,科学研究所要求研究者具备的客观、冷静以及与研究对象保持一种严格的主客观界限,都会使我们自觉不自觉地把教育对象(即学生)当做物而非人。在这种情况,师生关系自然不会是人与人的关系,而是人与物的关系。当然,教育(无论是实践还是理论)都不可能没有"科学"的因素——不只是自然科学和社会科学的知识是教育的重要内容,而且科学研究的方法也是教育所不能不借鉴的。但是,教育首先是属于"人文"的,而非"科学"。在一般的科学研究中,科学家所面对的是客观现象(包括社会科学研究所面临的社会现象也是客观的),因此,科学家在研究中与研究对象是分离的——这是严谨的科学研究所必需的。而教育则不然,苏霍姆林斯基说:"教育——这首先是人学。"(《把整个心灵献给孩子》)陶行知说:"真教育是心心相印的活动。"(《陶行知教育文选》)这就决定了在理想的教育中,教育者必须融进教育对象之中,避免师生在精神上的分离。换句话说,师生交往的本质就是教师人格精神与学生的人格精神在教育情境中的相遇。

基于以上认识,我认为,在课堂教学中,我们当然可以把教师角色定为"导游""主持人"以及"导演""舵手"等等;但更重要的是,不管什么角色,教师都应该在课堂中营造一种"对话情境"。这里所说的"对话",不仅仅是指教师和学生通过语言进行的讨论或争鸣,而主要是指师生之间平等的心灵沟通。这种"对话",要求师生的心灵彼此敞开,并随时接纳对方的心灵。因此这种双方的"对话"同时也是一种双方的"倾听",是双方共同在场、互相吸引、互相包容、共同参与以至共同分享的关系。"师生之间的这种相互作用或对话的交互性,说明二者的关系是一种互主体性关系,这不仅是指二者只是两个主体在对话中的互相作用,而且指二者形成了互主体性关系即主体间性,这样相对于对方,谁也不是主体,谁也不是对象,谁也不能控制谁操纵谁,或者强行把意志意见强加于另一方。"(金生鈜:《理解与教育——走向哲学解释学的教育哲学导论》)

而且,针对过去教学中的"教师中心"倾向,我们更强调对话情境中教师的"倾听"。毫无疑问,教师不但承担着教育的责任(我们并不因为"对话"而在思想上削弱这种责任感),而且无论专业知识还是社会阅历都在学生之上,但作为一个真实的活生生的人,作为一个和学生同样有着求知欲的成年学习者,教师同时也是学生年长的伙伴和真诚的朋友;

在倾听学生言说的过程中，学生的见解和来自学生的生活经验直接或间接地作为个人独特的精神展示在教师面前，这对教师来说，同样是一份独特而宝贵的精神收获。如果说，在过去"教师为中心"的师生关系中，教师和学生相对于对方都是一种"他"者，双方的关系是一种"我—他"关系的话；那么，在对话情境中，师生之间是一种"我—你"关系。在这种关系中的课堂教学过程，对师生双方来说，都是一种"共享"。师生之间人格的相遇、精神的交往、心灵的理解，便创造了也分享了真正的教育。这种教育，同时也是师生双方的生活，是他们成长的历程乃至生命的流程。

三

在"对话"与"共享"的课堂氛围中，学生既是学习者又是建构者。

作为学习者，学生的任务当然是获取知识、形成能力并获得健康的人格，正是在这个意义上，我们说学生是"教育的对象"。甚至如果在理论上静态地孤立地考察作为教育对象的学生，我们把学生视为教育客体，也是没有错的。

问题在于，从来就没有"静态"的教学过程。一旦进入实践层面，无论作为学生还是教师，都处于教学过程的"动态"之中。而学生只要进入教学实践，他们就绝对不是嗷嗷待哺的被动客体，而同样是积极参与的主体——是"建构"的主体。

这里不得不谈到正风行于中国基础教育界的建构主义理论。建构主义有许多不同的派别，但不同的建构主义者仍然有着这样一些共同点：首先，他们都认为知识不是被动接受的，而是学习者积极建构的。其次，他们都认为学习是学习者个体主动建构知识的行为。再次，他们都重视学习者先前所建构的知识和经验，并将学习者已有的知识作为新知识的生长点。最后，他们在强调学习者的自我发展的同时，并不排斥外部的引导，只是反对简单的、直接的知识传递。

至少这几个共同点是有助于我们重新思考学生在教学过程中的位置的。

作为学习者，学生在学习内容、学习方法等方面接受教师的指导；作为建构者，每一个学生在学习过程中都依据自己不同的知识储备和生活经验，对所学的内容进行选择、评价、重组和整合，进而把知识变成真正属于自己的一种能力乃至一种信念。在这过程中，学生主动地就知识质疑、对教师发问、向权威挑战……都是理所当然的。在这里，至关重要的，是教师应鼓励并尊重学生独立思考的权利。这符合学生求知心理，并能尊重其个性，因而可以有效地把学生推到主动学习的位置。学生由生疑、质疑，再到思疑、解疑，整个过程充满了积极求知的主动精神，其所获知识印象更深。

以语文课堂教学为例：无论把"语文"理解成"语言文字"、"语言文学"还是"语言文化"，其核心都是"语言—思维—人的发展"的相互作用及其相互促进。而离开了学生富有个性和创见的独立思考，这一切都谈不上！语言的千姿百态反映了思维的丰富多彩，学生在阅读教学过程中的"仁者见仁，智者见智"，正体现了能力形成和知识运用方面语文学科不同于其他学科的独特性。培养学生的思考能力，实际上也是在训练学生科学的治学方法。打开一切科学大门的钥匙，无疑是问号。知识传授决不是最终目的，我们的目的是通过教学，为学生的未来开辟一个广阔的文化空间，让学生自己去探寻、研究、发展和创造。因此，教会学生的治学尤为重要，而治学的过程很大程度上就是一个独立思考的过程。培养学生的思考能力，符合时代发展的需要。因为教会学生思考，其更深远的意义在于为学生未来的人生播撒科学精神的种子，为我们国家的未来造就民族振兴的栋梁。科学精神最重要的内涵之一便是怀疑精神——怀疑不是否定，而是不迷信。从人类文明史上看，怀疑是创造的起跑线，是科学的助产士，是真理的磨刀石。如果我们的学生没有起码的思考能力和怀疑勇气，那么，他们就不可能真正成为未来中国物质文明和精神文明的创造者，更无力迎接国际竞争的挑战。这将是中华民族的悲哀！

学生之间、师生之间的思想碰撞，应该是"对话"的主旋律。

这里，还有必要反思一下"启发式"教学。当然，相对于"填鸭式"教学，"启发式"当然是一个了不起的进步。"启发式"的教学策略之一，是"教学问题"的设计与提出。然而，正是在这一点上，"启发式"暴露出了其"教师中心主义"的胎记。

"学生为主体，教师为主导"是最近二十年比较有影响的教学改革命题，许多教师也把这句话作为自己教改的指导思想。但是，在一些教师的课堂教学实践中，"教师为主导"成了"教师为'主套'"。针对过去"满堂灌"的弊端，许多教师开始注重"启发式"教学，但是，谁来"启发"？仅仅是靠教师启发，还是引导学生之间互相启发，同时更注重学生的自我启发？这些问题往往被一些教师忽视。于是，"满堂灌"便成了"满堂问"，就以为是"主体""主导"的统一，这实在是一种可怕的误解。因为在这样的教学中，教师所依次抛出的自己所"精心设计"的一个个问题，常常成为学生的思想圈套——正是在这样教师的一步步提问，学生的一次次回答和教师对学生答案的纠正中，学生成了教师思想的俘虏！学生没有一点个人的创见，教师也不允许学生自己对文本进行富有个性的创造性理解；学生要做的，只是充当教师见解的复述者！这样的课堂教学中当然也有"人"的存在，但这里的"人"只是教师而非学生；而学生的"精神主体"却在教师的"引套"中消失了！

因此，教师应该警惕：千万别让课堂成为学生"思想的屠宰场"！

四

但是，这决不意味着教师放弃了自己教育的责任，而只能做学生"思想的尾巴"——如果这样，我们的教学就失落了它对学生应有的教育功能和发展意义。

有教师认为，既然讲教学民主，既然在课堂上教师也是"平等的一员"，就没有必要强调教师的引导作用，否则又会回到教师"话语霸权"的老路上去。这种认识是对教学民主的误解。在"对话"与"共享"的过程中，教师当然是"教学共同体"中与学生平等的一员，然而他是"平等中的首席"。他不是知识的灌输者，不是行为的约束者，不是思想的主宰者，但他在"对话"与"共享"中发挥着其他参与者（学生）所无与伦比的"精神指导"和"人格引领"作用。

我同意肖川先生的观点："教育作为文化—心理过程，所关注的是理想个体的生成与发展，它有这样两个相互制约、相互联结、互相规定、对立统一的基本点，那就是：价值引导和自主建构。"（《我们究竟需要什么样的教育》，《教育参考》2000 年第 5 期）在这里，"自主建构"是针对学生而言，"价值引导"则是就教师而论。

"平等中的首席"这个位置，是教育本身赋予教师的。教育的方向和目的，教师对学生成长所承担的道义上的责任，都决定了在教学过程中，教师不可能是一个放任自流的旁观者或毫无价值倾向的中立者，而理应成为教学对话过程中的价值引导者。事实上，无论是教学目标的确定还是教学活动的组织，都体现了教师的价值取向。纯粹"客观"的教学，永远不可能存在。在课堂教学中，教师的价值引导主要体现在：一方面，他创设和谐情境，增进学生合作学习，鼓励学生积极参与并主动创新。让学生在尊重中学会尊重，在批判中学会批判，在民主中学会民主……

这本身就是教育者应该追求的教育目的。另一方面，面对争议，特别是面对一些需要引导的话题，他不是以真理的垄断者或是非的仲裁者自居发表一锤定音的"最高指示"，而是充分行使自己也同样拥有的发言权，以富有真理性的真诚发言，为学生提供一些更宽阔的思路更广阔的视野更丰富的选择。教师的发言尽管只是"仅供参考"，但由于教师所处的首席地位，尤其是教师发言所闪烁的智慧火花思想光芒，教师的一家之言必然会打动学生的心灵，在他们追求真理的道路上产生积极的影响。

当然，在"对话"过程中，有时候学生的见解比教师更具真理性。在这种情况下，教师首先要能够放下"师道尊严"的面子，具备向真理投降的勇气和向学生请教的气度，乐于以朋友的身份在课堂上和学生开展同志式的平等讨论或争论，并虚心地吸取学生观点中的合理因素。对学生来说，这本身也是一种民主精神的熏陶与感染。"一日为师，终身为父"这句古语在积极倡导尊师风尚的同时，却强调了学生绝对服从的臣民意识和教师至高无上的家长权威；相比之下，"吾爱吾师，吾更爱真理"则更能体现出在追求真理的前提下既尊重师长又保持个人心灵自由的人文精神。既然承认师生平等，那么"真理面前，人人平等"就是理所当然的了。应该特别指出的是，师生之间的商榷并不只是是非之争，更多的时候是互相启发、互相补充和互相完善，只要言之成理，还可以求同存异甚至不求同只存异，而不必非要定于一尊不可。宽容歧见，尊重多元，这也是教师应该引导学生逐步具有的民主胸襟。

——"对话"过程中教师的价值引导作用，正在于此。

五

相比起"填鸭式"与"启发式"，"共享式"更能体现出课堂教学中师生的新境界。

它"新"就"新"在重新确立了课堂教学中的师生关系,特别是重新确立了教师在课堂教学中的职责:"……把教师称为'师长'(Masters)(不管我们给这个名词一个什么意义),这只是越来越滥用的名词。教师的职责现在已经越来越少地传递知识,而越来越多地激励思考;除了他的正式职能以外,他将越来越成为一位顾问,一位交换意见的参加者,一位帮助发现矛盾论点而不是拿出现成真理的人。他必须集中更多的时间和精力去从事那些有效果和有创造性的活动:互相影响、讨论、激励、了解、鼓舞。"(联合国教科文组织国际教育发展委员会:《学会生存——教育世界的今天和明天》)

"共享式"教学,把教学过程还原成师生积极互动、共同发展的交往活动过程。无论"填鸭式"还是"启发式",信息流向都是单向的静态的,而且是居高临下的。而"共享式"则体现了师生之间和学生之间动态的信息交流,真正实现了师生互动,在对话中师生互相影响、互相补充、互相促进,最终共同进步。师生关系的本质是教育性的,因而"我们相信,在这样的师生关系中,学生会体验到平等、自由、民主、尊重、信任、友善、理解、宽容、亲情与关爱,同时受到激励、鞭策、鼓舞、感化、召唤、指导和建议,形成积极的、丰富的人生态度与情感体验"(钟启泉等:《为了中华民族的复兴》)。

这正是"共享式"师生关系所要达到的教育目的,也是未来更加民主的社会主义中国对当今教育的热切期盼。

2002 年 8 月 8 日

对话：平等中的引导

一

首先需要特别说明的是，语文教学过程中的对话，不仅仅是师生对话，还包括学生之间的对话。但鉴于长期以来我们往往忽视的是后者，因此，这里主要探讨师生对话。

说到"对话"，一些教师更多的只想到课堂上师生之间的口头语言交往。这个理解不能说不对，但不够。新课程改革理论将教学的本质定位于交往，把教学过程理解为师生共同参与、共同发展的互动过程。因此，作为体现交往哲学理念的"对话"，不仅仅是一种调动学生的教学手段，更是一种尊重学生的教育思想；不仅仅是一种激活课堂的教学技巧，更是一种走进心灵的教育境界；不仅仅是指教师和学生通过语言进行的讨论或争鸣，更是指师生之间平等的心灵沟通与交流。这种"对话"，要求师生的心灵彼此敞开，并随时接纳对方的心灵。因此这种双方的"对话"同时也是一种彼此的"倾听"，是双方共同在场、互相吸引、互相包容、共同参与以至共同分享的关系。

简言之，我理解的"对话"，既是一种教学方式，更是一种师生关系。正是由于从这个意义上审视对话，我把对话分为"微观的对话方式"和"宏观的对话关系"。

所谓"微观的对话方式"，更多是作为一种教学手段或现象呈现于课堂教学过程中。主要包括：①问答。教学中师问生答或者生问师答，这是最常见最基本最原始状态的一种对话方式。②讨论。课堂上就某一问题或主题，师生之间（含学生之间）展开探讨和交流。③争鸣。教学过程中，大家就某一观点，展开思想碰撞。④写作。师生通过作文、周记、随笔、评语等交流看法，了解对方的思想感情。⑤朗读。阅读教学过程中，师生的课文朗读也是一种传递精神交流信息的方式，通过朗读过程中对课文抑扬顿挫的节奏甚至对某一个字的处理，听众感受朗读者对课文的理解和再创造。微观的对话也可以叫做"显性对话"。

所谓"宏观的对话关系"，更多的是指在师生相处过程中彼此之间精神交往的良性状态。主要包括：①互相学习。师生在"学习共同体"中彼此交换知识和各种信息，以丰富、提高或完善各自的认识。②互相影响。师生双方同时在人格上彼此感染，进而在精神上发生积极的变化。③互相鼓励。在学习过程中，师生通过彼此间的激发、勉励，获得持续不断的学习热情并实现各自的超越。④共同参与。教师和学生都作为学习成员投入到学习过程中，通过合作互动，使学习过程成为师生各自精神发展和生命流淌的过程。⑤共同分享。师生心灵沟通精神交融，不仅仅分享经验知识，也分享思想感情；不仅仅分享获得成功的结果，也分享战胜困难的过程。宏观的对话也可以叫做"隐性对话"。

二

现在人们在谈到教学过程中的"对话"时，往往在前面加上"平等"二字，以突出师生作为对话双方互相尊重的关系。然而，争议正由此产生。不止一次听一些教师和专家质疑道:"教师和学生可能绝对平等吗?教师就是教师,学生就是学生,二者在各方面的不平等是客观存在,比如,教师上课要领工资,学生上课要交学费——可能平等吗?硬要说师生平等,不过是一种理想的愿望罢了!"不能说这种质疑没有一点道理。是呀,师生之间哪有"绝对平等"呢?

但是,提倡"师生平等对话"就是"绝对平等"吗?究竟谁说过师生之间是"绝对平等"的呢?事实上,一般人们在谈教育时所说的"师生平等",不是也不可能是"绝对平等"——因为世界上根本就不存在人与人之间的"绝对平等"。

看来,有必要对我们所说的"平等"含义做一番剖析。

每一个人的出生背景、智力水平、学历程度、生活经验、经济状况、社会分工等等都不可能完全一样,因此,任何时候都不存在绝对的平等。但社会学、政治学上讲的人与人之间的"平等",是指人们在政治、经济、文化等各方面享有同等的权利。1776年7月4日发表的美国《独立宣言》庄严宣告:"我们认为下述真理是不言而喻的:人人生而平等,造物主赋予他们若干不可让与的权利,其中包括生存权、自由权和追求幸福的权利。"1948年12月10日联合国大会通过的《世界人权宣言》第1条明确昭示:"人人生而自由,在尊严和权利上一律平等。"

由此可见,这里的"平等"不是指也不可能是指所有方面的"平等",其含义是"尊严和权利"的平等。而"尊严"是通过"权利"来体现的——"尊严"是一个人内在的精神感受,但"权利"则是看得见的社会行为;尊重一个人,必然尊重法律赋予他在各方面的权利,而剥夺了一个人的权利,其尊严也就失去了依托。因此,说到底,在平等的所有含义中,核心是权利的平等。

具体到教育上,我们所说的"师生在课堂教学中的平等",也不是说师生"绝对平等",而是拥有同等的权利。这又会引起误解——我曾就此与一些同行探讨时,就有人质疑道:"难道教师所有权利学生都可能拥有吗?(作业批改、学业考试、分数评定等等)"然而,这里的"权利"指的是课堂教学中师生对话时的平等权利,具体含义是师生双方都拥有思考的权利,发表自己观点的权利,以及与他人(包括学生与老师)展开观点争鸣的权利——一句话,是思想的权利。在这一点上,师生当然是平等的!如果以教师的职业角色以及教师远远比学生丰富的生活阅历和更加成熟的思维品质为由,而否认师生平等对话的权利,是不妥当的。对同一个问题,教师的认识也许更全面更科学更深刻,但在表达自己观点的权利上,学生和教师是平等的。

对话过程中的平等还有一个含义:真理面前,人人平等。当教师服从学生的正确认识时,这与其说是向学生学习,不如说是服从真理。这是教师民主情怀的体现——陶行知曾说:"民主的教师,必须具有:(一)虚心;(二)宽容;(三)与学生共甘苦;(四)跟民众学习;(五)跟小孩学习——这听来是很奇怪的,其实先生必须跟小孩子学,他才能了解小孩的需要,和小孩子共甘苦。并不是说完全跟小孩子学,而是说只有跟小孩子学,才能完成做民主教师的资格。否则即是专制教师。"(《陶行知教育文选》)

我们今天强调平等是有特定的现实针对性。长期以来,师生关系上的突出问题不是师生太平等,而是师生缺乏平等。"我们并不去强调不需要强调的东西——这就是说,有些东西已经很受重视,就无需强调。……在一定的时期或一定的世代,在有意识的规划中,往往只强调实际上最缺乏的东西,这并不是一个需要加以解释的矛盾。"(杜威《民主主义与教育》)

有的教育者之所以对"平等对话"有误解,有一个很重要的原因,在于他们认为,有些教师一谈"平等"就意味着教师引导作用的淡化。不能说这种误解没有根据。因为的确有一些教育者把平等对话理解成为

"淡化引导"——他们甚至认为，如果强调对话中的引导，就不是真正的平等对话，就仍然是教师的"话语霸权"甚至是"思想专制"。这样一来，"微观的对话"成了"各说各的"，成了"自言自语"，成了"怎么说都对"；而"宏观的对话"则成了学生的随心所欲和教育者的放任自流。

我想，只要对教师角色和教师责任有清醒认识的人，都不会把平等对话理解成放弃引导的。《语文课程标准》明确指出："教师是学习活动的组织者和引导者。"作为学习活动"组织者和引导者"的教师，是平等中对话的"首席"，而"指导""引导"就是这个"首席"的必须承担的责任和必须履行的义务，否则就是失职！以任何理由反对引导，都会导致教育的被取消。

三

当然，理论上说"应该引导"是不难的，关键在于实践上"如何引导"。这里，我想结合自己的语文教育实践，谈谈自己的认识和做法。

（一）以自身的行为为学生示范

既然对话也是一种关系，那么，在师生相处的过程中，教师以自己的教学行为（实际上也是自己的人格形象）去感染和影响学生，这是最重要的精神引导——

以兴趣激发兴趣：教师以对自己所教学科的态度去影响学生，用发自肺腑的职业情感去感染学生对学科知识的热爱。语文教师当然不一定是诗人，但他应该具备诗人的气质；语文教师也不一定是作家，但他应该拥有作家的情怀。我们不是给学生讲语文，也不是带着学生学语文，而是用自己的语文气质去感染学生——对任何一位优秀的语文教师来说，他讲《背影》，他就是朱自清；他讲《记念刘和珍君》，他就是鲁迅；他讲《在马克思墓前的讲话》，他就是恩格斯……教师本人应该"语文化"，并自然而然地去"化"学生。

以能力培养能力：没有语文能力或者语文能力不强的教师，是很难培养起学生真正的语文能力的。这是不言而喻。在这里，"培养"同样首先意味着教师本人语文能力的示范。教会学生阅读，教师本人就应该善于阅读，特别善于在阅读中发现问题。我爱读书，并常常一边读一边写下读书随笔，每写完一篇读书随笔，我都要拿给学生看，以此向学生展示我在读书过程中的思考和批判。每上一篇新课，我都要给学生讲讲我在备课中遇到的问题，以此带动学生和我一起思考。我还喜欢和学生一起写作文，每次给学生布置作文，我都和学生同题写作，在作文评讲时，我把自己的作文拿出来让学生评判，同时，我又给学生讲我在写作过程中是如何构思、如何遣词造句的。我深深感到，对学生来说，这是最好的作文指导方法。

以思想点燃思想：与其教给学生现成的思想，不如以思考的习惯去带动学生一起思考。学生思考的火花只有用教师思考的火花去点燃。我们不能设想，一个迷信权威、毫无创见的教师，会培养出敢于质疑、富于创新的学生。我经常在报刊上发表教育教学文章，有时还引起一些学术争鸣，这为我培养学生的思考能力提供了极好的机会。每次我在报刊打笔仗时，我都给学生读有关不同观点的文章，启发学生思考、辨别，并且鼓励学生也和我展开思想论战。通过参与这些思想争鸣，我试图让学生树立这样的观念：独立思考必然伴随着论辩，而以追求真理为目的论辩并不是固执己见的强词夺理，也不一定是非白即黑的是非之争。平等争鸣的结果，更多的是双方认识的互相补充、不断完善和共同提高。

以民主造就民主：不能否认我们呼唤民主的真诚，但由于长期封建传统文化的影响，我们在呼唤民主的同时有时往往不自觉地充当着专制的角色。我们常常忘记了杜威的观点，民主不仅仅是一种政治制度，同时还是一种生活方式，而且这种生活方式往往通过不经意的细节体现出来。那么，平时在教育过程中，教师如何在学生相处时体现出对学生的尊重，这都是民主精神的体现，并影响着学生如何去尊重他人。具体在语文课堂上，教师如何让自己的教学接受学生的监督，如何保持独立思考不迷信权威的自由人格，如何宽容地对待不同意见，如何在争论中尊重对方表达观点的权利，如何倾听吸纳对方的合理之处，如何勇敢地向真理投降……这些都是最好的民主示范，都在潜移默化地培养着学生的民主情怀。

（二）教学的预设与调整

应该说，教学中的引导就包括了对教学目标和教学程序的预设。但是，在新课程改革的热潮中，有些专家却提出：教学不应该预设，比如教学目标不应该由教师事前设定，而应该在教学过程中"自发生成"；教学问题也不应该由教师课前准备，而应该让学生在探究的过程中发现问题；教学的具体环节也不应该由教师预设，而应该让学生在活动中自然而然展开思维的飞翔……如果预设了教学目标，就会对学生探究思维形成束缚。我认为，这种观点值得商榷。

教育，本身就是有目的的培养人的活动。因此，教学任务、目的明确以及教学环节的设计等"教学预设"，我认为这是无可厚非的。尽管现在在一些研究性学习的过程中，我们提倡学生自己提出课题、发现问题，但教师宏观的指导与导向也是必不可少的。问题不在于教学是否"预设"，而在于如何"预设"以及"预设"后是否依据课堂推进过程中的实际情况进行调整。现在教学预设存在的主要问题是：第一，预设的依据来自书本而非学生的实际情况，"教学目标""教学重点""教学难点"等等均来自教学大纲和教材中的单元要求和课文前的提示。第二，教学程序预设得过于死板僵硬，不但教学过程中的具体步骤顺序不能变动，而且连每一个环节需要的时间都精确到了分秒。

我主张，教学预设既应依据教学大纲、课程标准、教材要求，更要面对学生的实际,而且,更重要的是,对教学环节的预设应该富有弹性,要留有机动灵活的创造空间。任何教学预设都是可以也应该根据课堂上学生的变化而予以调整。而所谓"引导"正体现在这调整的艺术中。

《世间最美的坟墓》一文,按教材单元规定的学习重点是"概括要点,提取精要"。但我课前通过检查学生的预习,发现绝大多数学生都已经能够达到这个要求。如果我的课堂教学重点目标仍定位于"概括要点,提取精要",这不但会使教学成为无效劳动或低效劳动,而且是对学生的不尊重。于是,我研究学生预习时的提问:"为什么明明朴素的坟墓作者却说最美?""作者为什么提到拿破仑等人的墓?""为什么作者要反复提到小小长方形土丘,而且强调没有十字架,没有墓碑,没有墓志铭?"……学生的提问是很散乱的,但我将这些提问上升概括为这篇课文的学习重点:"探究本文对比修辞手法的运用。"从学生散漫的问题里提炼出带有共同性的研究课题,以此作为教学重点,并指导学生去探寻,这也是"引导"。

教《荷塘月色》时,按教案设计的程序是,先让学生自读一遍课文,然后和学生一起交流对朱自清生平的了解,再进入课文的朗读并交流各自的感受。但上课前,有学生来办公室问我有关单元重点的问题,我在表扬这位同学良好预习习惯的同时,心想:是呀,这是学生进高中学的第一篇课文,应该先引导他们把握单元学习重点,树立单元学习的观念。于是我决定上课时不从朱自清生平开始,而是引导他们关注单元要求:"整体感知,揣摩语言。"大家围绕这八个字思考、讨论,学生一开始就进入了思考的氛围。最后我总结道:"同学们注意,所谓阅读,主要就是通过揣摩语言去整体感知文章的内涵,体会作者的思想感情,进而走进作者的心灵。"本来按教学计划,接下来的一步应该是介绍朱自清的生平。但此刻,我的话题已经说到通过揣摩语言而进入作者心灵,学生们也跃跃欲试了,于是,我临时决定先不介绍朱自清,而从这里切入课文:

"比如，今天我们要学的《荷塘月色》，就值得我们好好揣摩品味。而揣摩品味的第一步就是朗读，那种'把自己放进去'的朗读。好，现在请同学们自己朗读一遍课文。注意，在朗读《荷塘月色》的时候，你就是朱自清！"于是，学生开始各自朗读。一时间，课堂气氛非常好，学生们通过朗读，用心去发现感受自己心中的"那一个"朱自清，然后各自谈体会。最后，我再引导大家回过头来交流对朱自清生平的了解。这堂课没有按我事先设计的程序运行，而是根据学生的情况作出及时的调整，使教学过程如行云流水一般的自然，而且真正走进了学生的心灵。

（三）营造课堂学术氛围

作为自主探究的课堂，必须充满一种民主的学术氛围。由于长期以来我们的课堂实际上是教师的一言堂——学生也习惯了老师的一言堂，因此，在目前的课堂上这种学术氛围是不可能自发产生的。而在课堂上为学生营造一种学术氛围，就是教师的一种引导。

这里所说的"学术氛围"，显然不是大学课堂上或真正的专家学者在学术论坛上进行争鸣探讨的那种氛围，因为严格意义上的学术研究，是对某种较为专门、有系统的学问的研究，绝大多数中学生显然达不到这个高度。但这不妨碍中学语文课堂上充满一种民主平等、富于批判精神而又闪烁着创造性智力火花的学术氛围——

指导学生正确使用教参资料：与其教给学生现成的答案，不如教会学生治学——虽然同样是获取知识，但前者是由教师灌输而后者是学生在教师的指导下用自己的大脑去探寻，其收获除了知识更有能力。正是基于这种认识，我主张在教学中向学生公开备课资料，包括与教材配套的教参，这既显示出教师引导学生的自信，又体现了教师相信学生的民主。而且，师生共同占有参考资料，大家研究课文就不再仅仅是一些表面的语言现象而是更深层次的东西。当然，教师应指导学生善于鉴别、取舍和消化资料，而不成为教参的奴隶。

激发学生进行不同观点的交锋：语文教学课堂应闪烁着学生思想碰撞的火花，以照亮通往真理的道路。当然，也许并不一定每一次观点交锋都会有一个终极答案，但争鸣本身就是目的——独立思考是追求真理的起点，学生敢于发表不同看法，就表明他们已开始具备探求真理的勇气。教师组织课堂上的思想争鸣，还应教会学生运用一些正确的思想方法——具体问题具体分析，顾及全篇主旨分析某一语句的含义，结合一定的时代背景和社会特点把握某一作家的思想感情及其作品的得失等等。

鼓励学生向课文质疑：教师在引导学生从课文中吸取思想养料、学习写作技巧、获得审美体验的同时，还应鼓励学生实事求是地指出课文可能存在的不足，以破除学生头脑中唯书是从的迷信思想。对古代作品中的消极因素，学生比较容易发现也勇于指出；对当代作家的名篇，学生则容易盲目崇拜。针对这种情况，我常给学生读一些课文的原稿和修改稿，说明任何佳作都不可能绝对十全十美，并带头在名篇中"挑刺"。渐渐地，学生的思想解放了，也能逐步发现一些课文的美中不足。学生向课文质疑，并且提出自己的修改意见，这实际已不仅仅是怀疑了，其中还包含有积极创造的因素。这样做，并不妨碍学生对作家的尊重和对课文的欣赏，只是不迷信罢了。

指导学生写研究性小论文：指导学生写研究性小论文，既是治学方法的综合训练，也是对学生独立钻研课文、形成独到见解的能力的有效检验。教《守财奴》，我指导学生就课文末尾"这最后一句证明基督教应是守财奴的宗教"的理解写小论文；学《雷雨》，我要求学生撰文分析"周朴园对待侍萍的感情"；讲《林黛玉进贾府》前，学生便在预习的基础上写成了一篇篇小论文：《黛玉为何步步留心、时时在意?》《谈宝玉的顽劣》《小议王熙凤的哭和笑》《人物出场艺术浅析》……我允许学生写作时查阅有关资料，也可适当引用，但必须经过自己的消化并有自己的见解，在文末注明主要参考资料。学生写这种文章往往兴趣颇浓而且思维特别活跃。其主要原因大概是，与一般的命题作文不同，学生的这种小论文更带有批判性和创造性，也更能体现出学生的主体意识、思想自由和个性色彩。

引导学生矫正自己的思想认识偏差：学术研究的科学性决定了研究者应随时克服谬误，接受真理。我们在培养学生独创意识的同时，还要培养学生实事求是、虚怀若谷、乐于容纳不同观点、勇于纠正自身错误的学术道德。"让思想冲破牢笼"，也包括让学生冲破自我的思想束缚：自以为是而固执己见，习惯接受现成结论而不愿追求探索新知，思想方法陈旧，思维模式单一等。我曾让学生研究他们的作文状况，然后以编写《中学生作文"俗套词典"》的方式对中学生作文中立意、构思、语言等方面的公式化、雷同化现象提出批评——写女教师，总是"像妈妈一样慈祥"；写小孩，总是"大大的眼睛"；写安静，总是"掉根针都听得见"；写星星，总是"在眨眼睛"；写托物咏志的文章，结尾往往是"我爱更爱具有……精神的人！"……分析文学作品，我让学生尽量冲破"好人坏人"的思想框框，结合具体的社会环境把握人物丰富多彩的独特个性。

语文教学中学术氛围的营造和学生初步治学能力的培养，就是语文教师在课堂中的一种积极的引导，这既体现出一种教学艺术——对学生知识的有效转化，更体现出一种教育民主——对学生思想探寻的充分尊重。

（四）把学生的思考引向深入

思维从问题开始。针对过去问题往往是教师提出而学生往往被剥夺了发问权的情况，现在我们提倡问题从学生当中来。这无疑是对的。但这并不意味着教师就不能提问，作为平等对话的一员，教师也应该有提问的权利。教师的提问也是一种引导，有时正是在教师富有启发性的提问中，学生的思考的火花被点燃。

当然，无论对于学生还是对于教师，不能仅仅止于提问。在课堂对话的过程中，往往有这种情况，围绕某一问题的探讨，学生的思维尽管很活跃，但这种活跃同时又处于一种自发的无序状态。由于生活经验的不足，也由于思维发展的不成熟，他们的思考与探究常常停留在浅表层次。这就需要教师进行"思维搭桥"，通过适度的点拨，把探究引向深入，也把学生的思考引向深入。

讲《孔乙己》时，我和学生一起探讨"孔乙己之死"。学生们一般能够理解孔乙己之死的社会原因，但对于作者在作品中营造的悲剧气氛——特别是"大约"一词所表达出来的人情冷漠的社会特点则不一定能够理解。于是我提出了一个问题："孔乙己被打折腿是在什么时候？"学生们经过看书、思考，一般都能回答："中秋前的两三天。""中秋过后。""中秋节前后。"我紧接着说："对了，中秋节。即课文所说的。中秋节，这正是中华民族家人团聚的日子啊，可孔乙己却遭遇到什么？"学生们回答："腿被打折了。"我说："是啊，在家人团聚的时刻，孔乙己却被丁举人吊起打了大半夜，直至打折了腿！请同学们注意鲁迅先生这样沉痛的描写：'秋风是一天凉比一天……'同学们想过没有：作者为什么要这样写？"一位学生说："说明了鲁迅先生对孔乙己的同情。"这样的回答当然也不错，但我继续追问："秋风和同情之间有什么联系呢？"另一学生回答："因为秋风是令人感到萧瑟的，而孔乙己的遭遇是非常悲惨的。这是用秋风来烘托一种感情，烘托一种气氛。"本来这个问题似乎可以到此为止了，但在肯定这位学生理解不错的同时仍然追问："还有没有其他的理解？"那一刻，教室里一片沉寂，但我能够感受到学生思维的火焰正在熊熊燃烧。一位学生回答道："读到这里，我感受到了孔乙己的生命一天比一天萎缩。因为秋天是万物凋零的季节，是死亡的季节。这就暗示了孔乙己的必然死亡。"我不敢说鲁迅当时写到这里时，就是这样寓意的，但学生能够读出自己的理解，就是一种创造性阅读。我立即赞扬学生这一观点,然后以自己的理解将其升华,把学生这个富有创见的思想推向更高的境界:"我同意你的观点。'秋风一天凉比一天',和你一样,读到这里,我深深地感到人心也是一天凉比一天,社会也一天凉比一天,孔乙己的生命之火更是一天凉比一天!你刚才说秋天是死亡的季节,但实际上对人们来讲,秋天本来应是一个收获的季节,而在这样一个收获的季节,孔乙己连自己的生命都难以'收获'了,等待他的只有死亡。读到这里,我相信任何一个有良心的读者都会感到心情的沉重!"我提示学生们细细体会课文中"不一会,他喝完酒,便又在旁人的说笑声中,坐着用这手慢慢走去了"的句子,最后大家达成共识:"大约孔乙己的确死了",这个"大约"隐含着社会的冷漠,这个"的确"表现了孔乙己死亡的必然。我们可以从一个人命运看一个社会的本质。冷漠的社会,造就了孔乙己的悲剧性格,也导致了孔乙己的悲剧命运!这个"人"死了,这个社会也必然应该灭亡,它没有任何理由继续存在!如果说孔乙己的死令人同情的话,那么,我们有理由诅咒这个社会的灭亡!

在上面所述的课堂教学片断中,我并不认为我的提问是对学生思维的束缚,更不认为我给学生讲我的观点就是"思想霸权"。既然是"平等对话",教师当然也有发言权;既然是"平等中的首席",教师的发言就不应该停留在一般的交流层面,而应该尽可能促进学生思维的发展性和拓展性。

(五)激发学生的创造潜能

已经有不少专家指出,孩子的创造性不是教出来的。我同意这个观点。应该说,创造是人的天性,儿童与生俱来的好奇心和探究兴趣,就是创造性的萌芽。但现在的问题是,传统教育不是发展孩子的创造性,而是相反——随着孩子受教育程度的增加,他们创造的能力却在下降。这已经是不争的事实了。如何在教学对话中激发学生潜在的创造能力(而不是"凭空培养"),这正体现了教师的引导。

激发学生创造性思维的潜能，首先不是所谓"训练"，而是根据维果茨基的"最近发展区"理论由浅入深给学生设立思维的梯度，或者说一步步提高思维的难度，让学生在"思维登山"的过程中展现出潜在的能力。维果茨基把儿童在"有指导的情况下借成人的帮助所达到的解决问题的水平与在独立活动中所达到的解决问题的水平之间的差异"确定为儿童的"最近发展区"。他认为，教学不应指望儿童的昨天，而应指望于他的明天；只有走在前面的教学，才是好的教学。按我的理解，作为有效的发展性教学，教师既不能不切实际地超越学生的心理准备状况，或超越学生的"最近发展区"，也不能落在心理准备或"最近发展区"的后面，而要在适应学生现有发展水平的同时，还要积极引导和促进学生的发展。通俗地说，教师对学生思维发展的引导，关键在于准确地找到学生的"最近发展区"，把学生引导到他们跳一跳就能够达到的地方，将学生"逼"聪明。

的确，只要教师为学生提供机会并引导得法，他们所迸发出来的创造性思维的潜力是无限的。《为了六十一个阶级弟兄》一文刚刚讲完，学生开始做课后的有关练习。其中第四题要求学生解释六个成语——车水马龙、危在旦夕、素不相识、不遗余力、风驰电掣、化险为夷，并特别要注意加点字的含义。这道题不难。我让学生举手发言，口头解释；对其中较难的加点字，则让学生进行查字典比赛。很快，全班同学基本上完成了题目要求。然后，我依次提出要求。我先说："能够解释的成语不一定会运用。下面请同学们用这几个成语各造一个句子。"这当然难不倒学生，当学生达到这个要求后，我接着提出更高要求："你们能不能说一段话，把这六个成语恰当地运用进去呢？"学生同样很快"达标"，但内容大多是繁华都市、抢险救灾之类。我评价道："从刚才的发言看，成语都用得正确，但主题相近，情节雷同。"然后我提出新的要求："下面，请同学们再动动脑筋，还是用这几个成语说一段话，但不许再说繁华都市，也不能再说抢险救灾。"

学生对我的"刁难"显然很有兴趣，情不自禁地小声讨论起来。过了一会，有几个学生举起了手，有学生说："他离开了车水马龙的城市，告别了病床上生命危在旦夕的母亲，风驰电掣地赶回边防线。母亲和祖国在他心中都很重要，但他首先选择了祖国。为了这更伟大的母亲，为了亿万与自己素不相识的同胞的安宁，他将不遗余力地守卫好脚下这片土地。他坚信，有了自己和战友们筑起的长城，任何敌情都将化险为夷。"还有学生说："在海洋深处，各种鱼儿车水马龙般地穿梭着，其中有一只蓝鲸慢慢悠悠地游来游去。突然，鱼儿们都四散飞游，原来是一群大白鲨冲过来了。它们团团围住了巨大的蓝鲸。可怜的蓝鲸生命危在旦夕。这时，和这只蓝鲸素不相识的更大的一群海豚风驰电掣地冲向鲨群，它们不遗余力地撞击大白鲨。渐渐地，大白鲨退却了，蓝鲸总算化险为夷了。"

但是，我继续"刁难"学生："请仍然用这六个成语说一段话，但只能反映你们的生活，只能描绘安静的场面！"这次学生们陷入了紧张的思考，但几分钟后，学生们的发言实在是令我惊喜，其中有一位女生这样说道："教室里静静的，大家都在紧张地做着老师发下来的物理试卷，可我的脑袋里却一片空白，那些力学公式好像和我素不相识，以前都不曾在我的脑子留下一点印象。时间在一秒秒地过去，但那如山如海的试题却车水马龙般地向我涌来，尽管我不遗余力，努力从自己的头脑中挖出以前学过的有关知识，然而一节课快过去了，我的试卷仍留下一大片空白。终于，铃声响了，我脑袋嗡的一声炸了——那可怕的分数、老师的批评、父母的责骂……在我脑海里风驰电掣地闪过。我不敢想下去了，只是呆呆地坐在那里等待老师收试卷。就在这危在旦夕的时刻，突然听到老师说：'这次只是课堂练习。由于怕你们不能认真地独立完成，我才对你们说是考试。好了，没做完的同学请回家后继续做完。'我心里的石头落了下来,并不禁为这次的化险为夷而暗暗庆幸。"——不可设想,如果没有教师的引导,学生会被"逼"得如此聪明。

  我想再次强调,作为对学生成长和发展真正负责的教育,平等对话并不排斥积极引导。我们应该努力追求的是,既不因"引导"而取消"对话",也不因"对话"而放弃"引导";既不因"引导"而扼杀学生的思想自由,也不因"平等"而放弃教师的教育职责——即使在高扬个性旗帜的今天,我们也不应该忘记:真正的教育是个性健康发展的条件。

2003年2月14—23日

阅读教学的解释学思考

——解释学读书笔记

关于解释学

解释学是关于理解的学问,是对"理解"的理解。对"理解"本身进行理解(反思、研究),将有助于自觉地对待自己和别人的理解,更有助于我们正确地理解。

解释学本身并不是统一的理论学说,而是一门学科。围绕"理解"这个研究对象,在不同的时代不同的解释学家提出了不同的解释学理论,因而出现了不同的解释学派别——如施莱尔马赫(认识论解释学)、狄尔泰(方法论解释学)、海德格尔(本体论解释学)、伽达默尔(本体论解释学)、罗蒂(后现代主义解释学)等等。从时间发展的顺序看解释学的历史发展,解释学可以分为古代解释学、近代解释学、现代解释学、后现代解释学。从解释学的研究对象的发展来看解释学的发展,解释学的历史发展可以表述为从局部解释学或专门解释学向一般解释学或哲学解释学的发展历史。从解释学的基本哲学观点或基本哲学原则来看解释学的发展,又可以从两个角度来划分。根据发展观来划分,解释学可以分为三个基本派别：绝对主义的解释学、相对主义的解释学、辩证的解释学。

解释学对阅读学的意义是不言而喻的，近代解释学即阅读学。通过对解释学不同理论的学习研究，我们可以批判吸收各种解释学理论的合理思想，逐步形成科学的解释学观念，以指导我们的阅读教学。科学的解释学对阅读不但有着认识论的意义——即帮助我们认识"阅读"的规律和特点，而且也有着方法论的意义——即为我们提供尽可能科学的阅读方法。

理解是对文本意义的把握

解释学的"理解"，指的是对文本的理解。所谓"文本"，从广义上讲，是由人创造的体现人思想感情的作品，包括文字、绘画、音乐等作品。从狭义上讲，是指作者的文字作品。阅读教学中所说的"文本"，指的就是文字作品，即"课文"。

理解的对象是一定的文本，实质是一定的意识。这个文本具有双重性：一方面，作为存在，是一定的物，是一定的符号系统；另一方面，作为理解的真正对象（任务），是一定的意义，这个意义是作者思想感情的表达。理解就是通过符号系统把握意义，而不是认识符号系统这个物本身。文本的本质是意义，即作者所灌注在作品中的含义。因此，理解文本，就是理解其物质形式（符号系统）所表达的思想、感情、意志、观念等等。物质形式是理解文本意义并不可少的中介，但不是真正的或本质的理解对象。

"理解的实质是把握文本的意义"这个道理似乎无甚新意，但对今天的阅读教学来说，至关重要。在为数不少的语文阅读课堂中，师生所关注的更多的是文本的符号系统，而忽视了意义——停留在文本的"物质"

层面，孤立地进行词语积累、语法分析和修辞训练，而"忘记"了文本的"精神"层面。这样的阅读，实质上是理解本质的失落。

文本也是"主体"

在阅读教学的课堂上，存在着三类主体——两类阅读（理解）主体即师生双方和文本背后的主体即作者。

通常流行的观念是，只有教师才是理解的主体，学生则只是被动接受教师的"理解"。而文本（课文）更是理解的客体。于是，在这样的课堂上，教师垄断了理解的特权，成了文本唯一的诠释者乃至学生思想的主宰者。

科学的解释学认为，面对同一文本，别人是理解的主体，"我"也是理解的主体；同为理解的主体，主体之间的关系是平等的，主体之间的相互理解、探讨、批评，是推进正确理解的重要途径。

同时，文本就物质形式上讲，是我们理解的客体，但这个客体不同于认识论中认识的客体——在认识论的客体中，人们要认识的是其本身的属性和运动规律；而解释学所要理解的文本，其本质是人赋予的意义。因此，我们对文本的理解，实际上是通过文本的物质符号系统这个中介与物质符号系统背后的作者进行对话，从这个意义上说，我们阅读文本，实际上是主体之间的精神交流。

因此，阅读教学的过程，实际上是教师、学生、作者三方平等"对话"的过程。近年来，已经有不少教师意识到师生之间的平等主体关系，这比起过去的教师单一主体观无疑是一个很大的进步。但我认为还不够，我们还应该将文本作者纳入阅读过程中的主体行列。当然，作为文本作者的主体有其特殊性，这特殊性表现在他不是"现场主体"而是隐蔽的或者说没有出场的主体，它可能与我们同一时代但不同空间，也可能与我们根本就不是同一时代，因而这个主体在阅读过程中是无法言说的，是处于沉默状态的。

然而，文本主体之所以是主体，不仅仅是因为它也是一个精神承载者，而且它仍然参与了我们的对话与交流，引导着、影响着、制约着我们的理解。其引导、影响、制约的中介便是其作品。我们可以这样理解也可以那样理解，或者我们只能这样理解而不能那样理解，除了理解者自身的因素外，还取决于作品。

把握这一点特别重要。过去我们之所以对课文进行随心所欲的错误理解，有一个重要原因便是忽视了文本背后那另一个主体的存在。从这个意义上，因为有了这个隐蔽主体，我们对文本的理解便不可能拥有绝对的自由。

这绝不是否认理解者（师生）的能动性。在解释学发展的历史上，一直存在着读者中心主义和文本中心主义两种倾向。前者强调读者的绝对主观性，所谓"作者写了什么并不重要，读者读了什么才是重要的"，这导致了理解的相对主义；后者强调文本的客观性，这导致了理解的绝对主义。我们认为，如果从能动的理解者这个角度看，读者的确是理解的中心；但读者的理解毕竟是对文本的理解，在这过程中，读者的整个理解都是围绕文本进行的。我们强调尊重文本，实质上是强调我们对另一个主体的尊重。

唯有教师、学生、作者三方平等对话，我们的阅读教学才真正充满了互相尊重、互相宽容的民主精神。

关于理解的目的

在前面谈阅读教学时，"理解"的含义基本上等同于"阅读"。但这里我谈目的时，我要将这二者暂时区别开来。理解的目的，就是指向意义本身，而阅读的目的则是指向阅读者的生活（物质的或精神的）需要。

语文阅读教学所说的"理解"有两种情况：一是帮助学生理解文本的意义，二是帮助学生理解作者是怎样表达意义的。前者重在内容，后者重在形式。

关于理解的目的，解释学不同的理论有不同的回答。

第一种是"复原说"或"重建说"。所谓复原说或重建说，是说理解文本的目的是为了把握文本自身的意义，或者说，是为了把握作者的思想，通过理解，使文本的意义或作者的思想在理解者头脑中得到复现或重建。近代及其以前的解释学，主要取这种解释学立场，有人用"客观主义"来称呼这种立场。

第二种是"创造意义说"。"创造意义说"认为，理解的目的不是复原或重建作品的意义，而是创造作品的意义，使作品具有生成意义。这种观点所谓"意义"只是一个"可能的世界"："作品有它自己的世界，解释者也有他自己的世界。这两个世界在解释者的理解中发生接触后，融合为一个新的可能的世界——意义。"（殷鼎：《理解的命运》）

第三种是"实用说"。"实用说"认为，理解的唯一目的是为了达到自己的实用目的，理解不要去问作品自身的意义问题，不要去问理解是否符合作品自身的意义的问题。理解达到了我的目的，为我服务，这就够了。

在这三种观点中，第一种和第二、三种的根本区别在于是否承认作品有自身独立的意义。"复原说"或"重建说"是明确承认的，"共同创造意义"来含混地否认，而"实用说"则根本就丝毫不管作品是否有意义这个问题。

我是同意"复原说"的。因为这一观点建立在两个基本的前提上：第一，作品有自身的独立于理解者的意义；第二，正确理解作品的意义是可能的。正因为有意义并可以理解，我们才谈得上理解。否则，无异于取消了理解。"复原说"不否认读者对文本的创造性理解，但前提必须承认文本原本就有自身的意义。"复原说"也不否定理解是为了应用，但反对断章取义的实用主义态度。

我之所以强调这一点，当然不是无的放矢。应该看到，"创造意义说"和"实用说"在阅读教学中不是没有市场的。比如，过去我们对鲁迅作品的理解，就是典型"实用说"。当然，就目前而言，比较占上风的是"创造意义说"，因为它以创造性阅读的面目出现，风头正健。"创造意义说"有两个基本的前提：第一，作品没有自身的不依赖于理解者的意义；第二，复原是不可能的，也是没有意义的。第一个前提，实际上是取消了理解，因为作品已经没有意义了，"理解"从何谈起？如果把作品视为一个静止的物质符号系统，一个存在物，当然没有自己的意义世界。但作品作为作者思想的表达的载体，作品的世界就是作者的精神世界。作者的精神世界就是作品的意义。第二个前提似乎有一定道理。的确，从绝对意义上说，复原是不可能的。但任何阅读都是绝对理解与相对理解的统一，从这个意义看，复原又是可能的。

需要特别指出的是，我反对"创造意义说"，并不反对创造性阅读，关于这一点，下面还将展开阐述。

帮助学生建立"前理解"

在备课时，有的教师常常更多地只考虑自己如何把握文本的思想内容、写作特色，而忽略了学生认知水平。这种情况，拿哲学解释学的术语来说，就是教师用自己的"前理解"取代了学生的"前理解"。

所谓"前理解"，通俗地说，就是"理解前的理解"，即主体理解文本前所已有的价值观念、经验、知识、思维方式等等。人们在阅读作品时，实际上情不自禁地加入了许多"先入之见"甚至"传统偏见"。阅读教学中，教师往往要设法让学生克服这种"先入之见"，从而进行所谓"清白的阅读"。在传统解释学中，受18世纪理性主义的影响，先见、偏见、传统等"前理解"确实曾被看做是影响正确理解的因素，是应当消除克服的东西。而哲学解释学则为"前理解"正名，认为"前理解"正是理解之所以成为可能的重要条件之一。因为第一，没有"前理解"就不可能有理解，比如一个出于纯生物状态的婴儿是不可能有什么理解的；第二，"前理解"构成了理解者的视野，一个人能够理解什么，理解到什么程度，恰恰取决于其"前理解"。

对阅读教学来说，"前理解"理论具有方法论的意义。第一，它提醒阅读者（师生双方），价值观对于正确理解文本的重要性，阅读者的价值取向、道德观念、政治立场、目的、动机都将对理解产生积极或消极的影响。第二，它提醒读者应尽可能扩大阅读面，"前理解"只有在不断"理解"中才能得以增强。第三，它提醒读者之间应加强交流，听听各种不同的"前理解"，以扩大自己的"前理解"；对任何一个文本，不同的"前理解"都只能从某一个"窗口"看到文本的一道"风景"，而不同"前理解"视觉的交叉，则使我们可以借助别人的眼睛看到更多的"风景"。

我认为"前理解"理论对语文教师最重要的意义是，在备课时，一定要先以学生的视觉（"前理解"）来看到课文，尽量考虑学生的"前理解"，只有这样，阅读教学才能真正贴近学生的心灵。当然，学生的"前理解"不是固定不变的，从某种意义上说，阅读教学的目的就是不断充实学生的"前理解"。

"前理解"对理解当然也有消极作用，比如它可能会限制我们的理解视野和理解深度，但这种消极作用也只有在不断扩大"前理解"中得以克服。

解释学、接受美学与创造性阅读

前面在谈到理解目的时,我从总体上否认了"创造意义说"。但"创造意义说"注重理解者的积极参与,这点却有着一定的合理性,它对目前我们提倡的创造性阅读有着积极意义。

说到创造性阅读,不能不提到著名的"接受美学"(也叫"接受理论"或"文学接受理论")。可以说,接受美学是影响语文阅读教学改革最大的理论之一。接受美学认为,面对文本,读者的地位和作用与作者相当,二者均为作品创造的积极参与者。与传统的文艺理论只承认读者对文本的被动接受,充其量是充当鉴赏者或批评者角色不同,接受美学强调读者的能动创造,并给这种创造以充分而广阔的自由天地,即读者对文本的接受过程实质上是对作品的一种再创造过程。

实际上,接受美学与解释学是有着某种"血缘关系"的。有学者认为,接受美学作为西方 20 世纪中期以来出现的颇有影响的文学批评思潮,是紧随着解释学而发生的,它与解释学具有一种内在的联系。可以这样说,解释学发展到后来,也就逐渐演变为接受美学。解释学到了海德格尔和伽达默尔那里,解释作为一种再创造的元素被赋予了一种新的文化含义,形成了以接受美学形式出现的新的解释学观。所以,有人甚至把接受美学也看做是一种广义的解释学。

应该说,接受美学是符合阅读特点的,也是符合理解规律的。前面我说了,任何阅读都不可能是"清白的阅读",都必然加进阅读者自己的"前理解",因此,任何读者理解到的意义都不完全等同于作品原来的意义,而且不同读者面对同一作品所理解到的意义(对于文艺作品来说,则是感受到的艺术形象)都不可能完全一样。所谓"有一千个读者便有一千个哈姆雷特",便是这个道理。

但是，真理往前多跨出半步则导向了谬误。如果把创造性阅读理解成不顾作品的意义而随心所欲地"自由理解"，则只有"创造"而无"阅读"了。这里的关键在于，"创造"的基础是否离开了"阅读"，即是否抛弃了作者的本意？应该说，读者理解到的意义与作品本身的意义是不完全等同的，后者属于作者自己，而前者既包括文本自身意义也包括读者的"前理解"。也就是说，作品的意义（含义）与读者理解到的意义，既有区别——因为加进了读者的"前理解"，但绝不是与原作无关——因为毕竟是对作品的理解。如果是在这个意义上说"共同创造"，则是科学的，因为这种"创造"的前提是肯定作品有自身的意义。

这里又有一个问题出现了，允不允许学生对文本进行"戏说乾隆"式的再创造？我认为，当然可以。所谓"古为今用""洋为中用"以及"旧瓶装新酒"式的"故事新编"都是允许的。比如，"滥竽充数"新说，比如"龟兔第二次赛跑"等等。学生联系自己的生活和时代特点由文本而激发新的联想或想象，进而赋予文本以新的含义，或者将作者的意义加以引申（包括对文学形象进行再创造），这不但符合学生的阅读心理，也是阅读要达到的真正的意义之一。但是，如果我们把这种新的意义新的形象强加给作者，硬要说这是作者的原意，这便是极不严肃的。正如魔术师耍分身术的魔术，魔术师明说这仅仅是魔术而不是真的，观众都不会误解；但如果魔术师硬要说其"分身术"是真的，那么，这便成了伪科学。而且，即使是并未强加给作者的新意，也不能完全离开文本，"戏说乾隆"说的毕竟是乾隆而非尼古拉二世。近年来，有人把《荷塘月色》中的情感"新解"为朱自清的婚外恋苦闷，把《孔雀东南飞》中刘兰芝被休的原因"新解"为刘兰芝的"不孕症"，我认为，诸如此类随心所欲的"理解"是很不严肃的，也是违背理解规律的。

解释学的确与接受美学有着某种相通。解释学所理解的创造性阅读包括：用自己的"前理解"去阅读，同时又借助于别人的"前理解"；努力发现别人没有发现作品的其他含义;对理解到的意义作出自己独到的价值判断而不仅仅停留于理解本身或人云亦云;在理解意义的基础上产生联想而生成新的意义和塑造新的形象;将阅读与生活相联系,用阅读去影响生活等等。

阅读过程中的"解释学循环"

阅读教学中,教师在引导学生理解课文时,常常提醒学生注意语境,即联系上下文来理解某一个字、词或某一句话。这是对的,但还应看到逆向的一面,即通过理解某一个字、词或一句话,来完成对某一"上下文"(语段)的理解。

只有理解了整体,才能理解局部;只有理解了局部,才能理解整体。理解就是从整体到局部、从局部到整体的循环中前进的。这便是解释学中所说的"解释学循环"。解释学循环是指理解中的一个客观的矛盾,即理解局部和理解整体之间的一种矛盾关系,这种关系具有一种循环的性质。

哲学解释学扩大了对解释学循环的理解,而且把解释学循环看做是理解的基本条件之一。确实,只有理解了整体才能理解局部,反之亦然,只有理解了局部才能理解整体。没有解释学循环,理解是不可能进行的。事实上,对任何局部的理解,都已有了某种整体的理解,不然局部是根本无法理解的。同样,对整体的理解是通过局部的理解达到的,不理解局部,就不能理解整体。因此,理解总是一种不断的循环:从字到句,从句到段,从段到文……

应说这种"循环"一直在我们的阅读教学中存在,但哲学解释学循环丰富了循环的内容:不仅仅在字词句段之间循环,而且从文章的内容理解作者的整体思想,从作者的整体思想理解作者所处的那个时代,从作者所处的时代理解整个人类历史，反之，从整个人类历史理解作者所处的时代，从作者所处的时代理解作者的整体思想，从作者的整理思想理解文章的内容……我们还可以扩大循环的范围，比如在读者与作者之间进行循环：要理解作品，必须扩大对作者的了解，而要扩大对作品的了解，又必须不断地阅读其作品；要扩大自己的阅读，必须增强自己的理解能力，而要增强自己的理解能力，又必须不停地阅读，如此等等。总之，没有循环，便没有理解，我们的理解永远处在循环之中，而这个循环是无止境的。

因此，从这个意义上说，阅读教学的过程，就是引导学生不断进行解释学循环的过程。

理解是相对与绝对的辩证统一

对一些经典作家的经典作品（比如鲁迅的作品）的理解，不少教师常常存在着两种认识：一种意见认为，仁者见仁，智者见智，只要言之成理，无所谓"标准答案"；另一种意见则认为，只要方法正确，我们是可以完全理解作品意义的，并达到阅读者之间的理解统一。这两种意见显然都是片面的：前者是理解的相对主义，后者是理解的绝对主义。

应该说，任何理解都是相对的，也都是绝对的。理解的相对性是理解的本性，是理解固有的性质。理解的主观性、局限性、不确定性、不完全性、历史性、变动性、开放性等等因素，决定了特定时空的理解者的理解只能是相对的。同时，理解的绝对性也是理解的本性，是理解固有的性质。理解的客观性、非局限性、确定性、完全性、永恒性、固定性、封闭性等等因素，又决定了特定时空的理解者的理解具有绝对性。

因此，在这个意义上，我们提倡辩证的解释学，反对理解问题上的绝对主义和相对主义，认为理解是相对和绝对的统一：相对之中有绝对，确定之中有不确定性，差异之中有同一性。

因为"理解"本身就意味着对象是可以被理解的。正确的理解是可能的。所谓"正确的理解"就是把握文本的本意。当然，对某一个具体的理解者来说，其"正确理解"只是"相对正确"，只是绝对真理长河中的一瓢水，但无数理解者理解到的"相对正确"却构成了所有理解者对文本的"绝对正确"，当然，这是一个无穷无尽的过程。理解者之间的差异，也是正常的。差异之间符合文本意义的重叠，便是绝对正确的理解。正如世界上没有完全相同的两篇树叶，但世界上也没有完全不相同的树叶一样，理解没有完全一样的，但理解也没有完全不一样的。

再以"一千个读者心目中的一千个哈姆雷特"为例：每一个读者理解到的"哈姆雷特"都是原作的部分意义与读者"前理解"结合的产物，属于相对理解；但一千个"哈姆雷特"中把握到的原作意义（亦即对原作理解一致的部分）的总和，便是绝对理解。

只要理解，总有误解；只要理解，总理解到点什么（总这样那样地理解了作者的思想、情感），在相对的理解中有绝对理解的成分。

解释学带给我们的阅读方法

尽管解释学不是方法论，但它却可以给我们以方法论的启示。前面所说的解释学循环，便是一种主要的理解方法。除此之外，解释学为我们提供的主要理解方法还有：历史的方法；语法分析的方法；心理分析的方法；唯物主义和辩证法。

历史的方法。作品不具有直接的可读性，必须对作品作出历史的定位。历史的方法就是把作品放到一定的历史情景中去理解的方法。运用历史的方法首先要有历史的观点。所谓历史的观点，就是把作品看做是一定历史条件下的产物。这有两个方面：作者思想的历史发展和社会的历史发展。作者的思想有历史的发展过程，一定的作品是作者思想发展的一定历史阶段的产物。既要反对用作者先前的思想来解读作品的方法，也要反对用作者后来的思想来解读先前作品的方法。作者是处于一定社会中的人，这个社会处于一定的历史发展阶段。必须从社会历史条件来解读作品。

语法分析的方法。我们面对的是一定的文本，我们只能通过文字来理解意义。要了解语词的意义。同时，要在一定的语法结构中来理解语词和句子的意义。语法分析的方法主要是理解作品的字面意义。作者是通过语言来表达思想的，因此，必须搞清作品的字面意义。仅仅是对文本作字词分析是不对的，但那种完全抛弃字面意义而去理解作品的意义的方法是不可取的。

心理分析的方法。所谓心理分析的方法就是透过作品把握作者内心世界的方法，也就是不停留于作品的表面意义而深入到作者的内心世界，把握作者的真实思想和情感。我们面对一定的文本，目的是要理解作者的内心世界。如果文本的字面意义和作者的内心世界是完全一致的或直接同一的，当然所谓心理分析的方法是没有必要的。但是作品的字面意义和作者的真实思想并不完全一致。因此，我们理解一个作品，不能停留于作品的表面意义，而要透过字面深入到作者的内心世界，把握作者的真实思想和情感。

唯物主义和辩证法。即唯物辩证法在阅读理解上的运用，比如坚持理解的客观性，一切从文本出发，首先面对文本，尊重文本的原意，尊重作者的思想感情。又如坚持理解相对性与绝对性的统一，防止理解上的相对主义和绝对主义。

从解释学看语文的"交际"功能

"语文是人类最重要的交际工具"，这是《中学语文教学大纲》对语文性质的界定。严格地说,这里的"语文"应该是"语言文字",因为一般意义上的语文("语言文学"或"语言文化")本身即工具的运用。

语言文字的确是交际的工具,而交际是在对文本语言的理解中完成的,因为文本是语言的存在。这里的文本,既指口语文本也指书面文本。然而长期以来,我们对语文的交际功能却作了狭义的理解,我们谈到交际时,更多的是指同一时空面对面口头交际,似乎"交际"只是人与人之间面对面的交谈。这显然是很不够的。

最近,著名特级教师陈钟梁先生对语文的"交际"功能提出了新的见解,他认为不能简单地把"交际"理解为同一时空面对面的交际,今天来谈语文的"交际"至少还应包括两个方面:一是通过文本同时代的其他人乃至其他民族和国家的人进行交际,比如我们通过《文化苦旅》与余秋雨进行沟通,通过《第三次浪潮》同托夫勒展开交流;二是通过文本与历史对话、与未来对话,比如我们通过阅读《史记》与司马迁对话,所谓"抚摸历史的伤痕",我们也可以通过自己留下的文本与未来的人对话。

我完全同意陈钟梁先生的观点。在解释学看来,根据时间关系,我们可以把理解分为两类,一是对共时性(即同一时空)对象的理解,二是对历时性(即跨时空)对象的理解。听别人讲话,属于对共时性对象的理解,阅读文字作品,属于对历时性对象的理解。这两类理解,在性质上是没有根本区别的,但在理解的难度上有差别,对历时性对象的理解要比对共时性对象的理解困难些。就这两类理解而言,解释学偏重于研究对历时性对象的理解。

同是文本,口头语与书面语有很大的不同。与口头语相比较,书面语时空不受太大的限制,可以长时间和大范围地保存,因此可以面对无限扩大的读者,让思想得到长久而广泛的传播。同时带来一些局限,就是语境模糊,与读者的间距扩大,读者不能直接面对作者,不能提问和讨论，理解比较困难，歧义增多。而超越这些局限，正是阅读教学的任务。

　　语文"交际"内涵的丰富，将有助于我们重新认识阅读的意义：我们的阅读，决不仅仅是读文字本身，而是通过文字与古今中外的作者进行"对话"——读屈原便是与屈原对话，读鲁迅便是与鲁迅对话，读茨威格便是与茨威格对话，读霍金便是与霍金对话……如果这样来理解语文的"交际"功能，我们阅读教学乃至整个语文教育的内涵就要丰富得多，其前景也广阔得多。

2001 年 4 月 18—19 日

我对"民主课堂"的理解

我一向不赞同给教育贴标签,包括给课堂贴标签。但是,为了表述方便简洁,这里把体现民主教育理念的课堂,临时称作"民主课堂"。

我知道,"民主"是一个很时髦的话题,"民主"的概念甚至已经泛滥成灾,而且"民主"这个词的含义太丰富也太模糊了。所以,要谈论这个话题,首先要明确,我是在什么意义上使用"民主"这个概念的?

说到"民主",我们都知道这首先是一种政治制度,通俗地说,是一种管理国家的方式。作为一种政治制度(或者说政府形式),民主的核心程序是通过人民的选举(直接选举或间接选举)产生领导人;同时,人民能够通过一定的法律程序参与国家的决策。而这正是民主制度与专制制度的根本对立之处。

但"民主"的含义,显然还不止于此。从不同的角度,人们还可以对民主内涵有多种理解。比如,民主又是一种机制,这意味着权力的互相制约;民主又是一种原则,所谓"少数服从多数";另外,民主还被理解为一种工作作风,其表现是"让群众说话""广泛听取不同意见"等等。

更重要的是,民主也是一种生活方式。我认为,这是对民主更为深刻的理解。将民主看做一种个人的生活方式，即认为民主不只是一种形式或者说外在的东西，而是一种内在的修养。这种内在的修养体现于日常生活和与人交往的过程中：相信人性的潜能；相信每个人不分种族、肤色、性别、家庭背景、经济水平，其天性中都蕴含着发展的无限可能性；相信日常生活与工作中，人与人之间是能够和睦相处能够真诚合作的。

我越来越确信，民主的实质是对人的尊重。对此，阿克顿说得非常简明：民主的实质，就是"像尊重自己的权利一样尊重他人的权利"（见阿克顿《自由与权力》第 373 页，商务印书馆 2001 年版）。爱因斯坦如是说："我的政治理想是民主。让每一个人都作为个人而受到尊重，而不让任何人成为崇拜的偶像。"（见《爱因斯坦语录》第 119 页，杭州出版社 2001 年 6 月第 1 版）这里，爱因斯坦将民主与平等联系在了一起。

民主的生活方式，意味着自由、平等、多元、宽容、妥协、协商、和平等观念浸透于社会的每一个角落，体现于生活的每一个细节。

民主的生活方式，还意味着"尊重"与"遵守"：对每一个人的尊重，并彼此尊重；对经由大多数人认同的制度、规则、纪律的遵守，对公共秩序和公共规则的遵守。尊重，是对精神而言，尊重每一个人的人格尊严、思想自由、精神个性、参与欲望、创造能力等等。遵守，是对行为而言，大到一个社会，小到一个团队，规则是和谐有序的保证，某些时候克服个人的欲望而服从大家都必须遵守的规则，正体现了民主社会的重要特征之一。随心所欲，为所欲为，自我中心，不是民主。

需要指出的是，作为一种生活方式的民主和作为政治制度的民主不是割裂的，更不是对立的，而是互为因果、相辅相成的。民主的政治制度需要社会土壤，这"土壤"便是民主的生活方式；同样，民主的生活方式需要制度保障，这个保障制度便是民主的政治制度。

民主的政治制度与民主的生活方式之间的关系，实质上是政治体制与国民素质的关系,所谓"有几流的人民就有几流的政府"。没有民主的道德基础,所谓民主制度不过是空中楼阁而已。

我所说的包括"民主课堂"在内的"民主教育",是在生活方式这个意义上使用"民主"这个概念的。也正在这个意义上,我认为,民主教育的使命,就是培养具有民主生活方式的公民。

但是,这里的所谓"培养具有民主生活方式的公民"绝不能仅仅是一句动听且鼓舞人心的口号,而必须落实于教育行动。换句话说,民主教育的理念必须要有明确的载体。

这个载体,可以是学校的各种德育途径和形式,但我更看重课堂教学。不是说德育途径不重要,而是因为一个简单的道理:师生在学校度过的最多的时间是在课堂,如果离开了这个主阵地,单纯通过主题班会等德育形式对学生进行民主品质和民主能力的培养,是难以奏效的。

说到课堂,我还想谈谈对课堂功能的理解。过去我们很多人往往把课堂功能仅仅理解为传授知识,后来又增加了培养能力、发展智力。这样的理解始终没有把课堂和学生的精神成长相联系。我认为,课堂教学既应该传授知识培养能力发展智力,更应该将人类文明的精神成果注入孩子们需要滋养的心灵:善良、正义、忠诚、气节、民主、自由、平等、博爱、宽容、人权、公正……特别需要指出的是,我这里所说的"注入"绝不是脱离教学内容进行生拉活扯的强加或牵强附会的联系,而应该自然而然地融汇在教学过程中。

那么,我所说的"民主课堂"应该"自然而然地融汇"哪些民主精神呢?

1. **充满爱心**

我始终认为,在民主教育的大旗上,有一个大写的"人"字:它是目中有"人"的教育!因此,所谓"充满爱心的教育"就是把学生当人的教育,就是充满人性尊重和人文关怀的教育。

甚至从某种意义上我们可以说，民主教育就是爱的教育。一个真正的教育者必定是以人为本的信奉者和实践者。他有温馨的爱心和晶莹的童心。只有童心能够唤醒爱心，只有爱心能够滋润童心。离开了情感，一切教育都无从谈起。

充满爱心的课堂，要求教师在教学过程中，对每一个学生而不仅仅是少数"优生"都投以关注与尊重的目光，同时教师以自己的爱心去感染学生，让孩子之间也彼此尊重与善待。

充满爱心的民主教育，就是充满人性、人情和人道的教育。

2. 尊重个性

这里的"个性"，与"共性"相对，指的是一个人在天赋、智慧、能力、兴趣、气质、行为等方面表现出来或潜在的独特性甚至独一无二性。当然，个性本身在价值上是中性的，因此"尊重"在这里不是"迁就"，而是在理解的基础上，尽可能根据学生的个性予以"因势象形"地积极引导，从而让每一个学生都成为最好的自己！

尊重个性就是尊重差异，这就要求教育者在教学内容的组织、选择和教学方法的使用等等方面，都必须考虑学生个性的独特性、差异性。尊重学生的个性，还意味着不用升学与否这一把尺子来衡量学生是否成才，而是尊重不同个性学生未来的不同发展，坚信每一个学生都会在今后的社会生活中上找到自己的位置。

尊重个性的民主教育，特别体现于对待长期以来被传统教育忽视或冷落的"后进生"的态度上。这就意味着教师对"困难学生"倾注更多的爱心、耐心和信心。如果我们的课堂只着眼于"尖子生"，而冷落甚至无视那些所谓"差生"，如此"教育"没有半点民主可言！

相反，具有民主精神的教师，会对"困难学生"倾注更多的爱心、耐心和信心。由于智力状况、学习基础、家庭教养、个性特征等等因素的差异，学生发展很难绝对均衡同步，往往总有部分学生暂时滞后或掉队。具有民主情怀的教师，就应该通过教学设计，让他们找到能够体现自己个性尊严的角色，并自由舒展其澄明自然的心灵空间。在民主教育的课堂上，每一粒种子都能破土发芽，每一株幼苗都能茁壮成长，每一朵鲜花都能自由开放，每一个果实都能散发芬芳！

3. 追求自由

民主教育首先是充满自由精神的教育，这种自由精神尤其应该体现于对学生心灵自由的尊重。

尊重学生心灵的自由，教师自己就必须是一个心灵自由的人。教师应拥有一种追求真理、崇尚科学、独立思考的人文精神，并以此去感染学生。我们实在无法设想：一个迷信教材、迷信教参、迷信高考题的教师会培养出富有创造精神的一代新人。

尊重学生心灵的自由，就要帮助学生破除迷信。这里所说的"迷信"主要是指学生长期以来形成的对教师的迷信、对名家的迷信、对"权威"的迷信和对"多数人"的迷信。我们应该明确告诉学生：世界上不存在万能的"圣人"；老师也好，名家也好，"权威"也好，都不可能句句是真理；我们所学的课文，即使是千古名篇，也不可能绝对完美无瑕；虚心听取别人的意见是应该的，但这些"意见"只能供我们独立思考时参考，而对某个问题的认识，对某篇文章的看法，我们只能忠实于自己的心灵，不能盲目从众。绝不能用别人的思想代替自己的思想。

尊重学生心灵的自由，就要让学生在课堂上畅所欲言。教师应该让学生在课堂上自由驰骋其思想骏马：面对教材，面对知识，教师和学生之间、学生和学生之间应该平等对话；在平等的基础上，交流各自的理解甚至展开思想碰撞。教师当然应该有自己的见解，但这种"见解"只能是一家之言，而不能成为强加给学生强加给作品的绝对真理。

尊重学生心灵的自由，就是尊重学生思想的自由、感情的自由、创造的自由。自由精神当然不是民主教育所独有的内核，而且也不是民主教育的全部内容，但没有自由精神的民主教育，便不是真正的民主教育。

4. 体现平等

民主教育要求每一位教育者重新审视师生关系。教师的职责无疑是"传道授业解惑"，但这并不意味着教师在知识的任何方面都超过了学生，教师更不应因此而以真理的垄断者自居。尊重学生，就包括尊重学生的思考，真正优秀的教师应该是学生的引路人，也是和学生一起追求新知、探求真理的志同道合者。合作学习的态度，就是平等精神在民主教育中的体现。

与学生同志式地探求真理，就应尊重学生发表不同看法的权利，并且提倡学生与教师开展观点争鸣。学生的认识也许比较肤浅，他们的看法也许比较片面甚至有错误之处，但在发表自己观点的权利上，和教师是平等的。教师绝对不能因为学生的"幼稚"而剥夺学生思想的权利。

平等，还不仅仅是人与人之间尊严的平等，更重要的是人与人之间权利的平等，特别是学生受教育的权利的平等。学生是否真正享受平等的受教育权利，在很大程度上还取决于教师是否真正平等地尊重每一个学生：教学活动，是让少数"精英学生"独领风骚呢，还是让所有学生都参与？上公开课，只是让个别"尖子生"举手答问以显示教学效果呢，还是让每一个学生都积极参与讨论以展示所有学生的真实思维状况？毕业复习期间，是只重点抓部分升学有望的学生呢，还是面向所有不同学习层次的学生……都体现出教育者是否真正平等地尊重学生的权利。

教师不但自己应该对每位同学一视同仁，而且还应该在教学中营造一种同学之间也互相尊重、真诚友好、平等相处的氛围。让学生在这平等的氛围中感受平等，并学会平等。

5. 重视法治

尽管"法治"是一种治理国家的方式，但其精神实质无非是依靠体现公共意志的规则（法律）来实施管理，而且所有人都必须遵守统一的规则。正是在这一精神实质上，民主教育与法治精神得以沟通——民主精神同时也就是法治精神。

让学生依据共同制定的规则参与教学管理，是民主教育中法治精神的突出体现。学生作为学习的主人，其主体性不仅仅体现在主动学习和积极思考方面，也体现在参与教学的管理方面。既然尊重学生，而且承认教师的所有工作从根本上说都应服务于学生，那么，学生对教学更应有建议、评价与监督的权利。教师没有理由不尊重学生的这个权利。对真正的民主教育来说，教育者与被教育者的互相监督是理所当然的。当然，长期以来，教师对学生的建议、评价和监督已经成为理所当然，无须强调；而学生对老师的建议、评价和监督则至今没有引起重视，因此，我们现在更看重后者。

6. 倡导宽容

离开了宽容谈民主教育是不可思议的。民主本身就意味着宽容：宽容他人的个性，宽容他人的歧见，宽容他人的错误，宽容他人的与众不同……作为教师，当然承担着教育的使命，对学生不成熟的乃至错误的思想认识负有引导的责任。但是第一，学生的不成熟乃至错误是一种成长现象，其中往往包含着求新求异的可贵因素，如果一味扼杀便很可能掐断了创造的萌芽。第二，宽容学生的不成熟和错误，意味着一种教育者的真诚信任和热情期待：相信学生会在继续成长的过程中自己超越自己，走向成熟。第三，教师的引导，前提是尊重学生思想的权利，然后通过与学生平等对话（而不是居高临下的训斥），以富有真理性的思想（而不是所谓的"教师权威"）去影响（而不是强制）学生的心灵。

教师的宽容，说到底仍然是尊重学生思考的权利，并给学生提供一个个发表独立见解的机会。不要怕学生说错，不跌跟斗的人永远长不大，所谓"拒绝错误就是毁灭进步"，正是这个意思。课堂应成为学生思考的王国,而不只是教师思想的橱窗。如果不许学生说错,无异于剥夺了他们的思考。在充满宽容的课堂上,不应只有教师的声音,教师更不应该将自己的观点定于一尊,而应允许学生有不同的看法,在教学的过程中引导学生独立思考,提倡学生展开思想碰撞,鼓励学生发表富有创造性的观点或看法,努力使整个教学课堂具有一种开放性的学术氛围,让不同层次的学生既有共同的提高也有不同的收获。

当然,宽容不仅仅是教师对学生的宽容,也包括学生对老师的宽容,更包括学生之间的宽容。独立思考绝不是唯我独尊,更不是拒绝倾听他人意见;相反,在对话探究的过程中能具备海纳百川的胸襟是一种极可贵的民主品质。教师应善于在教学过程中以自己的宽容向学生示范,在鼓励每一个学生珍视表达自己见解的权利的同时,也尊重别人发表不同看法的权利——既勇于表达又善于倾听,既当仁不让,又虚怀若谷。

7. 讲究妥协

在现代生活中,善于妥协是一种明智,一种美德,也是一种与人合作的前提。能够妥协,意味着对对方利益的尊重,意味着将对方的利益看得和自身利益同样重要,更意味着尊重他人的精神世界。平时我们所说的"取长补短""求同存异"都含有妥协的意思。

在民主教育过程中,如果说"宽容"是善待他人的不同观点,那么"妥协"则是对话双方都勇敢地接纳对方观点中的合理因素,彼此相长,共同提高。妥协也不是简单地向对方"认输",而是服从真理以完善自己的认识。对教师来说,这本身也是对学生的一种民主精神示范。

妥协的前提仍然是平等。教师要乐于以朋友的身份在课堂上和学生开展同志式的平等讨论或争论,并在这过程中主动吸取学生的合理见解。其实,更多的时候,所谓"妥协"并不是绝对的"甲错乙对"因而甲方在思想上向乙方"投降",而是"双赢"——即在讨论争辩中,双方都不断吸收对方观点的合理因素进而使双方的认识更接近真理。当然,也有这种情况，面对学生正确的批评，明明错了的教师更应该承认错误接受批评，并尽可能改正错误。

妥协，常常还体现在师生之间的"遇事多商量"：大到制定的教学计划是否可行，小到每天布置的作业是否适量，以及教学内容的选择、教学进度的调整、教学形式的改革等等，尽管教师起着主导的作用，但学生的参与也是必不可少的。还需要指出的是，我们提倡的妥协不仅仅是教师向学生妥协，也包括教会学生学会妥协。在班级生活中，同学之间、班干部之间、班干部与普通同学之间、班与班之间……在处理日常事务时，都免不了会有意见不同的时候，这时教师就应该引导学生学会倾听与吸纳，多站在对方的角度考虑问题，切忌狂妄自大、唯我独尊，让学生在妥协中学会与人共事，学会真正的民主生活方式。

8. 激发创造

民主是对人的本质的解放，而人的本质在于创造。发展学生的创造精神，是民主教育的使命。——注意，我这里说的是"发展"而不是"培养"。所谓"激发创造"，在我看来，不是对学生进行"从零开始"的所谓"培养"，而是"发展"他们与生俱来的创造性——首先是要点燃学生熊熊燃烧的思想火炬，让学生拥有自由飞翔的心灵。我坚信，每一位学生都有着创造的潜在能力；所以，教师要做的，是提供机会让学生心灵的泉水无拘无束地奔涌，说通俗一点，就是要让学生"敢想"。创造，意味着思想解放。而学生一旦获得了思想解放，他们所迸发出来的创造力往往远远超出我们的意料。

学生创造性思维的产生，有赖于教师创设一个宽松和谐的教学气氛。我们应使每个学生都具有心理上的安全感，从而在没有外界压力的气氛中充分展开认识活动，所以说，师生之间互相尊重、互相信任、互相学习的平等和谐关系，是发展学生创造性思维的重要前提。然而，恰恰是在这一点上，我们过去的教育却有意无意地剥夺了学生的精神自由：毋庸讳言，由于种种原因，中国封建文化的残余至今还阻碍着我们的教育走向民主与科学。在师生关系上，一些善良的教师往往不知不觉甚至是"好心"地损害着学生的尊严和感情；在某些课堂上，不但没有师生平等交流、共同研讨的民主气氛，反而存在着唯师是从的思想专制——学生的心灵已被牢牢地套上了沉重的精神枷锁，哪有半点创造的精神空间可言？

我认为，民主教育首先是目中有"人"的教育。真正的教育者理应把学生看做有灵性的活生生的人，而不是教师见解的复述者，更不能成为教师完成课堂教学任务的道具！我们不应把学生的大脑当成一个个被动接受知识灌输的空荡荡的容器，而应看做是一支支等待我们去点燃的火炬，它一旦被点燃必将闪烁着智慧的火花、创新的光芒。因此，发展学生的创造力，与其说是手把手地教学生怎样去做，不如说是给学生提供一个个发表独立见解的机会，让他们的精神自由地飞翔。

上面我谈了民主教育的八个特点，当这些特点体现于教学过程之中时，我们把这样的课堂称作"民主课堂"。所谓"民主课堂"，通俗地说，就是充满民主教育理念的课堂，它意味着教师对学生能力与潜力的无限信任，意味着教师必须尊重学生原有的基础与个性，意味着师生是探求知识真理道路上的志同道合者，意味着还学生自主学习的权利，意味着让学生成为课堂的主人……"民主课堂"是建立在师生人格平等基础上的课堂，是以师生积极交流对话生成为主的课堂，是学生真正成为学习主人的课堂，是充满生命幸福与人性光芒的课堂！

"民主课堂"的核心理念："让学生成为课堂的主人！"这是"以人为本"的教育理念在课堂上的真正体现。让学生成为课堂的主人，就必须变革课堂师生关系，把教师"教"的过程变为学生"学"的过程，让教师的"教"服务于甚至服从于学生的"学"。

"民主课堂"的基本操作模式："导学稿"加"小组合作"。"导学稿"

是学生学习的"路线图",是"民主课堂"实施的有效载体,或者通俗地说,是帮助学生如何学习的"指南"。"小组合作"是学生学习的形式,是"民主课堂"实施的有效方式,是学生依据"导学稿"所采取的行动。

以上是我对民主课堂的理解和解说,也表达了我目前的课堂改革追求。注意,这里说的是"目前的课堂改革追求",而不是"目前的课堂改革现状"。之所以要强调是"追求",是因为这些民主课堂的特征或者说课堂改革要求,目前来看,有点理想化,远没有成为我校每堂课的常态。或者说,我所提出的民主教育的八个特征,是我们课堂改革的蓝图。但是,毫无疑问,我和我的同事们正在依据这蓝图"施工",我们正坚韧地向这理想迈进。

最后,我还想就我们微观的课堂改革与宏观的社会进步之间的关系谈几句。世界的民主潮流越来越势不可挡,这是客观事实。作为社会主义中国,我们正在将民主的基本理念与我国的具体国情相结合,建设具有中国特色的社会主义民主政治。这也是客观事实。改革开放三十年来,中国的巨大进步,既体现于经济实力的迅猛增长,也体现于精神文明的日益提升——其中最突出的表现就是国人公民意识的觉醒。中共中央早就宣告:"发展社会主义民主政治,建设社会主义政治文明,是全面建设小康社会的重要目标。"建立小康社会的标准之一,是"民主更加健全"。我这里所说的"民主教育"的使命,正是为即将到来的"民主更加健全"的社会培养民主主体——具有民主精神的现代公民。因此,经济的发展,社会的开放,思想的解放,时代的呼唤,世界的挑战……使中国的社会主义民主政治呼之欲出,也使中国的社会主义民主教育应运而生。而这里的民主教育必须落在课堂——给课堂注入更多的民主精神,让课堂不但成为传播知识培养能力的空间,也成为造就公民的摇篮。

理想的教育应该成为充满民主气息的教育,成为对学生进行民主精神培养的教育，成为为民主社会培养公民的教育。从这个意义上说，民主的确是教育进程的必然。

2011年2月20日

你凭什么要我"必读"

到书店转转，会发现各类"必读书"充斥于书架上："小学生必读书目""中学生必读书目""大学生必读书目""青年必读书目""教师必读书目"……

什么叫"必读"？当然是"必须读"。

开列书目的专家们，无非是想在这信息爆炸的时代，把最精华的人类文明结晶介绍给读者。但为什么要"必读"？

阅读作为一种个性化的心智活动，是不应该被强行统一的。当然，一些经过历史浪涛冲刷的精神产品，应该被一代又一代人传承，可这种传承应该是一种自觉的行为，而非用"必读"来强制。这种自觉的选择，首先应该是建立在尽可能广泛的阅读基础之上，而不仅仅是少数所谓"必读书目"。只有经过自己大脑的比较、鉴别、欣赏、批判，所得到的才真正是文明精华。

有人说，中小学生还不成熟，鉴别能力不强，为什么不可以给他们指定"必读书目"，引导他们直接面对人类经典，让他们少走弯路呢？

引导当然是需要的，但这种引导应该体现在教师和学生一起读书，一起讨论、一起交流，而不是简单地开个"必读书目"了事。更何况现在的必读书目都已经绑在"应试教育"的战车上了,在繁重的功课压力下,学生们对各种强制已经非常逆反——请到现在的中学去问问,有几个学生真正喜欢"必读书目"的?"必读"的强制,让阅读丧失了本来应该有的心灵愉悦,唯一的"好处",是使阅读经典成了难得的"商机"——围绕"必读书目"的各种"导读""训练"读物随之滚滚而来!

各种"必读书目"的制定者们无一不打着新课程改革的旗号,但他们似乎忘记了语文新课程标准的基本理念之一便是"构建共同基础与多样选择相统一的语文课程"。阅读当然也需要"共同基础",即让学生自觉走向经典走近大师;但阅读同样需要"多样选择",即尊重学生的阅读兴趣,鼓励充满个性的阅读:文学、历史、政论、科普、传记……都应该允许不同的学生根据自己的不同爱好去选择。岂能用一个"必读书目"将多元阅读定于一尊?

还有一个问题不容回避:"必读"——如此不容置疑的命令,谁有资格下?

当然是各类"专家"。他们坐在书斋里,开列一串串书单,然后写出一篇篇导读,居高临下地"教导"我们要这样不要那样……凭着专家的身份指手画脚,用自己的阅读爱好取代别人的阅读兴趣,甚至用"必读书目"的名义把自己的审美观和阅读观强加于人——这不是另一种形式的"思想专制"吗?

"难道就不应该给成长中的学生开些书目吗?"有人也许会问。

当然可以!但请不要用"必读书目"这样充满霸气的话语,能不能用一个充满尊重、协商的词——"推荐"?

2003 年 10 月 5 日

话说"借班上课"

自从1998年5月天津赛课讲《在马克思墓前的讲话》"败北",我对公开课开始了反思。

我把公开课分为两类:一类是研究性的实事求是的公开课,一类是表演性的弄虚作假的"公开课"。为了表述简洁,我把后一类"公开课"加上引号——迄今为止我所抨击的都是这样的"公开课"。而对前一类公开课,我并不反对。

反思的结论之一是:我不适合于上"公开课"。于是我下决心以后不上"公开课"了,但由于种种原因,有时又不得不上。怎么办?我给自己定了个规矩也作为给邀请单位的条件:不上阅读课,只上作文课。

为什么我会这样呢?这首先得从"借班上课"说起。

成功教学的基本前提之一,是教师对学生的了解。如果是在本班上课,一般来说这是不成问题的。但如果是"借班上课",至少我很难在课堂上与素不相识的学生"水乳交融"。我原来也上过这样的课,而且评价还不错。但我清楚:不管我在课堂上多么"机智",最后都是想方设法把学生置于自己的思想框架之内;学生不管在课堂上多么热闹,显得多么有"主体性",其实他们或多或少或明显或隐约地都成了我表演的道具。

但这也怪不得我。试想：连"知己知彼"（在教学上就是师生互相了解）这个起码的要求都达不到——我们从参加教育工作第一次备课起就被告知必须"备"学生（这个学生可不是抽象的整体，而是具体的个体）——教师怎么能上课？但这课又必须上，那当然就只有由教师制订一个比较完美而又巧妙（即看不出痕迹）的教学框架，包括设计一系列"问题"等等。在这样的课堂上，教师不得不提前做好"预制板"——于是教师完全掌握了学生思维的主动权，"以不变应万变"，当然"游刃有余"。

因此，我一直腹诽"借班上课"。

我丝毫不怀疑的确有真正高明的教师，能够借班上出真实的好课——这样的课，我是听过的。但我完全没有那种能力和教学艺术——在事前一点不了解学生阅读基础的情况下进行一堂真正有效的课堂阅读教学，对我来说，难于上青天！

于是，每当我不得不上公开课时，我便选择作文教学。

按理，至少对我来说，作文教学公开课比阅读教学公开课更难上。因为如果进行阅读教学，我可以拿一篇课文来闭门造车地准备。如果某篇课文上熟了，我可以拿着这篇课文"走南闯北"，根本用不着备课。而作文教学不然，我必须得了解学生的写作水平，这样上起来才有针对性。尽管上作文公开课比上阅读公开课难，但我又认为，就事前了解学生而言，作文公开课有一点比阅读课强，那就是我可以事先通过阅读学生的作文了解学生的写作情况。因此，每次我借班上公开课，我都要请对方单位提前请当地参加公开课的学生写好作文给我寄来。然后，我至少要花整整两天时间对每篇作文进行批改和研究，大到学生整体的谋篇布局，小到作文的一个错误标点。这样一来，我可以自信地说，我对该班学生的写作状况就有了比较感性的了解，尽管学生没有见过面，但他们对我来说已经不陌生——每次去上课前，班上绝大多数学生的名字我都能说出来。

  这里得补充说说我平时在班上的作文教学。我的作文教学十年前就形成了一套比较稳定的"程序"，总原则是最大面积地鼓励学生并最大面积地让学生参与，同时，师生共同研讨写作规律。另外，为了让作文教学对学生比较有吸引力，我对课堂进行了一定的包装，每次作文课都由十来个小板块组成："榜上有名""佳作亮相""片断欣赏""咬文嚼字""出谋划策""教师试笔""昨夜星辰"等等。当然，由于每次的作文题目不一样所以每次评讲课的具体板块也不完全一样；更重要的是，因为每次学生作文的情况不完全一样，因此课堂上学生的随机活动也不一样，因此，对学生而言，每次作文课都充满了"悬念"。2000年4月，我去陕西师大参加骨干教师培训前，上的最后一堂课是作文评讲课。我至今记得当时我一抱着作文本走进教室，学生就欢呼起来："呀，又是作文课！"学生过节一般高兴的表情，是他们对我最好的褒奖。

  回头再说"借班上课"的作文公开课。如同在我班一样，我也有相应稳定的"程序"，但课堂状况不可能完全一样，因为学生不一样，写作水平不一样，我的引导也不完全一样，有时为了临时出现的新情况，我不得不将就学生而增加或取消一些环节。最近两次作文公开课，我都以高一教材的作文第一单元"用心感受生活"为写作内容布置作文然后进行评讲，但由于学生的写作总是充满个性色彩，因此我必须根据学生的情况做相应的调整，以体现出针对性。

  其实我知道，真正意义上的公开课是不可能取消，也不应该取消的。当务之急，是考虑如何改进。而且我也知道，既然有公开课，就免不了要"借班上课"。但是我又想，我们能不能按"借班上课"的特殊性来评价公开课，以尽量避免公开课中出现的虚假现象呢？比如，能不能允许公开课"冷场"呢？能不能允许公开课上没有学生主动发言？能不能允许公开课上教师讲得多一些？能不能允许公开课上教师不慎失误？能不能允许公开课没有"完整性"？能不能允许公开课上没有"高潮"？能不能允许公开课"平平淡淡"一些……

　　如果这样，可能公开课会真实一些，至少我将不那么怕"借班上课"。

2002 年 1 月 11 日

The fourth album
第四辑

我们更有责任引导我们的学生在正视(而不是回避)眼前假恶丑的同时,心中燃烧着向往真善美的理想之火,进而产生一种真诚的责任感:让这个世界因我的存在而更加美好!拥有这种美好情怀的学生,一定能写出同样真实而又善良美丽的文字。

The fourth album

第四集

作文呼唤真善美

前不久《南方周末》整版说了中小学生在作文中说谎的事。我深有同感。我是在"文革"中成长起来的一代,那时候中小学作文的情况比报道中说得更厉害:"革命""斗争""毛主席革命路线""阶级斗争""消灭帝修反"(我在敲"帝修反"这个短语的时候,输入法都没有这个词)"解放全人类"等等都是我和我同学作文中的常用短语。这是"革命"的谎言!

我教语文近三十年,不敢说我的学生就绝对没有说过假话,但至少我一直力图在作文教学中追求真情实感的自然表达。在1999年出版的《从批判走向建设》一书中,我记载了我批评学生作文中假话套话连篇的现象。

我每接一个新班,都要为纠正学生作文中的公式化、假话、套话费很大的气力。有时,全班学生交来的作文几乎就是一个人写的!有一年,我批评学生时,忍不住质问他们:"看着你们升学考试的语文分数都那么高,那么作文水平肯定也是很不错的。但怎么会这样?"学生们回答说:"毕业考试前老师让我们仿造课文分别写了记人、记事、搞活动等好几篇作文,然后给我们仔细修改好,最后让我们把这几篇作文背熟,一到考试时就默写作文，当然能得高分啦！"

　　许多教师说，这是现在"应试教育"背景下普遍存在的一个令人忧虑而又让人无奈的现象。

　　这样说当然不错，但我认为，还不能仅仅归咎于"应试教育"。问题的实质在于，由于长期以来极"左"思想的统治，整个国家弥散着假话和套话，人们失去了说真话的权利进而也就失去了说真话的勇气，甚至到最后连说真话的意识都没有了！其登峰造极的恶果，就是"文革"灾难的降临！没有了思想自由，必然鹦鹉学舌。这反映在教育上，便是阅读教学中的"思想一律"和作文训练中的"假话盛行"！

　　改革开放以来，极"左"路线的镣铐被砸碎；但是，历史的惯性远没有消失，极"左"的思维方式或多或少地还残存于一些教育者的头脑中，因而，教育中的种种弄虚作假现象至今仍未绝迹——其实，哪里又仅仅是"教育中的种种弄虚作假"呢！

　　当我看到不少学生因此而形成了心灵扭曲的双重人格时，我往往不寒而栗：也许我们在津津乐道于培养了许多擅长"编作文"的"写作尖子"时，学生的童心已经锈迹斑斑了！

　　然而，现在许多中学生（小学生我不熟悉，不敢妄加评论）的写作似乎已经呈现出了另一种形态的让我忧虑的"真实"。我想到了2003年我曾担任《华西都市报》首届"真性情"作文大赛评委时读到的最后入围的120篇作文。七年过去了，我对作文中的某些"真实"至今还留有很深的印象。应该说，最后进入决赛的120篇作文无论是思想内容还是写作技巧，总体上都达到了很高的水平。但也有少数作文让我和其他评委感到吃惊和不安。

　　这是一些什么样的入围作文呢？如果就文字表达而言，文中的语言技巧相当老练；但作文本身却呈现出一种灰暗和玩世不恭：想做职业杀手、想方设法欺骗父母甚至报复父母、捉弄男人、三角恋、偷情怀孕……这是不少参赛作者用娴熟的文字技巧所表现的主题。当时我在阅卷过程中，随手从几篇作文中摘抄了一些句子："我崇拜鲜血。""我将一个啤酒瓶砸碎，然后插进他的口腔插进他的喉咙。""生活就像是被强奸，如果不能反抗就试着去享受吧！""用的是那种男人特有的低沉的男音，一种让任何女人都心碎的声音。""寒潮如尿水泄入尿缸般涌进了四川盆地，同时将爱情挤了出去。"……

我不知道这些作文是否真实反映了少年作者们的真情实感——如果仅仅是赛场上面对题目所写的虚构故事而并非孩子们心灵的真实写照，似乎可以让人欣慰：毕竟这是文字游戏。尽管如此，我还是不得不为孩子们如此"成熟"的构思如此"放肆"的想象感到不安，毕竟在该做梦的年龄，心灵世界是不应该如此灰暗的。

当然，也许这并非文字游戏而真是少年作者们真实的思想感情，只是平时在学校的作文中，他们不太愿意将这些真情实感写进交给老师的作文中，而现在他们通过密封式的作文大赛将自己心中积蓄已久的对社会对生活的种种感受无拘无束地倾泻了出来。面对着"超真实"的文字，我们似乎不应该责怪孩子们——这是孩子们对周围世界真实的感受，难道说真话写真事抒真情有错吗？

这里引出一个不容回避的问题：作文的最高境界难道仅仅是一个"真"字？

固然，相对于在作文中言不由衷地说些庄严的大话套话，孩子们能够写出自己的真实感受，这是一个进步；但是，对于不太成熟而正在走向成熟的孩子，我们的引导难道仅仅停留于"真与假"的事实判断？还需不需要有更高层次的"善与恶""美与丑"的价值导向？"真"如何与"善"与"美"和谐统一？难道"真"与"善"与"美"是对立的吗？十七岁的马克思，能够写出视野开阔的《青年在选择职业时的考虑》，学子毛泽东能够写出气势恢宏的《商鞅徙木立信论》这样豪迈的论文，青年巴金哪怕在切齿诅咒封建大家庭灭亡的同时也没有丧失对光明的热切向往……试问，现在我们有多少这样的"书生意气"，有多少这样的"激扬文字"？我们当然不能要求所有学生都是马克思、毛泽东和巴金，但如果我们的学生作文中充斥着王朔式的"我是流氓我怕谁"，以为这便是"率真"——"真"倒是"真"了，但这对渴望崛起的中华民族来讲意味着什么？

理想的教育既要避免"伪圣化"的思想专制，又要将人类文明的精神成果注入孩子们需要滋养的心灵：善良、正义、忠诚、气节、民主、自由、平等、博爱、宽容、人权、公正……真善美的和谐统一，是人类永恒的追求。这个世界当然有凶杀、有欺骗，也有三角恋和偷情怀孕，但我们有责任告诉孩子们，这个世界不仅仅有凶杀、欺骗、三角恋和偷情怀孕，我们更有责任引导我们的学生在正视（而不是回避）眼前假恶丑的同时，心中燃烧着向往真善美的理想之火，进而产生一种真诚的责任感：让这个世界因我的存在而更加美好！拥有这种美好情怀的学生，一定能写出同样真实而又善良美丽的文字。

我期待着。

2010年5月3日

"华丽"与"朴实"

从来就没有脱离内容的"纯粹"的语言，这应该是常识。因此，说"华丽"或"朴实"仅仅是对语言的评价，我认为是片面的。即使是纯粹的语言训练，也不仅仅是遣词造句，而是包括了思想感情。这里当然就有了真实与虚假之分。我非常赞同有的老师所说："不要用成年人的标准评价中小学生的写作"。是的，我们不能要求孩子写的文章内容多么深刻，语言多么成熟。但即使如此，我们在指导学生写作时，作文与做人的统一依然是重要的标准，这个标准我认为不能因是成人或孩子而有所区别。从这个意义上，我不同意孩子的写作"形式要比内容重要得多，或者说，'怎么写'比'写什么'重要得多"的观点。

孤立地看"华丽"这个词，应该说并不含贬义。《现代汉语词典》对这个词的解释是"美丽而有光彩"。"语言华丽"这个短语本身也不带有贬义——语言"美丽而有光彩"有什么不好呢？但放在对中小学生作文语言评价的情境中，"华丽"似乎带上了贬义的色彩。但是，这里的"贬"，决不仅仅是对"语言"的贬，同时也是对"内容"的贬。通常只有那些虚情假意而做作的语言，才被批评为"华丽"，而抒发真情实感的文字，无论多么"华丽"都不叫"华丽"，而叫"优美""生动""形象"

"凝练"。换句话说，这里所谓的"华丽"已经不是词典上那个意思了，是特指华而不实的文风，而不仅仅是文字表达能力。同样，"朴实"也不仅仅是指语言表达，也包括了内容，指的也是一种文风。至少在我和我周围的中学语文教师，从来不会把内容实在但语言干瘪苍白乏味的文章称作"朴实"。总之，所有文质兼美的文章都是好文章，无论其风格"华丽"或"朴实"。

当然，中学生在习作的过程中，语言生搬硬套、堆砌辞藻是难免的。有老师说得好极了："中小学生在学习使用语言的过程中，误用错用的现象肯定会经常发生，不要紧，用多了，用熟了，自然慢慢就会找到语感，不用是永远也找不到语感的。"我把学生作文中的字词错误视为写作成长中的"青春痘"。同样，哪怕是有了真情实感，也有个如何表达得更准确更得体更生动更有感染力的问题。是的，许多作家初学写作时都要对对子，或者背诵足够数量的古典诗文，也有仿写的阶段，但这与我们通常批评的华丽文风是两码子事。还有老师说："一个学生，在其学习阶段，只有在无数的写作练习中反复使用所学过的各种词语，反复引用所学过的诗词文赋，反复运用所学过的各种修辞手法，反复使用各种句式，他才有可能真正掌握这些语言知识，并把这些语言知识转化成为语言技能。"这话完全正确，但这个练习或者说训练绝不是所谓"华丽"！

再重申一遍，中小学作文教学中所反对的华丽和提倡的朴实都特指的是一种文风，而不是文字。而我们现在之所以要提倡朴实的文风反对华丽的文风，当然是有的放矢的。不是说语言技巧不重要，但比语言技巧更重要的，是思想感情。纵观现在一些学生的作文，究竟是语言的问题更多，还是内容的问题更多呢？十年前，我曾在批阅新一届初一学生作文时，看到有一位学生这样写开学第一次升旗仪式："……随着一轮冉冉升起的红日，鲜艳的国旗也徐徐升起……望着那迎风招展的红旗，我眼前浮现出董存瑞、黄继光、江雪琴等无数先烈的形象……我又想起了红领巾是国旗的一角，是革命先烈的鲜血染红的……我一定要……"这篇作文的立意，当然是好的，而且这篇作文的文采也是不错的——算得上"华丽"吧？但我却在作文后面批道："请问：那天早上阴云密布，何来'冉冉升起的红日'？又请问：你不停地想董存瑞、江雪琴，又哪有时间认真聆听校长讲的新学期要求呢？"这位同学开始还颇感委屈："我这是写作文嘛！"我说："作文只有'真'，才会'善'和'美'！"

在这种背景下，我们能够仅仅是对孩子进行所谓纯粹的言语技巧训练吗？

判定一个班学生写作水平的高低，我认为至少应从四个方面来考虑：一是大多数学生的写作内容是不是源于自己的生活，是不是表达了真正发自内心的真情实感？二是大多数学生的写作兴趣——一听说写作文，学生是高兴甚至兴奋呢，还是愁眉苦脸？三是大多数学生的写作创新——是人云亦云而只会"克隆"课文呢，还是展示个性以写出富有新意的作文？四是大多数学生修改文章的能力——是否不需要老师的"通篇见红"就能自己发现自己作文中的毛病，并予以修改？

注意，我这里不厌其烦强调是"大多数学生"，这就排除了教师以少数几个写作尖子来"证明"其作文教学"卓有成效"的可能。如果以上观点能够基本成立，那么，对照现在的作文教学现状，恐怕我们是很难乐观的。

我不打算详尽展开上述四条标准，这里我只想谈谈我是如何对中学生作文的思想和语言进行引导和指导的。

教师应该给学生作文以思想个性和感情自由。不要误会我主张教师放弃对学生的思想教育；不，我认为"教育"的前提是尊重和信任，而且在这个基础上的"教育"应是教师对学生的人格感染、情感熏陶和思想引导，而非空洞的说教。就作文教学而言，尊重学生的思想感情，就是尊重学生作为"人"的心灵世界。如果我们对自己一手培养起来的少先队员、共青团员们都不信任,生怕他们在作文中思想"越轨"、感情"失控",那么,我们的教育就太虚弱太苍白了。

教师要解除学生作文的种种心理束缚,告诉他们:"真实",是作文的生命;作文就是"我手写我口"!同时,教师更要具备一种宽容的民主胸襟:对学生作文中积极向上、体现时代主旋律的思想感情,当然要热情鼓励并大力提倡;而对学生作文中流露出来的一些幼稚的想法、甚至消极的情绪,也应当予以理解和尊重。要知道,学生愿意向教师敞开心扉,这是对教师的一种难能可贵的信任啊!所有"真实的消极"都比任何"虚假的积极"珍贵一百倍。当你不能容忍学生作文中的任何"灰色"时,你便把学生的真诚永远地拒之门外了。对于成长中的学生,出现一些糊涂的认识是正常的、真实的,相反,如果学生作文中全是清一色的"正确思想""健康感情"那才是反常的、虚假的。作为教育者,当然有教育的责任,但如果我们不许学生写真情实感,那么,我们就失去了教育的针对性——学生的思想感情个个都是那么"令人欣慰和骄傲",你"教育"谁去?

每教一个班,我都向学生宣布:"作文无禁区!只要写的是真情实感,只要说的是真话,李老师都非常欢迎!"因此,我可以说,我的学生拥有一种"写作安全感"。在作文、日记或其他课外练笔中,他们什么都可以写,什么都可以对我说。就以本学期我看到的学生《随笔本》为例:有对班级生活的描写,有对高尚同学的赞美,有对成都市市容变化的好评,也有对某些献爱心捐款的不同看法,有对我工作的尖锐意见,甚至还有对伊朗核问题的评论……总之,不拘一格,畅所欲言。

思想感情不过是生活的反映,因此尊重学生的思想感情就应允许学生写他们自己的真实生活。但是现在我们常常听见学生抱怨:"我们的生活多么枯燥啊!哪有什么值得观察的内容?"以为只有"感人肺腑的""终生难忘的""惊天动地的""曲折惊险的"的"大事"才能够进入我们的作文,这无疑是同学们长期以来作文过程中的一个误区。奇怪的是一些教师和家长也这样为中学生"鸣不平":"唉!现在的学生从家庭到学校,除了上课就是作业,怎么写得出好作文嘛!"

作为长期从事中学语文教学的教师,我对这种似是而非的说法,从来都是坚决反对的。学生作文,不过就是写自己的所想所见所闻,写自己每天耳闻目睹所熟悉的一切。难道非得深入工厂参观大中型国有企业改革,或走向田野考察农村家庭承包责任制现状,学生才写得出好作文吗?

所以,我们要反对作文教学中的"题材决定论",学生能够在作文中真实自然地反映更广阔的社会内容当然很好,但学生作文首先是他们生活的镜子,而不是时代的橱窗。我经常对我的学生说:"只要同学们忠实于自己的心灵和生活,写作素材就会源源不断地流向笔端。"在作文教学中,我往往引导学生从这样几个方面打开自己心灵的闸门、开掘生活的素材——

自己的情感:油然而生的欢乐,抑制不住的兴奋,热泪盈眶的感动,挥之不去的惆怅……自己的思想:别具慧眼的见解,刨根问底的质疑,社会现实的忧虑,人生道路的迷惑……自己的校园:风采迥异的老师,性格不同的同学,休戚与共的小组,色彩缤纷的班级……一缕飞扬的思绪,一声由衷的慨叹,一句温暖的问候,一次有趣的对话,一场激烈的争鸣,一簇思想的火花,一份纯真的友情……都可以成为学生笔下一道道独具魅力的心灵风景和一幅幅别有情趣的生活画面!

而且,我告诉学生,只要忠于自己的生活和心灵,任何陈旧的作文题都可以写出好文章,因为任何一个人的生活和心灵都是独一无二的。我曾多次以"我和我的班级"为题布置学生写自己身边的生活,面对这个"老掉牙"的作文题,我的每一个学生都从自己的视角写出了班级的某一个侧面和自己的独特感受:《黑板报前的故事》《当车胎破了以后》

《童心比面包更芬芳》《语文课上的歌声》《班长哭了》《溜冰之趣》《一根二极管的故事》《借笔》《我们的课间十分钟》《雨中那火热的心》……虽然学生们每天都生活在一个看似平凡的班集体,但因为他们随时都用心去感受身边的一切,他们也就因此拥有了取之不尽的写作素材。

有了真实的思想感情,才谈得上得体的语言。注意,对中学生作文的语言,我这里首先没有说"生动""形象",而是"得体"。至少在我的语文教学经历中,常常感到一些学生老是用想象取代观察,用模仿取代创新——注意,我不反对习作过程中的想象和模仿,我反对的是"老是"。

有些学生的语言或者说句式表面上看,似乎很有"想象力",其实一点想象力都没有,因为几乎全是对现成套话的"盗版""复制"。关于想象力,我还有话说,并想介绍我的一个作文训练案例。写作中的想象力当然是可贵的,但想象力的滥用却是目前中学生作文中的通病之一:想当然的比喻句取代了对自然对生活的细心观察和准确描写。为了纠正这种偏向,我曾带领学生进行了一次忠于生活、再现自然的室外作文训练活动。

我先给学生朗读了屠格涅夫的散文诗《村》,这篇描写19世纪俄罗斯乡村景色的美文,深深打动了学生们的心。我紧接着向学生们分析,这篇散文诗的特点实际上就是八个字"描摹自然,朴素即美"。作品从天空、气息,写到田野、农舍,再写到人的活动,语言洗练质朴,几乎没有什么比喻和其他修饰语,而是白描式地写生,却让读者身临其境,如见其景。我又让学生背诵孟浩然的《过故人庄》,并比较分析后得出结论:凡出色的写景文字,无不是寓情于景,自然朴素。

然后,我对学生们说:"其实,这样的文字你们也能写,因为大家都有着热爱美的心灵和捕捉美的眼睛。现在,正是阳春三月,我们一起到府南河边去吧!去感受春光,沐浴春风,描绘春色不用空洞的想象和华丽的辞藻，只需细心的观察和真切的描摹。你们笔下，也会出现屠格涅夫和孟浩然那样朴素优美的文字！"学生们跃跃欲试，于是，我和学生们来到我们曾一起种下小树的府南河边。

在河两岸，我们在徜徉、嬉戏中观察、感受春天府南河的特点：天空是怎样的？河水是怎样的？银杏和女贞的树叶分别是什么颜色？河水和小草分别是什么气息？还有河岸护栏的造型和石柱上的图案、未完工的河畔石凳以及民工敲凿石头的声音……离开府南河时，我和学生们约定："李老师和你们一起写这篇文章，看我们谁写得更好！"

回到学校，学生们立即投入了写作。一节课后，学生全部交上作文。我也认真地写了一篇《春天素描》。两天后，我看完了学生作文后在班上讲评时，把屠格涅夫的《村》和我写的《春天素描》草稿和定稿同时印发学生。我在评点学生作文的同时，着重向学生讲了我写作、修改《春天素描》的全过程，提醒学生们在作文时，应追求真实、朴素、自然。然后，我布置学生根据评讲，重新修改自己的作文。

学生修改后交上的作文，大部分达到了我的要求，整体水平有了很大提高。不光是内容真切，而且学生观察细腻，描摹自然景物的语言也非常细致贴切。我从中选了几篇佳作在班上念，学生们都认为达到甚至超过了李老师的文章。看到学生作文水平的提高，回顾这次作文训练活动的经历，我由衷地欣慰，并情不自禁地想到巴金老人关于写作的一句话："文学的最高技巧，就是不讲技巧。"当然不能用巴金的标准去要求学生，但是我们的作文训练应该让孩子们明白："内容第一，技巧第二。"语文教师的责任，正在于引导学生具备发现生活忠于心灵的"最高技巧"，然后"不讲技巧"地再现生活表达心灵。

这样的作文训练，哪里仅仅是一个"华丽"或"朴实"所能够概括的？

2007年4月17日

让语文课充满活力与灵气

先姑且让我"望文生义"地对"灵气"与"活力"谈谈自己的理解。我认为,我们所说的语文教学中的所谓"灵气",指的就是"心灵之气",即师生内心深处的丰富多彩的思想感情在课堂上自然而然的流淌与飞扬;所谓"活力",指的是"活泼之力",即语文课堂上呈现出的富于变化的蓬勃生机。

本来,语文课的灵气与活力是不言而喻的。语文学科与数理化学科最大的区别之一,就在于它的"灵"与"活",即它的每一篇课文都是有灵魂的,是有思想感情的,因而它的教学过程应该是活动的流动的,而不应该是僵化的一成不变的。语文教学当然包含有知识因素,但主要不是知识教学,而更多的是通过语言文字(首先是文学但又不仅仅是文学)进行思想的磨砺和情感的熏陶。我们怎能设想,这样的课堂不是翻卷着浪花的海面而是一潭没有丝毫涟漪的死水呢?

因此,要让语文课充满灵气与活力,我们首先要反思一下:语文课本来应有的灵气与活力是怎么失去的?

如果我们承认语文教学的主导应该是教师,那么,目前语文课缺乏灵气与活力的原因,也就只能从教师身上找。我认为,语文教师对名家的迷信，对教材的迷信，对程式化教学模式的迷信，是造成语文课死气沉沉的重要原因。

不少语文教师的确非常迷信名家。这里的"名家"既指课文中所涉及的一些著名的作者（作家或专家），也指语文教育界的教改名家。这种"迷信"导致教师自动关闭了自己独立思考的大脑，一切依照名家的"说法""做法"。迷信名家的结果是没有自己的东西，而没有了自己的东西也就失去了语文课的个性；离开了个性，语文课自然谈不上什么"灵气"与"活力"。

许多教师习惯于把课文当做圣经而不是"例子"，不敢越教材的雷池一步，甚至如果有一道练习题没有讲到，心里都不踏实。对于教材的分析讲解已经到了牵强附会甚至强词夺理的地步了。比如，对于《回延安》这篇课文其实相当多的老师学生都是不喜欢的，我也认为这首诗决不是作者的代表作更非新诗的典范之作。但因为它是教材啊，所以，许多教师还得装出很有感情的样子给学生分析来分析去。既然"课文不过是例子"，为什么不可以不用这个例子而另外换一个例子呢？与迷信课文相联系的是迷信教参。教参说某篇课文分为三部分，有的教师绝不会给学生说可以分四部分。既没有教师自己的见解也不容许学生有自己独特理解的语文课，我们怎么能希望它有什么"灵气"与"活力"呢？

从操作层面上讲，语文教学的模式是必不可少的，但对程式化教学模式的迷信，也是造成语文课死气沉沉的原因之一。前面我谈了对教育名家的迷信，而迷信的突出表现之一，就是盲目地机械地套用名家的各种教学模式：什么"六步自学法"呀，什么"尝试教学法"呀，什么"质疑式教学法"等等。不能简单地说这些课堂教学模式不好，但它们的实施都是同特定教师的个性和特定学生的具体情况相联系的，即使是该模式的创立者也不可能采用同一模式去教所有课文。但我们一些老师却将其程式化、固定化，结果把生动活泼的语文教学变成了刻板、僵化的程式。如此教学,"灵气"与"活力"从何而来?

因此,要让语文课充满灵气与活力,除了要处理好通常人们所说的"三个关系"(即"学生、作品和作家的关系""教师、教案和教材的关系""生活、读书和上课的关系")外,还有一个关键,这就是教师应该破除迷信,让自己成为自己教学的主人——不要成为拜倒在名家脚下的奴隶,不要成为演绎教材教参的道具,不要成为某种僵化教学模式的工匠。从某种意义上讲,语文课的灵气与活力不过是语文教师本身的灵气与活力的自然流露;如果教师真正具有思想的灵气与感情的活力,其语文课必然充满灵气与活力。

2000 年 4 月 20 日

公开课,请别再演戏了

多年来的各种公开课已经在人们心目中形成了一个思维定式,那就是一堂优质的公开课必须是"完美"的。

为了这个"完美",公开课就成了"集体智慧的结晶";为了这个"完美",公开课就越来越变成了"无懈可击"的表演;为了这个"完美",公开课就越来越讲究"精雕细刻"的形式;为了这个"完美",公开课便越来越成了各种"模式"或生搬硬套或惟妙惟肖的翻版……这样的公开课的确很"完美",但也很虚假。这一方面有违教师道德,另一方面等于是公开地给学生进行作假示范!这样虚假得"完美无瑕"的公开课至今还在不停地演示着,这究竟给我们的语文教育带来了什么后果,难道不应该好好反思反思吗?

当然,公开课中的弄虚作假未必是我们的主观追求;导致这种客观效果的原因,我认为,是长期以来语文教育中对教学个性的排斥。

是的,教学个性!

本来,语文课应该是最具教学个性的学科。且不说每一篇文质兼美的课文,都是一朵独一无二的精神花朵;即使是面对同一篇课文,不同的老师,都可依据各自的个性上出风格迥异的课来。任何一个杰出的教育专家或优秀教师，其教育模式、风格乃至具体的方法技巧都深深地打着他的个性烙印。不同的生活阅历、智力类型、知识结构、性格气质、兴趣爱好以及所处的环境文化、所面对的学生实际等等因素，决定了任何一个教育专家都是唯一的、不可重复的，他们所上的课也是唯一的、不可重复的——试看于漪、钱梦龙、宁鸿彬、魏书生……哪一个的课不是其鲜明个性的体现？由于有了个性，他们便成了公认的语文教育改革家。

但是，多年来，为什么我们的语文教育专家仍然只是于漪、钱梦龙等人呢？原因在于，广大普通教师所允许的教学个性空间实在是太狭窄了。从刚踏上讲台开时，一堂堂汇报课、观摩课、示范课，就规范着他们只能"这样"上而不能"那样"上。都说上公开课"锻炼"人，但我要说，正是在这一次次不断"锤炼"中，教师失去了自己的个性，因而失去了创造性。（因此，在这个意义上，我不同意有老师来信所说，"参加工作不久的青年教师，完全可以沿用现在流行的方式"上公开课，这"是青年教师明确如何上好课的过程，是激发青年教师精益求精的过程，使青年教师学会上课"。）

语文公开课的规范化、模式化，实际上是传统文化中"大一统"思想对语文教学个性潜移默化的扼杀；而扼杀了个性，便窒息了语文教育科学的生命！

我对这种语文教学中的文化专制主义深恶痛绝，因而总想努力通过自己的探索，追求语文教学的个性。而教师的这种语文教学个性，首先体现在对学生个性的真正尊重。上周我刚刚教了《我的小桃树》，自己还比较满意。"比较满意"的唯一原因就是我在课堂上真正做到了以学生为主体。具体说，就是让学生思想的火花随心所欲地迸射，让学生心灵的翅膀无忧无虑地飞翔——

课一开始，我让学生齐声朗读这篇课文。读完之后，我让学生自由发表意见：可以是就不懂的问题提问，可以是谈自己的感受，也可以是就自己最喜欢的某一点作简要分析。

学生问的第一个问题是："为什么中间作者要写自己'脾性也一天天坏了'，'心境似蒙上了一层暮气'？"如果按教师的教学程序，显然不应该从这儿讲起，因为这个问题并不是教参上确立的重点和难点；但至少对于这个学生来讲，这个问题就是她的"难点和重点"。我当然就得顺应学生。我把这个问题交给学生讨论，学生便纷纷发表自己的看法。

于是，新的问题又涌出来：关于"奶奶"，关于"小桃树"，关于"我的梦是绿色的"……在学生无拘无束的讨论中，或者是一个学生的话引起了大家的共鸣，或者一种观点引起了不同的看法，或者是学生之间的碰撞，或者是学生和老师的辩论……总之，整个教室弥散着浓浓的学术氛围，大家都感到了一种交流的快乐。

还不仅仅是交流的快乐，更有发现的喜悦——"我觉得'我'眼中的小桃树，就像奶奶眼中的'我'。""'它长得很委屈，是弯弯头，紧抱着身子的'这是写小桃树，也是写作者自己。""作者把题目由原来的'一棵小桃树'改成'我的小桃树'，更能表达对小桃树的感情。""倒数第二个自然段最让我感动，作者把风中摇曳的花苞比作'像风浪里航道上远远的灯塔，闪着时隐时现的光'，我读着读着感到一种向上的力量。""我最喜欢文章最后几句，作者对着小桃树倾诉自己的感情，其实也含蓄地表达了作者对理想的追求"……

学生的每一个发现都令我惊喜。虽然这一切都不是我预设的，但我感到了学生是用自己的心灵感受作品，他们不是通过我的解说而是自己直接与作者对话。学生的提问和分析也许很肤浅、很幼稚，但这一切都是属于他们自己的收获而不是我的灌输。

上这样的课我也十分轻松愉快，因为我的眼前没有"评委"只有学生，我也不必有一种紧迫感，老惦记着把我准备的货色匆匆灌给学生。

在这样的课堂上,我的所谓"主导作用"只是给学生提供一个自由论坛,或者说我只是一个学生思想大海的推波助澜者——我适时巧妙地在学生心灵的海洋上掀起一个又一个思维的浪花;同时,我的心灵也被这些新鲜的浪花所沐浴着……

可是,如果是公开课,我敢这样上吗?

以前我不敢,现在,我倒很想试试。——我想以这样质朴、真实、自然的公开课,呼唤语文教学的个性。

1999年5月16

语文教学可否提倡"多元化"

最近有人提出:"语文教学应该提倡多元化。"我的看法是:"多元化"当然非常好,但现在恐怕还难以实现。

说心里话,我非常赞同"语文教学多元化"的主张。在谈到教育的种种弊端时,有人说教育是"计划经济的最后一个堡垒"。对此,我们以前往往只从教育体制的角度去理解其"计划性",而忽略了在这种计划性体制下人们所形成的思维的"计划性"。长期以来,语文教学的一切(即我们通常所说的教材、教法、测评等等)都是"计划"的,甚至连"思想"都被"计划"了——我们总习惯于用"树样板"(比如宣传、推广"教学法"之类的"先进经验")的形式来达到某种精神和行为的统一,教师失去了思想个性,语文教学必然"一元化"。随着教育体制改革的深化,教育上的各种看得见的僵化壁垒(比如办学形式、招生制度等等)正在被逐步打破,但精神方面的"计划性"却不是容易破除的。我曾说:"语文公开课的规范化、模式化,实际上是传统文化中'大一统'思想对语文教学个性潜移默化的扼杀;而扼杀了个性,便窒息了语文教育科学的生命!"现在,用这句话来说明语文教学"一元化"的文化根源,我以为仍然适用。

但是，如果我们把什么都推给"文化"，也是欠妥的——这实际上是把自己的责任推得干干净净；更何况最近二十年来，我们的国家已经逐步走向开放和民主，对人精神个性的尊重已经越来越成为我们社会的发展趋势。而且，在教育改革日益深化的今天，我们也不能把语文教学"一元化"仅仅归咎于考试制度，因为近年来，国家在考试制度方面已经并将继续加大改革力度。所以，探讨语文教学"一元化"的原因，还得从我们语文教师自身找起。

我们不妨这样设想：如果不按现在的教材、教法、考试进行语文教学，那么，我们国家的语文教育将会是怎样一种景象？——可以毫不夸张地说，没有了统一的教材（而且还不能经常变动），没有了统一的教参甚至统一的教案，没有了统一的练习册和各种模拟训练题，没有了统一的考试，没有了高度精确而且答案唯一的"标准化试题"，也许有一些语文教师可能将无法继续教语文！以教材改革为例。我曾经和程红兵老师讨论教材改革的问题，当时，他认为如果一定要编全国统一的教材，这套教材最好只选经典文言文，而现代文教材让每一位教师自己编，以体现个性。当时我虽然同意他的设想，但又补充了一句："这有一个前提，就是语文教师必须具备比较高的鉴赏力，有一种高品位的审美眼光，不然会乱套——比如，有的老师可能就只会选《还珠格格》！"几乎没有一个教师不抱怨现在的教材有这样或那样的问题，但是，如果教材真的有了较大的改革，或者只是教材篇目作些调整，都会有老师反对。"语文教材经常变"不就是许多语文教师经常抱怨的话吗？其实，在我看来，教材变是正常的，不变才是不正常的；不但应该变（当然，应该是科学的"变"），而且真的应该提倡多种教材百花齐放，甚至允许任何教师个人自编教材。但这样一来，一些老师又不好教书了。"好不容易把教材教熟了，怎么又变了？"如果大一统的教材格局被打破，有的教师更会迷惑不解："那，高考依哪个教材呢？"

不错，时代呼唤着语文教学的"多元化"，而语文教学的"多元化"则呼唤着高素质的语文教师。"高素质的语文教师"当然有许多要求，但我认为这样的教师至少应该是真正有"学"有"识"的。所谓"学"，就是要有深厚的文化功底和扎实的语文教学基本功。比如，语文教师不妨问问自己：我每天花了多少时间在读书上？我能不能写得一手与语文教师身份相称的文章？让缺乏读写能力的教师去追求教学"多元化"，岂非缘木求鱼？所谓"识"，就是要有自己的思想，要有敢想敢创敢为天下先的探索勇气。语文教师应该拥有一个辽阔而富有个性的精神空间，即应该具备一种海纳百川的文化胸襟，一种高屋建瓴的人文视野，一种不畏权势的民主意识，一种独立思考的批判精神……不能想象，一个目光短浅、心灵封闭、观念保守、思维萎缩的人，能够培养出下一世纪中国的脊梁。连属于自己"一元"的思想都没有的人，又怎能在教学上"多元"呢？

唯有这样，语文教学"多元化"的局面才会真正形成；反之，如果语文教师本人的素质不够高，"多元化"的结果只能是"乱套"。

1999 年 10 月 5 日

读到"自己",读出"问题"

也许不会有人否认,真正的阅读是一个心灵激荡的过程——用眼下比较时尚的术语说,叫做"生命的体验"。但现在的学生是否体验到阅读的精神愉悦呢?我的一位高一新生在一次关于语文阅读教学的问卷调查中这样写道:"我喜欢自己读朱自清,但不喜欢老师讲朱自清。因为我自己读《背影》,读到的是我父亲的背影,而听老师讲《背影》,我得到的只是一些所谓的'关键词''关键句'而已。"对于中学语文阅读教学,专家学者们提出了许多很精辟的理论。在这里,我想问一个朴素的问题:我们的阅读教学,怎样才算是走进了学生的心灵?

如果要从理论上深入探讨这个问题,我们可以洋洋洒洒写出许多的论著,但朴实无华的真理总是源于生活实践而不是来自纯"理论"的逻辑推导。这里,我一点没有蔑视理论的意思,而只是希望我们的思考能够归真返璞,回到生活的起点。具体说,我想从自己阅读的切身体会谈起。回忆我自己的阅读,每当我感到心潮起伏的时候,往往不外乎两个原因:要么是从作品中读到了"自己",要么是从作品中读出了"问题"——前者如我曾经读过的《把整个心灵献给孩子》,我由苏霍姆林斯基所描述的充满诗意的教育故事以及他所揭示的教育那纯真、纯正、纯净的人性之美，想到自己每一天平凡而同样美丽的教育实践，进而心潮起伏，难以自已；后者如我正在拜读的《"教育学视界"辨析》，作者陈桂生教授对许多人们习以为常的教育"常识""公理"提出的质疑，敲打着我的心房，使我对作者的质疑以及其他一些教育"常识"也投去质疑的目光，以至放下该书后我那被作者点燃的思想火把还在继续燃烧。——这种伴随着感情流淌或思想飞扬的阅读，才是真正深入心灵的阅读；而作为语文教师，我们为什么不让学生也能享受如此心旷神怡的阅读呢？

我认为，语文阅读教学要走进学生心灵，就应该引导学生与作者对话，帮助学生寻找并打开进入作者心灵世界的精神通道，让学生通过文本与作者交流感情或碰撞思想——读到"自己"或读出"问题"。

先说"读到'自己'"。这里的"读到'自己'"，指的是通过阅读文本而情不自禁地联想到自己相似的情感、自己熟悉的生活、自己所处的社会或自己正经历的时代，进而与作者产生心灵的共鸣。任何一部经典作品（当然包括语文教材中的课文），不管其时空距离与我们有多么遥远，它之所以能够流传至今，主要原因是因为它凝聚着人类某些方面共同的思想感情或精神品质，它属于全人类的同时也是属于每一个读者的；换句话说，面对同一部经典作品，不同时代不同民族的每一个读者都可以从中捕捉到属于自己的那一根思想感情的"琴弦"——所谓"读《三国》流泪，替古人担心"就是这个道理，周恩来曾给英国朋友解释《梁山伯与祝英台》是中国版的《罗密欧与朱丽叶》也是这个原因。

说白了，所谓"读到'自己'"，就是我们常说的"把自己摆进去"。有一类课文，学生是很容易读到"自己"的——比如《春》《背影》《从百草园到三味书屋》《一碗阳春面》等等。从这些课文中，学生相对比较容易被课文的景、情、人、事所感染，因而不知不觉使自己成为课文中的一个"角色"。但有的课文所表现的内容距离学生比较遥远，因而学生往往无动于衷,"进入不了角色",这时便需要教师在课文所表达的思想感情与学生的心灵之间"搭桥"。学富兰克林的《哨子》,我要求学生们以"我的'哨子'"为题进行讨论,引导他们反省自己曾经犯过的类似错误;学莫泊桑的《福楼拜家的星期天》,我和学生一起审视我们今天的星期天是怎么度过的,并思考怎样让我们每一个普通的日子都闪烁着思想的火花;学鲁迅的《孔乙己》,我既让学生联系当时的社会背景理解孔乙己的不幸命运,又让学生以今天素质教育的眼光来评判孔乙己的悲剧性格,同时还结合当今一些社会现象剖析一下身边的"咸亨酒店"式的冷漠,并扪心自问自己是否也是一个"看客"进而感受鲁迅那穿越时空的深邃目光……

再说"读出'问题'"。面对一部作品,可能各位教师都有这样的体会,研读越深收获越大同时疑问也越多;相反,对我们根本无法读懂的著作,至少我是提不出任何问题的。因此,从某种意义上说,"读出'问题'"正表明读者读懂了——当然,这个"懂"是相对的,在"懂"的同时又伴随着"不懂",即一个又一个的问题,而思想之鹰正由此展开了飞翔的翅膀。这个道理应该告诉学生,并引导他们"读出'问题'"。语文教师应该在阅读教学中善于点燃学生思考的火花,使语文课堂成为学生思考的王国,善于发现问题,敢于提出问题,乐于钻研问题;在此基础上,既尊重老师,更崇尚真理,大胆怀疑,科学探寻,勇于创新。

学生思考的火花只有用教师思考的火花去点燃。我们不能设想,一个迷信权威、毫无创见的教师,会培养出敢于质疑、富于创新的学生。所以,对学生最好的指导,莫过于教师在教学过程中的示范。我常常给我的学生讲我在备课钻研教材时遇到的疑问,比如,《故乡》中鲁迅说杨二嫂是"一个画图仪器里细脚伶仃的圆规",鲁迅为什么会这样说?文中几次出现的"圆规",到底是属于什么修辞手法?比喻?或借代?小说的主题究竟应该是什么?再如,《守财奴》结尾"这最后一句话证明基督教应是守财奴的宗教"究竟该怎么理解？又如，孙犁《好的语言和坏的语言》后半部分的结构是否不太严密……经过教师的示范和引导，学生们大多能从课文中提出不少问题：有的是作者的疏漏，有的是读者的疑惑——前者如有的学生在李健吾《雨中登泰山》中找出了几个病句，有的学生批评杨朔散文有构思雷同化的倾向等等；后者如学《背影》，有学生问道："当时朱自清都已二十多岁了，回北京念书乘火车还要父亲送，并哭哭啼啼的，是不是太娇气了点？"学《包身工》，有学生问："解放已经五十多年了，可为什么我们的国家还有类似包身工的现象？"学《为了六十一个阶级弟兄》，有学生问："为什么作者要强调'阶级弟兄'，如果中毒的不是'阶级弟兄'难道就不救吗？那这算不算真正的人道主义精神？"……

对课文的质疑必然伴随着学生之间乃至师生之间讨论、争鸣，而这样的思想碰撞正是把阅读引向深入的过程。学完《指南录后序》，有学生对文天祥的局限提出了不同的看法：有的说文天祥"辞印相不拜"以致丧失军权是失策，有的说文天祥"意北亦尚可以口舌动也"是轻信，甚至还有学生认为文天祥拼死挽救一个腐朽无能的南宋王朝不能算爱国……我鼓励学生各抒己见，同时引导他们用历史唯物主义的观点评价历史人物。在争论中，有学生对文天祥的评价颇有见地：爱国总是具体的，一定时期的"国"总是通过一定的政府来体现；文天祥未必看不到南宋的腐败，但正因为这样，他更希望拯救它，振兴它，这恰恰是他的忠诚之处和悲壮之处，千百年来人们敬仰的正是他这种誓死报国的民族气节。教师组织这样的思想争鸣，还应教会学生运用一些正确的思想方法，具体问题具体分析，顾及全篇主旨分析某一语句的含义，结合一定的时代背景和社会特点把握某一作家的思想感情及其作品的得失等等。

引导学生在课文中读到"自己"读出"问题"，就是让学生与作品在精神上融为一体。唯有这样，我们的阅读教学才真正走进了学生的心灵，因为"从来就没有人读书，只有人在书中读自己，发现自己或检查自己"（罗曼·罗兰）。

2001年10月9日

语文,请给学生以心灵的自由

作家陈丹燕曾这样评论上海《萌芽》杂志发起举办的"新概念作文大赛":"让我吃惊的是,那些在拾到一分钱的主题上开始写作文的孩子们,一旦给他们一个自由的空间写作,他们还是会迅速地洗尽铅华,表现出一个原生的自己,那些长长的句子,纤细的伤感,那些富有含义的幽暗的多愁善感的细节,那些欲说还休的情致,甚至是那些与作文训练格格不入的词库,他们在作文的覆盖下还有一个秘密的写作世界。"这段话,让我不由得对创新教育的理解有了一个新的思路。

直到现在,说起创新教育,有些教师首先想到的往往只是思维品质和具体思维方法的培养,比如思维的"深刻性""批判性"或这样"性"那样"性",以及"逆向思维""发散思维""求异思维"等等。应该说,针对学生长期以来在"应试教育"背景下所形成的僵化思维模式,这些引导和训练当然是很有必要的。但我认为,对学生创新精神的培养首先是要点燃学生熊熊燃烧的思想火炬,让学生拥有自由飞翔的心灵。我坚信,每一位学生都有着创造的潜在能力;所以,教师要做的首先不是从零开始的"培养",而是提供机会让学生心灵的泉水无拘无束地奔涌,说通俗一点,就是要让学生"敢想"。创造,意味着思想解放。而学生一旦获得了思想解放,他们所迸发出来的创造力往往远远超出我们的意料。

学生创造性思维的产生,有赖于教师创设民主、宽容的教学气氛。我们应使每个学生都具有心理上的安全感,从而在没有外界压力的气氛中充分展开认识活动,所以说,师生之间互相尊重、互相信任、互相学习的平等和谐关系,是发展(注意:我这里说的是"发展"而不是"培养")学生创造性思维的重要前提。然而,恰恰是在这一点上,我们过去的语文教育却有意无意地剥夺了学生的精神自由:毋庸讳言,由于种种原因,中国封建文化的残余至今还阻碍着我们的教育走向民主与科学。在师生关系上,一些善良的教师往往不知不觉甚至是"好心"地损害着学生的尊严和感情;在某些语文课堂上,不但没有师生平等交流、共同研讨的民主气氛,反而存在着唯师是从的思想专制——学《孔乙己》,学生只能理解这是鲁迅对封建科举制度的批判;学《荷塘月色》,学生只能理解这是朱自清对"4·12"大屠杀的无声抗议;学《项链》,学生只能把路瓦栽夫人理解为小资产阶级虚荣心的典型;写《我最敬佩的一个人》,学生往往会习惯性地写老师,而且多半会把老师比作蜡烛或春蚕;写《在升旗仪式上》,学生往往会先写"朝霞满天,红日初升",然后是对革命先烈的联想和对今天幸福生活的赞美,最后想到的是自己的"神圣使命";写景,只能是借景抒情;写物,只能是托物咏志;写事,只能写有"意义"的事;写人,只能写"心灵美"的人……在如此"崇高""庄严"的"语文教育"下,学生的心灵已被牢牢地套上了沉重的精神枷锁,哪有半点创造的精神空间可言?

也许这种"奇怪"的现象不是个别的:有的学生不喜欢上语文课,但在课外却对文学作品情有独钟甚至如痴如醉;有的学生写命题作文一筹莫展或套话连篇,但私下写的日记或随笔却灵气飞扬……这说明了什么?我认为,这说明人的心灵一旦冲破牢笼,必将成为自由飞翔的思想雄鹰或纵横驰骋的感情骏马!因此,所谓语文教育中创造精神的培养,首先是给学生以心灵的自由。

给学生以心灵的自由，教师自己就必须是一个心灵自由的人。马克思的战友威廉·李卜克内西曾这样评价马克思："他是一个彻底正直的人，除了崇拜真理之外他不知道还要崇拜别的，他可以毫不犹豫地抛弃他辛辛苦苦得到的他所珍爱的理论，只要他确认这些理论是错误的。"我认为，教师也应拥有这样一种追求真理、崇尚科学、独立思考的人文精神。我们实在无法设想：一个迷信教材、迷信教参、迷信高考题的教师会培养出富有创造精神的一代新人。教师的心灵自由，取决于教师宽阔的人文视野；我们应该博览群书，站在人类文化成果的高峰俯瞰我们的每一节语文课；我们的心灵应该向古今中外的大师们开放。心灵自由的教师必然具有海纳百川的宽容精神，这首先意味着对学生的精神世界的信任和尊重；教师不仅要容忍学生的精神个性，更要容忍学生对自己说"不"，因为只有教师民主的阳光，才能照亮学生创造的原野。

给学生以心灵的自由，就要帮助学生破除迷信。这里所说的"迷信"主要是指学生长期以来形成的对教师的迷信、对名家的迷信、对"权威"的迷信和对"多数人"的迷信。我经常给学生说："世界上不存在万能的'圣人'；老师也好，名家也好，'权威'也好，都不可能句句是真理；我们所学的课文，即使是千古名篇，也不可能绝对完美无瑕；虚心听取别人的意见是应该的，但这些'意见'只能供我们独立思考时参考，而对某个问题的认识，对某篇文章的看法，我们只能忠实于自己的心灵，不能盲目从众。决不能用别人的思想代替自己的思想。"讲《在烈日和暴雨下》，我问学生喜不喜欢这篇课文，绝大多数学生都说喜欢，唯独有一个学生说他不喜欢，他还说出了不喜欢的理由。尽管他的理由在我看来是多么的"幼稚"，但当绝大多数人说"是"时，他敢于说"不"，而且是对一位文学大师的作品说"不"——作为教师，我不同意他的观点，但我赞赏他不迷信不盲从的勇气！我当即表扬了他这种勇气，号召其他学生向他学习。

　　给学生以心灵的自由，就要让学生在课堂上畅所欲言。特别是在阅读教学的课堂上，教师应该为学生提供一个思想自由的论坛：面对课文，教师和学生之间、学生和学生之间、师生和作者之间应该平等对话；在平等的基础上，交流各自的理解甚至展开思想碰撞。教师当然应该有自己的见解，但这种"见解"只能是一家之言，而不能成为强加给学生强加给作品的绝对真理。教师可以说《荔枝蜜》以"做梦变成小蜜蜂"结尾是多么的"含蓄"而"巧妙"，学生也有权利说："这太做作，读起来别扭！"教师可以说《分马》中郭全海动员积极分子将自己所分的牲口都拿去让王老太太挑选是说明了郭全海的"崇高""无私"，学生也有权利说："郭全海不应该这样做，这不是迁就自私的王老太太吗？"少年的眸子往往比大人的目光更明澈，没有太多世故的心灵，往往对课文有着比教师更独特更深刻的理解——多次听着学生评论名家名篇时的"惊人之语"，我常常不由得发出这样的感慨。

　　给学生以心灵自由，就应允许学生写他们自己的文章。文章应该是思想感情的自然体现，写文章应该是心灵泉水的自然流淌。如果学生不敢在文章里说真话、写真事、抒真情，其文章必然充满新八股的气息，而八股文绝无任何创造性可言！我对学生的作文要求是八个字："真情实感，随心所欲。"只要真实、健康，学生想写什么就写什么而且想怎么写就怎么写——可以写真诚的崇高情怀，也可以写有趣的平凡生活；可以写现实的眼前景物，也可以写幻想的未来世界；可以与老师商榷，可以与大师对话；可以评论经典，也可以改写名篇；可以"大江东去"，也可以"小桥流水"；可以鄙薄蜜蜂，也可以赞美老鼠……总之，学生的文字应该是掠过晴空的云彩，它美丽多姿而又呈现出个性的色彩。被解放的心灵有着无穷的想象力："大海是无边无际的草原，雪白的浪花就是那数不清的羊群。""月亮哭了，泪水化作了星星。""雨，是出走的孩子，它终于回到母亲的怀抱，诉说着天上的故事。"……读者能相信这些诗句是我班成绩并不太好的学生写的吗？其实，我并没有给他们讲诗要如何如何写，只是让他们自由想象，于是，属于他们年龄的诗句便流出了他们的心灵。

给学生以心灵的自由，就是给学生以思想的自由、感情的自由、创造的自由——当我们无视学生的潜在能力，把他们当做"低能儿"进行"培养"的时候，学生的表现也许让我们不甚满意甚至失望；但是，如果我们充分信任学生，给他们提供机会并积极鼓励、激发、诱导其展示自己的智能时，学生所迸发出的创造性思维火花常常令我们惊喜。

1999 年 12 月 5 日

我的语文素质教育观

在多年的语文教育实践中,我一直关注并学习当今各位语文教育改革大家的经验,同时也总结梳理自己的教学实践。我深深地体会到:不管采用什么语文教学方法或模式,凡成功的语文素质教育,无不体现着民主、科学与个性的教育精神。

"民主、科学与个性",当然算不上是一个新鲜时髦的提法,而且自"五四"以来,其内涵与外延至今众说纷纭。但是,我这里所理解的与语文素质教育思想相联系的"民主、科学与个性",却有特定的明确含义。

1. 民主:"让每一个学生都抬起头来走路!"

"素质教育的要义第一是面向全体学生。"(柳斌:《关于素质教育的再思考》)这也是教育民主的真正体现。比起其他学科,语文能力与一个人的日常生活联系更紧密,因而语文教育更是应该面向每一位学生。都说语文是伴随每个人终生的"工具",那么,任何一位学生都有权利掌握这个"工具";而我们的学生中哪怕有一个人没能较好地掌握好这一"工具",作为教师,我们都应该有一种失职感。德高望重的张志公先生去医院看病时,面对连病例都写不通顺的医生曾感到"脸红":"我搞语文工作搞了什么呀?号称语文工作者,语言教育工作者,我干了什么呀?他们不是天生写不好字、写不好病例的！我们不该好好反思反思吗？"（张志公：《迫切需要研究的一些亟待解决的实际问题》）——语文教育家张老先生这令人肃然起敬的自责真该让我们每一位语文教师惭愧！有了这种"惭愧"，我们在教学中就不会无视学生语文基础的差异而"一刀切"地用高考标准去要求所有学生，就不会仅仅着眼于狠抓"上线生"甚至"高考状元"而放弃我们眼中的"差生"，就不会置多数学生错字连篇、词不达意的实际于不顾而去"精心"培养少数几个"文学新苗"……不管我们所教的学生中，有多少人在这样或那样的语文大赛中获得金牌银牌，如果多数学生连一封信都写不好，那么，这样的语文教学就没有半点民主气息，也绝不是真正的素质教育。

语文素质教育中的"民主"，还意味着教师学生之间在尊严和情感上的平等关系。毋庸讳言，由于种种原因，中国封建专制文化的残余至今还存在于我们不少教育者的头脑中。在师生关系上，一些善良的教师往往不知不觉甚至是"好心"地损害着学生的尊严和感情；在某些语文课堂上，不但没有师生平等交流、共同研讨的民主气氛，反而存在着唯师是从的专制色彩。我认为，虽然就学科知识、专业能力、认识水平来说，教师远在学生之上，但就人格而言，师生之间是天然平等的。民主的教学态度，主要应体现为教师对学生人格的尊重，并且把自己视为与学生一起在求知道路上探索前进的朋友和同志。在语文素质教育的天地中，具有真诚人文情怀和博大民主胸襟的教师，既能与学生朋友般地交流感情——让心灵体贴心灵，用尊严赢得尊严，并以一颗赤诚的童心去感受每一位学生的喜怒哀乐，进而把他们的精神生活引向美好的境界；更能与学生同志式地探求真理——尊重学生发表不同看法的权利，提倡学生与老师展开观点争鸣，鼓励学生公开指正老师的教学错误；还应该让学生参与语文教学管理——训练学生语文学习的自我管理能力，师生共同遵守有关教学要求，甚至要求学生做到的教师首先应该做到，让学生对语文教学有建议、监督与评价的权利。

通过民主的语文教育实践，教师所收获的是教学的不断完善以及教学质量理所当然的大面积提高；而学生的收获，除了终生受用的语文素养，还有平等观念、民主意识的日益增强——而这正是素质教育所要培养的三个意识之一（柳斌：《关于素质教育的再思考》）。需要特别指出的是，教师面向全体学生并尊重每一个学生的精神世界，决不是教育者居高临下的"亲切关怀"或者是为了达到某种教育效果而故作姿态的"教学艺术设计"，而是教师民主精神与教育人道主义的真诚流露："让每一个学生都抬起头来走路！"（苏霍姆林斯基：《关于和谐的教育的一些想法》）

2. 科学："'教'都是为了达到用不着'教'。"

所谓"科学"，通俗地说，就是符合客观规律。我们讲语文素质教育的科学，就是指语文教学应符合语文自身的学科规律，同时又符合学生学习语文的认识规律。这样说当然不是无的放矢——多少年来，我们的语文教学在"科学"的旗号下，却做了不少违反语文教育科学的事：追求语文知识体系如数理化一般的逻辑框架，无视语文教材的人文性而力图进行"客观"的理性"分析"（肢解），"标准化考试"使教师及学生投入相当多的精力进行猜谜似的"模拟训练"……对语文教育的"科学"，也有这样"论"，那样"观"，还有"性""法""式"等等说法。其实，真理总是朴素的——叶圣陶先生一句"'教'都是为了达到用不着'教'"（叶圣陶：《大力研究语文教学，尽快改进语文教学》），便道出了语文教育的科学精髓："教"，着眼于教师的教育过程符合学科规律；"用不着教"，着眼于学生的学习过程符合认知规律——二者统一于知识与能力的有效转化："自能读书，不待老师讲；自能作文，不待老师改。老师之训练必做到此两点，乃为教学之成功。"（叶圣陶：《语文教育书简》）可以设想，叶老所期待的境界一旦达到，我们的学生将会有怎样优秀的素质！

关于语文教学应符合学科自身什么样的性质特点，近来不少专家有许多精辟的见解，我倾向于"工具性"与"人文性"的有机统一。这二者都关系到学生的综合素质——未来的社会适应和人生境界。另外，科学的教学观有赖于民主的学生观。我们许多老师总是急于学习那些优秀语文教师的教学方法，可是往往画虎成猫，不得要领。须知科学的教育方法不过是民主的教育思想的体现——视学生为具有独立人格和主观能动性的人，就必然会在教学中尊重学生的心灵，遵循学生的认知规律，以开发学生的认识潜能并引导其形成语文能力、提高其综合素质为己任。教育者确立了这样的思想，具体的教学方法以至流派完全可以也应该不拘一格乃至百花齐放。比如：同样是教一篇《七根火柴》，钱梦龙老师可能是以"三主"为特色的导读，魏书生老师可能是以"六步法"引导学生自学，于漪老师可能是以"点、线、面、体"的立体化、网络化课堂教学结构去感染、调动学生主动参与教学，宁鸿彬老师则可能以"八字四性"的教学模式训练和发展学生的创造性思维……他们的教学风格迥异，但都能有效地提高学生的语文素质。更重要的是，学生离开了他们，都能在社会生活中继续学习语文知识并自觉运用语文能力。许多成功的语文教改专家的实践已经证明，凡是符合学生认知规律并且着眼于学生自学能力形成的语文教学，必然既是民主的，也是真正科学的。

3. 个性："每个人的自由发展是一切人自由发展的条件。"

柳斌同志在谈到素质教育时曾说：教育"为社会发展服务主要是通过为每个人的个性发展服务来实现的。"（柳斌：《关于素质教育的再思考》）正在审定中的语文教学新大纲也第一次提出了"发展个性和特长"的教学目的。我认为，这是我国教育观念上一个了不起的进步。如果我们承认语文学科的人文性，那么我们就理应在语文素质教学中培养学生鲜明的个性。

但是，长期以来，"个性"一词因往往容易使人联想到"极端个人主义"而声誉不佳。其实，早在1944年，毛泽东同志致秦邦宪的信中就讲过："被束缚的个性如不得解放，就没有民主主义，也就没有社会主义。"（《毛泽东书信选》）更早一些，在著名的《共产党宣言》中，马克思、恩格斯就已用"人的自由发展"来说明共产主义革命的最终目的："在那里，每个人的自由发展是一切人自由发展的条件。"（马克思、恩格斯《共产党宣言》）今天，面向未来的社会主义中国更是明确要求我们培养千百万"不断追求新知，具有独立思考、勇于创造的科学精神"的社会主义现代化建设人才（《中共中央关于教育体制改革的决定》）。我们这里所说的"发展个性"，不仅仅是指"因材施教"之类的教学方法，更主要的是着眼于发现并发展学生在禀赋、气质、兴趣、情感、思维等方面的潜在资质，尊重学生的心灵自由和精神世界的独特性，同时鼓励学生思考的批判性、思维的独特性和思想的创造性。既然"一千个读者便有一千个哈姆雷特"，可为什么我们要求学生对课文的主题思想、人物形象只能有一种理解呢？既然大自然是丰富多彩而又千变万化的，可为什么到了我们学生的作文里却只有千篇一律杨朔式"欲扬先抑"的"托物咏志"呢？马克思曾抨击普鲁士的书报检查令："每一滴露水在太阳照耀下都闪烁着无穷无尽的色彩。但是精神的太阳，无论它照耀着多少个体，无论它照耀着什么事物，却只准产生一种色彩，就是官方的色彩！"（马克思：《评普鲁士最近的书报检查令》）遗憾的是，当我们孜孜以求学生高考时的"保险文""保险分"时，他们本来最具青春活力的精神花朵却统统涂抹上了教师的色彩！学校不是工厂，学生不是产品；工厂产出标准化的产品，是其生产的成功；而学校若培养出模式化的"人才"，却是教育的失败！

语文素质教育发展学生的个性，主要体现为培养学生的创造能力。我们应该通过每一篇课文的教学，每一回作文的训练以及每一次语文活动的开展，引导、鼓励学生发表正确而又新颖独特的见解、构思或创意。

在这方面，宁鸿彬老师的语文教育创造性思维训练取得了较为突出的成效。特别令人称道的是，宁老师向学生明确提出的语文课"三·三"原则，即"三不迷信"（不迷信古人，不迷信名家，不迷信教师）"三欢迎"（欢迎上课随时质疑，欢迎发表与教材不同的意见，欢迎实验老师的观点）和"三允许"（允许出错，允许改正，允许保留不同意见）。宁老师以及其他优秀语文教师的成功实践已经证明，比起充满公式、定理的数理化，语文教学在培养学生鲜明个性方面更具广阔的天地。

民主、科学与个性，当然不是彼此孤立而是紧密联系甚至互相渗透的，而且，还应特别强调的是，培养学生民主、科学与个性素质的前提，是教育者本人就应具备强烈的民主意识、饱满的科学精神和鲜明的个性人格。——离开了这一点，语文素质教育无异于纸上谈兵。

"素质教育"决不是时髦动听的理论口号，而是迫在眉睫的现实需要。随着冷战的结束，世界进入了一个科技竞争和经济竞争非常激烈的时期，而各种国际竞争的背后，归根到底还是国民素质的竞争。我国要走向现代化，最大的障碍不是资源问题、资金问题，也不是技术和设备问题，而是人的素质问题——不但是科技素质，而且还包括人文素质。在这方面，语文教育直接承担着特别的使命，因为"语文教育是提高全民族素质的奠基工程"（顾黄初：《我的语文教育观》）。如果说，20世纪初"科学与民主"的启蒙号角唤醒了国人的民族救亡意识，并终于赢得了一个独立自由的人民共和国，那么，这世纪之交的"素质教育"宏伟工程，必将全面提高中华民族的国际竞争能力，最终迎来一个更加繁荣更加民主的东方强国。——每一位有责任心和使命感的语文教育工作者，理应为此不懈探索，不断创新，以回答新世纪的热切呼唤！

1999年5月13日

The fifth album
第五辑

我对孩子们说:"这篇小说你们一定要记一辈子!等你们80岁的时候,再把这个故事讲给你们的孙子听。你们就说……"我开始模拟着说,"这故事呀,是爷爷小时候听李校长讲的,当然,这位李校长已经死了很多年啦……"

请学生吃"面"

我有一个愿望,就是到每一个班都去上课,让武侯实验中学的每一个学生都能听我上课;同时,让每一个孩子都能聆听《一碗清汤荞麦面》的小说——这是我特别喜欢的一篇小说。

作者栗良平 1987 年创作,次年就发表在中国的《外国小说选刊》上了。我当时读了之后非常感动,赶紧给我高二的学生朗读,并说:"如果这篇小说能够选入中学语文教材,多好呀!"没几年,这篇小说果真选入高中语文教材第四册。遗憾的是,前几年又被删除了。

但文中所表达的人性之美,却无法从我心中删除。我教的每一届学生,都会听到我给他们读这篇小说。

要说这篇小说的主旨,就两个字:善良。

最近一段时间,每次我走进初一的班级,给孩子们朗读并讲解这篇小说,总能够在孩子们心中掀起波澜。孩子用非常专注的眼神看着我,我能够感受到他们眼中明澈的光芒。只要是讨论,教室里叽叽喳喳,热闹非凡。每一个孩子都是那么投入。

结合小说故事,我给他们讲"喜欢"和"爱"的区别:喜欢是"占有",爱是"付出"。我们喜欢什么,自然会让这个东西成为自己的;而所有真诚的爱,都是不图回报的。比如,你喜欢这支钢笔,就会把它买下来,让它成为自己的;但母亲对你的爱,老师对你的爱,不是要占有你,而是不求回报。

我给他们讲爱的最高境界是不动声色,不露痕迹,不事张扬。让人们因为我的存在而感到幸福,但别人又不知道是你给他的幸福。

当然,这些道理我都不是空谈,而是通过一些生活中的例子,同时用孩子们能够理解的语言给他们说。有时候我的语言可能比较幽默,教室里常常爆发出哈哈大笑。

那氛围,特别好。

同学们对我特别亲近,特别依恋。前来听课的作家童喜喜说:"孩子们太喜欢你了,你太有亲和力了!"昨天,在初一(17)班讲了课之后,临走时,孩子们居然叫我"帅哥",他们一起喊:"帅哥再见!"

最近几天,常常有学生自发给我他们写的听课感受——

> 李校长很幽默,是我见到的最好的校长!希望李校长下次再来给我们讲课!(欧家豪)

> 我想对李校长说:"我觉得这碗清汤荞麦面非常好吃!你讲课时的那份幽默深得我们全班同学的喜爱。我希望您能把这《一碗清汤荞麦面》带给所有人的心灵!"(李燕)

> 我想对您说,您真的太幽默了!您有一颗使人快乐的心。我也会像您一样,把快乐带给别人,让他们快乐。希望您以后还能到我们班来上课!(余艳秋)

> 《一碗清汤荞麦面》这篇小说告诉我们,做人要善良、仁慈,保持一颗上进心,不仅要在熟人面前表现出善良,还要在陌生人面前微笑致意。(文雯)

> 听完课后我觉得在人生的道路上虽然有无数坎坷,但是要经过

行动克服困难，还要应该有一颗善良无私的爱心，给予他人帮助。爱，是高尚，是无私的！（李英男）

李校长，您讲的故事真好听！您是一位好校长，一位了不起的校长！我要向您学习！（贺跃跃）

李老师，您好！听了您给我们上课后，我懂得了很多。李老师，发现您在给我们讲课的时候，您并不像一位校长，而是像我们一样活泼可爱的孩子！我发现李老师您真的很适合教语文，您的朗读非常好，您的字也写得很好，而且最主要的是，您上课很幽默，让我们感觉很有趣。您讲的话很想让我们知道您想要讲的下一句是什么。我真的好希望您能常常到我们班上语文哦！李老师，请问我们能再有一个荣幸请您再给我们班上一堂课吗？希望您能够答应，谢谢！（徐茂益）

唉，李老师，我真的好想大声说出，您的大手真的好温暖！当大手包裹着小手，心里一股暖流在涌动！哦，还有，我还想多吃几碗面呢！您永远是我们的老师，我们最和蔼的老师！（李雨）

李老师，你给我们的第一印象是有一颗童心。虽然我们年龄相差很大，但你却能让我们感到同龄，有着一样的感受，一样的体会，一样的幽默……真很想让李老师给我们再上一节课！（寇鑫灵）

在这堂课中，我发现你的童真还未泯。你上我们的课并没有距离，我离你很近。这碗面我吃得很香，很饱！（李岚）

我想对李老师说："我看过你写的一本书，那是在我四年级的时候，那是我从我哥那儿借的，书名叫《做最好家长》。我还鼓励我爸爸看过，因为里面有些真的和我的感受一样。你女儿和你居然可以如此融洽，从你给你女儿的信上，我就知道你很称职！"（魏梦尧）

李老师，你真是一个学生不害怕的校长！您走到同学们身边带来的不是一副臭脸，而是欢声笑语。我从来没听过这么精彩的语文

课，要是李老师经常来给我们上课该多好！（陈黎）

……

孩子们对我的喜爱，实在让我开心！

我对孩子们说："这篇小说你们一定要记一辈子！等你们80岁的时候，再把这个故事讲给你们的孙子听。你们就说……"我开始模拟着说，"这故事呀，是爷爷小时候听李校长讲的，当然，这位李校长已经死了很多年啦……"

话还没说完，孩子们已经笑得前仰后合，甚至开心得拍桌子捶板凳了……

2010年11月5日

我的导学稿

最近我校的课堂改革搞得轰轰烈烈。

我们的课堂基本模式就是导学稿加小组合作。

我的基本思考是:"以人为本"不是一句口号,这四个字应该体现在我们每一天的课堂上。

重新定位师生关系——

把教的过程变成学的过程,教师的教服务于学生的学。

教师讲得再好,学生不会,等于零!

我曾经带头上了一堂语文课,讲张晓风的《春之怀古》。老师们反应不错,但希望我上教材上的课文。于是,2010年5月27日星期四上午,我带头上了两节研究课,和学生一起学文言文《狼》。很多老师都来听课。在这两节课上,我颠覆了我过去的教法,完全把课文教给学生。

就新模式的操作而言,我还不够熟练,但对我来说,已经是一个进步。而且课后我听说学生们都觉得这两节课时间过得快,还有一个同学因为在课堂上没有机会和同学交流表达而急哭了。就凭这些,我就觉得我这两堂课是成功的。

我临时决定下午再在另一个班上两节课,同样讲《狼》,只是教学方式就用我所擅长的方式生动地讲。下午，我果真在另一个班讲，好多老师也来听。应该说我讲得很细，逐字逐句地分析翻译，也很生动，学生听得相当专注，课堂上不时响起欢乐的笑声。

昨天早读，我突然袭击，在两个班同时考试，内容就是《狼》。然后我很快批改统计分数。结果，新模式教学方法的班，学生平均分86.24分；传统教法的班，学生平均分71.9分。

这充分说明：老师讲得再生动，都无法取代学生的自主学习。

一天上了四节课，很累，但很开心。

2010年5月29日

附——

《春之怀古》导学稿

同学们：大家好！

很高兴我能够和你们一起来阅读欣赏一篇散文《春之怀古》。

就一般情况而言，我们读一篇文章的流程应该是怎样的呢？我想，是不是至少应该分四个步骤：首先，要把文章读一遍，或者朗读，或者默读，总之至少要读一遍，能够多读几遍当然更好。

其次，要扫除字词障碍，在读的过程中，必然会有不太熟悉的字或词，那就要动手翻工具书查一查把字音、意思弄懂。前面两个环节做好之后，再仔细读，目的是感受文章的妙处，找出你认为写得最好的语句，或者说最能打动你的地方，将这些部分勾画出来，想想：好在什么地方？你有什么联想？如果可能，可以和周围的同学交流交流。

最后一个环节，就是要从文章中提出问题：不懂的地方、迷惑的地方，甚至怀疑是作者写错了的地方，都可以提出来，自己思考，或与同学讨论碰撞。这四个步骤，简称为"朗读""除障""欣赏""质疑"。还可以俗称为"读一读""查一查""画一画""问一问"。

我们学《春之怀古》就尝试用这样的方法去学习，好吗？

【预习·导学】

一、朗读（读一读）

有表情地把课文至少读三遍。

读的时候，拿着笔，在不认识的字词上做记号。

二、除障（查一查）

1. 听说过这篇文章的作者吗？如果知道，请说说你对作者的了解。如果不了解也不要紧，请你通过工具书、参考书或网络查一查好吗？并把作者的有关情况简要写在下面。

2. 在你刚才朗读文章的时候，一定有不少生字难词吧？请查辞书字典把这些字词弄懂。你都查了哪些字词呢？请把它们的写在下面，并写出其读音和意思。

三、欣赏（画一画）

我相信，这篇文章一定有让你怦然心动的地方——或者是某个字，或者是某个词，或者是某句话，或者是某个段落……请你把它勾画出来，并写上批注（直接写在课文上，不用写在这里），谈谈你为什么觉得这个地方写得好。

四、质疑（问一问）

1. 动脑筋推敲文章的内容和语句，提出一个值得研究的问题考考周围的同学，但你要能够知道这个问题的答案。请把这个问题及其答案写在下面。

2. 写出一个你不能解答的疑问。

【交流·分享】

一、互相考一考

各小组内交流各自查的生难字词。然后，小组之间互相考考。

请小组同学交流对作者的了解，然后请一个同学给大家说说。

教师补充作者的其他作品。

二、一起读一读

全班同学齐读。

分小组比赛朗读。

教师朗读。

三、大家说一说

小组内交流，每个同学都说说自己被文章打动的语句。

请小组派代表轮流起来对全班说说他们的感动。

教师说自己的感动。

四、彼此问一问

小组内交流各自的疑问。

请小组派代表用问题去考其他小组的同学。

全班自由提问。

教师提问：这篇文章究竟要表达什么？仅仅是对春天的赞美吗？

五、总结收获

1. 你新学了哪些字词？

2. 作者通过这篇文章究竟要表达什么？

3. 你在写法上有哪些新的收获？

4. 试试能否仿写一段话。

《狼》导学稿

教学构想：

第一，真正把课文还给学生，把学生推到前台，让他们充分展示，把以前本来由我做的事统统交给学生！

第二，体现层次差异，尽可能因材指导，让不同基础的学生都有成就感。

第三，让激烈紧张的气氛始终充满在课堂上，让小组之间的比赛贯穿整个教学过程的始终。及时计分，当场奖励。

第四，培训小组长，让小组长成为小老师。

1. 学习内容：《狼》

2. 学习目标：

A级目标，翻译全文，一词多义，明白写法。

B级目标，翻译全文，一词多义。

C级目标，翻译全文。

3. 重点难点：文言文翻译的方法

【第一节课】

课堂研讨与分享

第一个环节（知道预习，检查预习情况，找出学习困惑；教师"一查"自学进度、效果）

同学们，我很高兴能够和你们一起来学这篇《狼》。

文言文同学们不是第一次接触了，可是你能不能把一篇文言文很准确地翻译为现代文呢？我们今天学这篇《狼》的主要目的是学会翻译。说到文言文翻译的方法，其实很简单，就五个字：增、删、移、留、换。

所谓"增"，就是增加字数；所谓"删"，就是删去不必要或翻译出来反而影响表达的字和词；所谓"移"，即调整语序以适应现代汉语的习惯；所谓"留"，就是保留人名、地名以及和现代汉语词义、句式和习惯相同的字词；所谓"换"，就是古代用语与今天表达习惯差异较大的字词必须换掉，使其表达清楚。

好了，我们今天就根据这五个字来试着翻译这篇课文，好吗？

好，请先朗读课文（个人朗读，小组朗读，全班朗读）

设计微型试题（出题者要有正确答案）：

（1）听写（找十个字，每个字2分，共20分）

（2）给下列加点字注音（十个字，每个字2分，共20分）

例：缀（　　）行甚远

（3）解释下列加点字（十个字，每个字2分，共20分）

例：弛担持刀

（4）翻译下面的句子（两个句子，每句10分，错一处扣两分，共20分）

（5）写出你自学中没有能解决的难题，比如哪个字不理解，哪个句子不知道怎样翻译，等等。（一个难题5分，共20分）

组内互考：将预习时出的微型试题拿出来，同层次的同学互相考，然后互相批改打分。

各小组长宣布本组的分数段和堆积的难题。

表扬满分和高分，表扬出题无错的同学。

比赛计分规则：凡是按要求出了试题的，小组记10分；累加所有试题的得分。

小组长将自学中没有能解决的难题写在小黑板上。

【第二节课】

第二个环节（围绕困惑对学、群学）

关上课本，拿出活页课文，分小组互相翻译课文，力求遵循那个五个字的原则。教师巡视，参与学生研讨，发现问题。

比赛计分规则：老师根据各小组学习状态，加10—50分。

第三个环节（以小组为单位，在组长组织下，"展示"学习成果，谓之"小展示"；教师"二查"展示过程中暴露的问题。）

不同层次的同学翻译课文，其他同学纠正。小组长记录翻译中的问题。AB层次的同学归纳出至少三个一词多义的词。A层次的同学还要说出：自己最欣赏课文哪一点或课文有哪一点不足？

小组长将翻译中的难题和一词多义写在小黑板上。

比赛计分规则：老师根据各小组学习状态，加10—50分。

第四个环节（教师根据小展示暴露出来的近共性问题，组织全班"大展示"）

1. 组际竞赛，通过抢答解决刚才暴露的难题（在小黑板上）。小组之间互相考句子翻译。也可以就写法提问。

（我的问题：屠户一开始就决定勇敢地和狼搏斗吗？课文最突出的写作特点是什么？）

2. 每个小组将一词多义的词写在小黑板上，同时说出自己对课文内容或写法的感受。

比赛计分规则：挑战者计5分，应战者答对计10分，答错计5分。

小黑板展示根据质量计20—100分

第五环节（学生归位，整理知识，组内互测；教师了解学生掌握情况。引导学生写学习总结和反思）

每个同学当场出一套微型试题：

(1) 听写（五个字，每个字4分，共20分）

(2) 给下列加点字注音（五个字，每个字4分，共20分）

(3) 解释下列加点字（五个字，每个字4分，共20分）

例：弛担持刀

(4) 翻译下面的句子（两个句子，每句10分，错一处扣两分，共20分）

(5) 默写一二三五自然段中任意两个自然段（错一个字扣一分，共20分）

先出完题的，马上自行复习迎考；所有学生出题完毕后，立刻交换互考，然后互改互评。

教师通过小组长了解学生们考试得分的情况。

比赛计分规则：凡是按要求出了试题的，小组记 10 分；累加所有试题的得分。

如果有时间，举行小组之间的背诵比赛。

公布各小组得分，当场发奖。

组内口头交流总结与反思，课后写在本子上：

1. 我的进步（和过去有什么不同？我有什么进步？）

2. 我的收获（新学了什么知识？学会了什么方法？）

3. 我的遗憾（还有什么遗留的问题没有解决？打算怎么解决？）

4. 对老师的评价（老师用这样的方法好不好？如果好，为什么好？如果不好，为什么不好？如果觉得好，那还需要怎么改进吗？如果是百分制，你给老师这堂课打多少分？）

【下午在对比班上那两节课的程序】

一、从一副对联引入课文："有志者，事竟成，破釜沉舟，百二秦关终属楚；苦心人，天不负，卧薪尝胆，三千越甲可吞吴。"

二、学生预习：1. 熟读课文；2. 自己根据注释扫除生字障碍。

三、学生朗读课文。

四、听写生字。

五、教师逐字逐句讲解翻译。

六、总结：1. 一词多义；2. 古今异义；3. 写作特点。

七、课后练习。

无法预约的精彩

——作文评讲《感动》片段实录

今天上课是给学生评讲作文,作文要求是以"感动"为话题写一篇自己所经历感动的文章。本来,我的作文评讲课已经形成套路,或者说模式。但今天课上依然有我无法预约的精彩。

有一个环节是"佳作亮相",就是推出一篇写得最优秀的作文,让作者朗诵。今天的佳作是《甜甜的笑,震动了心》。课前,我对这篇文章是否确定为佳作还有一个波折。

在批改作文时,我读到这样一篇作文——

甜甜的笑,震动了心
周 超

在人生中每一个人都会碰上各种各样的事,每件事给自己有不同的感觉:有激动,有高兴,有伤心,有感动……无数种感觉仿佛都有魔力似的,而"感动"更是时时刻刻牵动着我每一根神经。一个动作、一个声音、一个笑脸都蕴藏了不可忽视的魔力,正如那一次——

　　我瘫在书城的椅子上，心中哀叹道：终于买完了。看看手中的布袋（提倡低碳生活）里装满了书。哈！满载而归。可是又看看外面，正是烈日当空，我不敢逾越"雷池"半步。心中叹道：世界上一定没有比太阳公公上班更"热情"的人了。别人是朝九晚五，它是朝七晚六。但最后我还是举了白旗，出去了。

　　正当我感到口干舌燥时，我听见一个甜美稚嫩的声音"姐姐"。这声音就像是一缕春风，荡进心中，赶走了炎热，让我忍不住停下一切行动，看向她。她是一位极可爱的小妹妹，大概十岁左右，双手紧紧抱着一叠报纸。她见我转过身，又怯生生地问："您要买一份报纸吗？"

　　起初我认为她是一个城里的孩子，出来卖报是为了锻炼，所以我笑着摇了摇头。女孩看见我摇头，那双充满渴望的大眼睛黯然失色，像是斗败的公鸡，把头垂了下来。我心想着：出来锻炼，就不一定会一帆风顺，俗话说得好"不经历风雨，怎能见彩虹"。要学会播种希望，收获失败；播种失败，收获磨炼；播种磨炼，收获最终的成功，成为最终的胜者。可当我再次打量她，发现她穿着有些发黄的白上衣，牛仔裤也洗得发白，娇瘦的身子看起来觉得营养不良，怎么看也不像城里的孩子。如此穿着打扮，和这个城市格格不入。

　　我恍然大悟，她应该是家里贫困吧！看着她垂着头，嘴里念念有词，我走近一听，"奶奶的病怎么办？"我只听见了这一句，可是够了，足以让我的心漏半拍，足以让我鼻子泛酸，足以让我感动。可是我要怎么收回我刚才的"摇头"呢？我正想着，那甜美的声音又回响起来："咦！姐姐你还没走啊！"我又一次被感动了，刚刚还失望，现在却又燃起希望，她的坚强是多么令人感动啊！我灵机一动，笑着说："我不要一份，我要两份。"说完，我怕小妹妹怀疑我怎么突然改变主意,于是在后面又说:"好热的天啊!真是的,妈妈要看娱乐报,爸爸要看体育报,真是麻烦!"

看着小妹妹脸上那甜甜的笑,我真心希望她奶奶能好起来。当她把报纸给我时,我看见她的手臂"黑白分明",很显然这几天暑假她可没闲着……

几个月过去了,我一直记着她给我带来的感动,她对她奶奶的心,和她甜甜的笑容。

刚读到这篇文章,我感觉不太舒服,因为我觉得写得很假。特别是"看着她垂着头,嘴里念念有词,我走近一听,'奶奶的病怎么办'"之类的语言,让我觉得编造痕迹很重:这么巧,就被你听到了?于是,我随便在文章末尾打了一个分,就放在一边了。

这次作文中有几篇是明显的编造甚至抄袭,我打算找作者个别谈谈。

作文批改完毕,我在所有作文中,找了几篇佳作,然后又仔细研读,终于在其中确定了一篇,打算在评讲课上让作者朗读。

接下来,我开始找那几篇"虚假作文"的作者谈心了。几个作者谈下来,都很顺利。小作者们都红着脸承认了错误,表示以后用诚实的心写作文。

我把《甜甜的笑,震动了心》的作者请进了办公室。小女孩一走来,我就感到了她的单纯明澈,一双明亮的眼睛真的如清澈见底的湖水。我心里实在难以想象,这么一个单纯的女孩子会在作文中撒谎。于是,我很委婉地说:"你能把作文中的经历再给我讲一遍吗?"

小女孩根本不知道我在怀疑她,不假思索地就讲了起来,讲得很认真,包括一些细节。听着听着,自然地在心里做着辨别与判断。渐渐地,我被感动了。

讲完了,她依然天真无邪地看着我。那一双眼睛清澈得没有一点杂质!

这双眼睛告诉我:她的作文是真实的!她没有撒谎。

我当即决定:让她上台朗诵自己的作文。

但有很长一段时间,我觉得内疚,觉得对不起这个女孩子。我在想,我为什么会怀疑她呢?那是因为我"成熟"的心已经不再相信有什么纯真了!赵本山曾说过这样的话:在我们这个时代,说真话,就是幽默!他的意思是,人们说惯了假话,如果有人要说真话,大家反而觉得很搞笑,当然也不会相信!

可是,这个小女孩——她的名字叫周超,还有一颗没有被污染的童心。

今天,当她面对台下七百多位老师,用清脆稚嫩的嗓音读自己作文的时候,所有人都被感动了!

我特意牵着她的手,来到前台,我发现,许多孩子的眼睛里都噙着泪水。我回头对着周超说——我还没有开口,突然发现,周超的脸上已经挂满了晶莹的泪花!

面对这么一个善良的小姑娘,全场老师报以最热烈的掌声!

我对所有听课的老师说:"坦率地说,最初我读到这篇文章,以为是假的。但后来,我一看到周超同学这双明亮的眼睛,就确信这是一颗善良的心所承受的感动!我之所以曾经不相信这篇文章的内容,是因为我以成人世故的心来看童心,是我的心蒙上了灰尘!周超被卖报的小姑娘感动了,我们却被周超感动了。我想起卞之琳的诗句:'你在桥上看风景,看风景的人在楼上看你。'周超在欣赏卖报小姑娘心灵的风景,我们在欣赏周超心灵的风景!让我们再次用掌声向周超同学表示敬意!"

掌声再次响起。

这是今天我上课开始,便掀起的一个高潮,或者说遇到的一个亮点。而这个"高潮"或"亮点"并非我事先设计。是孩子纯真自然的流露,感动了全场老师，也让我的课呈现出了所谓的"精彩"。

在"片段欣赏"的环节中，方海伦同学读了他作文中对班主任老师的语言描写："一次下课，老师一句关心的话感动了我：'方海伦，你怎么还穿得那么少？快回寝室去拿衣服！'"

我说："你们看，班主任老师的一句话就能够给方海伦同学带去感动，可见让别人感动是很容易的。"说到这里，我偶然看到计算机老师陈淑英站在舞台边上，她随时准备电脑出现故障时及时进行相关修理。我灵机一动，说："你们知道吗？有时候同学们一句简单的话，也能让老师感动呢！去年十一月，我校一位年轻的陈老师上计算机课时，给同学们说：'因为学校工作调整，我下周不上你们的课了，你们的课由另外的老师上。'老师这句话，让同学们很震惊，大家惊呆了，过一会儿，一个同学站起来说：'老师，我们会想你的！'接着许多同学们都纷纷说：'老师，我们会想你的！'同学们这一句朴实的话，让陈老师非常感动。她感到了教育的幸福。晚上，她把这份幸福的感动写到了博客上，于是又感动了读到这篇博客的李老师。可见，所谓写感动，不是为写而写，而首先是在生活中被感动，抑制不住才写成文字的。同学们，现在这位被同学感动的幸福的陈老师就在我们旁边。"我随手一指舞台一侧，大家的目光一下聚焦于不知所措有些害羞的陈老师，"让我们用掌声向陈老师表达敬意！"不仅仅是孩子们，还有全场所有老师都热烈鼓掌。陈老师站在舞台一侧，向大家深深鞠躬。

我看到，陈老师的眼里已经含着泪水。（课后，校长助理满泽洪老师对我说："当时，我看到陈淑英老师感动得流下了眼泪！小陈平时不声不响，默默无闻地工作，从不和谁争什么。今天，你让她很感动！"）

说实话，课堂上的精彩还有不少——今天不少老师都说他们感到了"震撼"。

快下课的时候，我讲到了最近发生在河南的"红薯爷爷"的遭遇。

一边是丧尽天良的无耻，一边是感天动地的善良！我给孩子们展示一张张图片，第一张是威风凛凛的城管队伍正昂然走在大街上，我对孩子们说："城管代表国家管理市容，是应该的，大多数城管人员也发挥了积极的作用，但的确有少数人伤害了老百姓。"

字幕上显示出这样的文字——

11月9日，河南中年76岁的老汉赶着毛驴车拉了一车红薯胡萝卜，走了8个小时赶到郑州贩卖，只为给瘫痪两年的儿子赚点钱买药。但遭遇一四十岁左右的城管掌掴。一时间，网上反响强烈，纷纷谴责打人者，被打的老人被网友称为"红薯爷爷"。

有人在大河网提议：我们都去买红薯爷爷的红薯吧？结果得到很多人响应，大家相约一起骑车去了红薯爷爷的家买红薯……

我展示了十几张图片，都是好心的年轻人去看望"红薯爷爷"的情景，特别感人。孩子们和台下的老师都被感动了。

我说："对政府应该感恩吗？当然不应该。人民政府是人民用血汗钱养着的，就是要政府为百姓做事。你做好了，是应该的，用不着百姓感恩戴德；相反，你没做好，人民应该批评你，甚至罢免你！这是起码的公民意识！因此，我们现在进行感恩教育，感恩的对象是父母，是老师，是同学，是一切给我们以帮助的人，但唯独不应该是政府！我们应该摆正公民和政府的关系。"

我说："我说的这些都不是我的观点，都是常识。温家宝总理也多次说过这样的话。"

我打出几段文字——

2005年11月26日，温家宝总理在哈尔滨市民杜继亮家，告诉他们政府采取了很多措施保证居民用水。杜继亮的大女儿说:"我们的生活井井有条,社会秩序也很好。谢谢党和政府,把群众放在心里。"温家宝听后意味深长地说:"你这话要倒过来说,应该是党和政府谢谢你们,谢谢群众的理解、支持和配合。"

温总理:"我们的政府是人民的政府,我们的权力是人民给的,我们应该对人民负责。我们做得对的、干得好的,那是我们履行职责,应该做的。我们做得不好的、不对的,应该接受人民的监督,修正错误,改进工作。"

最后我说:"作为政府首脑,温家宝总理是摆正了自己和百姓的关系的。他有一颗热爱人民的心!让我们都像温家宝总理一样,永远拥有一颗热爱劳动人民的心!"

2010 年 11 月 18 日

真情浓墨写童心

作文评讲《内疚》全程实录

时间：1999年5月6日

地点：成都石室中学

学生：成都石室中学初二（3）班学生

1999年5月6日，成都市教科所为我搞了一个"语文素质教育观摩活动"，我应邀在我班上了两节作文评讲课。

先说一下作文评讲的课前准备工作。这次我对学生作文的要求是：1. 以自己的真实经历为素材，写一件使自己感到惭愧的事，题目自拟；2. 在写作中突出描写，特别是心理描写。在学生按有关程序（写初稿、互相批改、自己修改定稿）完成作文的同时，我也和学生一起写作文（这也是多年来我给自己定的规矩）。我对所有作文进行了分析，确定了两篇相对写得好的作文，尽量发现学生作文中的精彩片断，还将学生作文中出现的错别字、病句一一找出来，归类整理。另外，我还选了两篇写作问题比较典型的作文，以供课堂上学生修改。最后，我从自己保存的过去我教过的学生的作文中，选了一篇同类题材的作文，准备供学生参考。

第一课时

作文评讲课一开始，我就通过电脑在大屏幕上打出一行大字："真情浓墨写童心"。

我对学生解释说，这一句话概括了这次作文的要求："真情"是说要真实，而不能胡编乱造；"浓墨"就是要注意描写，特别是心理描写；"写童心"就是写自己的心灵世界。"值得高兴的是，这次相当多的同学的作文达到了或基本达到了这些要求，其中不少同学的作文还很感人。同学们请看今天的第一个板块'榜上有名'！"我一边说，一边在屏幕上打出"榜上有名"四个字和一串姓名，同时大声念了这些学生的名字。

我说："这些同学的作文有一个共同点，就是感情真诚，而且描写真切。其中有两个同学的作文最为出色。那么，入选今天第二个板块'佳作亮相'的同学是谁呢？"我稍微卖了一下关子，在学生们猜测和期待的目光中，我朗声说道："请周晓竺同学登台朗读她的佳作！"在学生们的掌声中，屏幕上打出"佳作亮相"四个字，周晓竺同学开始朗读她的作文。周晓竺的这篇作文写的是一件极其普通的小事：因为当上了班委学习委员，她原来的英语课代表职务被班主任安排给了同桌于若玲同学，对此，非常喜欢英语的周晓竺心里特别不痛快，而于若玲恰恰又是自己最好的朋友！于是，一种微妙的心理便产生了。对朋友的不满、怨恨的情绪，笼罩在两个都很善良纯洁的好朋友之间。文章中的故事没有人为的结果，自始至终都充满了对朋友真诚的愧疚。当周晓竺在朗读这篇作文的时候，学生们显然都被深深地感动了。

文章念完了，学生们以他们的掌声表达了对这篇佳作的赞赏。但亮相并未就此结束，我趁热打铁，对周晓竺进行了简短的采访："你能不能给大家说说为什么文章中会有两处分别写道'千钧的重物被吊在一根细头发丝上,在我眼前晃动'和'我心里那个胀得鼓鼓的红气球,霎时把气放了个精光'?"

"我这是用比喻来描写我当时由紧张到松弛的心理变化。"周晓竺解释说。

"哦,明白了。——好,祝贺你!"我和学生们再一次向她报以热烈的掌声。

"今天,第二位'佳作亮相'的是蔡峰同学。"我说,"别看蔡峰同学平时的作文好像不怎么样,但我想他今天的作文可能会打动在座所有同学的心!"

蔡峰的作文题目是《灵魂的搏斗》,写的是初一的时候一次老师收随笔,他因为没有写,便随便抄写了一篇交了上去。那天,老师评讲随笔,表扬了坚持认真写随笔的同学,蔡峰却感到了弄虚作假的羞愧和痛苦:"我的脸红得像太阳一样,耳朵也红得像火。此时,我紧张万分,恨不得马上下课,这可是我认识李老师以来第一次盼望语文课的下课铃!……我失去了一颗诚实的心。虽然李老师一点儿都没有点名批评我的意思,甚至他可能根本就不知道我交上去的随笔是抄袭的,但我仿佛觉得全班每一个同学都在用轻蔑的目光看着我……"没有掌声,整个教室一片沉默。可能学生们的心还停留在蔡峰"灵魂搏斗"的战场上……

"刚才我采访了周晓竺,现在我把采访蔡峰的任务交给同学们。大家对这篇佳作有什么看法,可以向蔡峰同学提出。"我说。

我的话音刚落,胡夏融同学举手了:"我认为这的确是一篇佳作,我听了以后很感动。但是我认为这篇文章也有不足。刚才我听得很清楚,蔡峰说'我的脸红得像太阳一样,耳朵也红得像火',这里,蔡峰用颜色来写自己的心理活动,我认为不妥当。因为,一个人可以感觉到自己的脸发烧,但不可能看到自己的脸和耳朵很'红'。"

我马上问蔡峰:"你认为胡夏融同学的这个意见怎么样?"

蔡峰真诚地说:"很好,我非常感谢他!"

这时,掌声终于响起来了。

两篇佳作念完了,我小结道:"刚才的两篇文章,当然不能说已经完美得无懈可击。我们之所以认为周晓竺和蔡峰的作文是'佳作',那是因为这两篇文章都有一个共同点——"仿佛知道我要说什么,学生们情不自禁地一起说了出来:"真诚!"

"对!"我高兴地说,"内容真实,感情真切,是这两篇文章最突出的优点,也是所有优秀文章的灵魂!两位同学所写的事都是生活中极普通、极细微的小事,这尤其值得表扬。当然,应该说这次不少同学的作文也有这个特点。比如说,周月同学写自己为在体育课上叫同学的侮辱性绰号而感到愧疚;张萧文同学写他忘了给远方不认识的朋友寄信;崔涛同学写对母亲的愧疚;王君玲同学写自己因情绪不好却冷淡了同学;刘琛同学写自己有一次忘了给修车师傅说声谢谢;陈墨同学为那次忘了做班上的清洁而内疚;吕方继同学写自己一次在十字路口闯红灯的经历,他在惭愧的同时,很自然地联想到'在今后的人生道路上可不能乱闯红灯'的道理……这些同学的文章都应该受到表扬,因为他们首先有一颗童心!"

接下来,作文评讲进入第三个板块——屏幕上出现了四个大字"片断欣赏"。

我说:"和每次作文一样,虽然佳作并不是人人都有,但每个同学的作文中或多或少都有一些精彩之笔。下面请同学们欣赏一些同学作文中的'精彩片断'。"

十几位同学依次上台朗读自己作文中的精彩片断(这些片断,我都在作文中用红笔一一勾画出来)。在这过程中,我适时通过电脑在屏幕上打出这些片断的内容并进行归类——

有的在动作描写中融入心理描写:"……当时,教室里一个人也没有,王磊的文具盒静静地躺在桌上。风吹得很猛,教室里的桌椅被吹得直响,我就盯着那文具盒。我知道那里面有一支很漂亮的笔,而且似乎很贵。我四下望了望,似乎没有什么人,确切地说,没人知道我在教室里。突然,风猛地一吹,只听'吱——嘭',门被关上了,我一下子抓起文具盒就往地上摔,那支笔一下滚了出来。我将它捡起来,仔细观察着:我似乎看到了王磊的脸——一张因刚刚欺负我而幸灾乐祸的脸,我不知从哪儿来的'勇气',一下子又将它摔在地上,连同那文具盒狠狠地踩了又踩,直至看到那塑料的文具盒裂开,破了。又一阵风吹进来,我觉得心里快活极了!"(于若玲)"……我终于把她孤立起来了。我心里乐滋滋的,就像一个为民除害的大英雄看犯人受罚一样。突然,她盯了我一眼,我慌忙避开了她的眼光。可她孤零零的样子、茫然的目光却深深地印入我的脑海,我急速地跑动在球场上,试图忘掉这一幕,可它就像幽魂似地紧紧缠绕着我,像一场恐怖电影令我久久不忘,将我抛入它的阴影里。"(彭莹)

有的用比喻、夸张的手法写心理:"当我听见售票员在叫乘客买票时,我紧张起来,我的心就像一台正在行驶的汽车的发动机一样,突突地跳个不停。"(黄易浩)"看着他帮我做着这一切,我的心里翻腾着感激的浪花。"(冷欢)

有的通过想象写心理:"我终于没有给她寄信去。我内疚极了,仿佛看见她一天天怀着希望到收发室去找她的信,又一次次满脸失望地离去……"(张琦耘)"我手中的笔在卷子上艰难地滑动着,那些题狞笑着,对我挤眉弄眼,好像在说:'真笨,这么简单的题都不会做!'"(王倩芸)

有的通过景物描写来烘托自己的心情:"风还在不停地刮着,雨还在不停地下着。我的心在这风雨中更显得沉重。"(卢星月)

学生们在读自己的作文片断时,我便引导大家归纳心理描写的种种方法,而这些方法都是从学生作文中总结出来的,使学生们特别容易理解和掌握。

除了心理描写，我还请几位学生念了他们各具特色的片断——

黄芪的作文首尾照应不错：（开头）"冰糖总是白如玉，可心灵为什么不能总是白如玉呢？——这是我一直不明白的头号大问题。"（结尾）"唉！为什么冰糖能够永远白如玉，而心灵却不能呢？"

张杨以一个物件引出话题："它，一颗晶莹无瑕的雨花石正静静地躺在我的手心，无声地讲述着一个故事……"

好些同学语言幽默："因为我很讨厌我的同桌，所以不管她说什么，我都反感。比如，她说她和黄继光是同一个家乡的人。我就有意说话来气她：'这算什么！你和黄继光的关系还不如我呢！''为什么？'她居然天真地问我，于是我毫不客气地说：'因为我和英雄都姓黄啊！'"（黄露莎）"当时，我对班主任的印象特别不好。他是男的，姓黄。他可真是姓如其人。他的皮肤是黄的，食指与中指被烟熏得焦黄，一说话便露出满嘴黄牙，他经常穿的白衬衣也早已洗得发黄。总之，他的一切都似乎与他的姓分不开。"（向楠）"可能我当时'脑子里有点贵恙'，总爱欺负他。我就像帝国主义，他就像东亚病夫。但是东亚病夫的病总会好起来的，沉睡的狮子终于站起来了。他终于愤怒了，向我这个帝国主义发起了反攻……"（汪熠）

在轻松活泼的气氛中，先后有近二十个学生登台朗读自己的作文片断。

作文评讲课的第四个板块叫"咬文嚼字"。我在屏幕上打出了我从这次学生作文中找出来的一些语句——

   记忆忧新 恍然大吾 说出真象 失去连系
  结果他受到严历的批评。他是一名从农村来的。
  我还深深地体会到了不管做任何事都要自己去动手，不要老是依赖别人,这样既使自己得到的成果自己心里也会很踏实的。

一张旧旧的车月票,早已不知去向,可留在我脑海里的,却远远不止这些……

我让学生们互相讨论,找出这些语句的错误所在并提出修改意见。面对这些自己作文中出现的错字病句,学生讨论得特别热烈。最后,这些错字、病句被全部改正。

"咬文嚼字"一完,第一堂课便结束了。

第二课时

第二堂课一开始,便进入第五个板块:"病文修改"。今天所提供的两篇病文如下——

内心深处的谴责

冯 颖

丁零零,下课了。"速度!"我发出了第一声。五秒钟收拾完书包,十秒钟后我已经跑下了楼。今天全兴队客场作战打延边敖东队,三点钟便开战了,现在回去还可以看下半场。一想到这,我的心早就飞到电视里去了。

来到停车场,看到黑压压的自行车,我的头都胀了。好不容易找到了车,一看表,糟糕,又过了五分钟,看来只有飞车回家了。讨厌,那是谁的车,怎么老把我的车子钩着,我心急如焚,管它三七二十一,扯出来再说,我用尽全身的力气,终于大功告成了。只听"咣当咣当"的声音,一排的车子,在我的双手下全都躺下了。

我头也未回大步流星地飞车回了家……

躺在床上，我怎么也睡不着，脑中反复出现白天的那一幕，像放电影一般。我心中非常难受，索性起床来到窗边，看天外的星星。今晚的星星与往日的大有不同。平时星星总是那样的耀眼，而今天似乎特别黯淡。"啊！连星星都在谴责我。"我自言自语道。忽然，我的脑海中出现了这样一幅画面：有一个同学正在艰难地扶起那一辆辆被我掀倒的自行车。不，那不仅仅是自行车，那是一颗堕落的童心。我迷迷糊糊地进入了梦乡，眼角还闪烁着几颗泪珠——那是悔恨、愧疚的泪珠。

也许这辈子我都不会原谅自己，这件事已深深地刻入了我的内心世界。

现在我说出了这件事，心里要好过一点，那一块压得我喘不过气的石头，终于被我甩掉了。我相信这是我的第一次，也是我的最后一次。

我生命中的原子弹

李 翱

可能是这类似的题目写得太久了，从小到现在有几年历史了，是个老话题了；也许是这类似的题目写得有点多了，虽然每次都换题材，一次比一次长，但都未跳出旧框框，感觉好陈旧。我都有点模糊，惭愧的范围包括哪些事，因此提笔前特地翻了翻字典。也许我曾经有意无意的话伤害过别人，当自己发现时，也自责并提醒自己说话要注意，但都没有勇气说声"对不起"来安慰对方。时间和宽容让我们再次站在一起，因此安慰了我的惭愧。虽然这次我做清洁没有尽到我应尽的职责，受到了批评，但往后我会用行动来弥补现在的过错,新的成绩会让大家原谅我,我的惭愧会变成新的起点……有一件事给我带来的影响极大,危害如同原子弹,与其他琐事相比也就只是扔错方向的手榴弹。

这件事从踏进初中校门,至今我都一直在做着。这件事不仅仅是让我感到无地自容,还影响我人生中重要的第一步。我想,越往后的日子它暴露的危害就越吃不消,也无法挽回。其实这件事很小,那就是消磨时光。关于珍惜时间的名言前人说了很多,我也听过一些,只是它没有变成我的行动。有时作了坚固的思想防线,却被听一首歌的欲望激得粉碎。可能只有五分钟、十分钟,但日复一日我又浪费了多少青春。每次于这些事,我还沉醉在快乐之中,也不需找理由就短暂放纵了自己。"只是一会儿"我总对自己这么说。有时清醒都无法克制自己,像毒瘾发作。在这点上,我的意志真是"太坚强了"!跟李老师学了要两年了,都还没能战胜自己,我感到好对不起。

听着张惠妹的歌,调子没味,词却在我心中改了:"我很想哭但是哭不出,等到分数下来,淹末我的心痛袭来,老师绝望地离开,父母泪流下来。我哭了考试不重再来,我就这么等待,舍不得已春去秋来,在校园之外,我在哪里存在。"

修改仍然是以讨论的形式进行。学生们首先一一指出两篇文章的错字、病句,并提出修改的意见,然后,就这两篇文章的内容和写法各抒己见。

学生们的讨论非常热烈,发言也十分踊跃。特别令人高兴的是学生们敢于提出不同看法,并勇于展开观点的争鸣。比如,对第一篇文章,有的学生认为不真实,但马上就有人提出:取自行车时碰倒别人的自行车是生活中经常发生的事,怎么会不真实?另有一些同学则认为碰倒别人自行车的事本身是真实的，但后面的有关描写则是虚假的。又比如，对第二篇文章结尾改流行歌曲歌词的写法，有人认为可以，有人则认为不太好，等等。对于学生的争论，我不急于作结论，而是让他们充分发表意见，并让作者本人也参与讨论，让他们谈谈自己写作时的想法和现在的认识。

学生们相对比较一致的意见是：第一篇文章，语言较流畅，但某些地方不真实，而且有不少俗套的描写。特别是第三自然段，让人感觉很假。如有学生说"我迷迷糊糊地进入了梦乡，眼角还闪烁着几颗泪珠——那是悔恨、愧疚的泪珠"这一描写就不真实，"入了梦乡"怎么知道"眼角还闪烁着几颗泪珠"？第二篇文章内容真实，但详略不当（第一自然段完全可以删除），语言毛病太多，而且没有具体写一件事。

在谈到作文中的描写虚假时，我看到作者的表情很尴尬。于是，我向大家讲了自己初中时代写作文时有过的弄虚作假的毛病。我举了一个例子："在一次运沙土的劳动中，我的劳动工具是轴轮车，空车返程时，我在马路上滑行轴轮车，这是违反交通规则的，因此被执勤人员把轴轮车砸坏了。可是老师布置我们写作文时，我却说自己是为了多装沙土而压坏了轴轮车。这样撒谎的作文，居然还得到老师表扬！"

我语重心长地对学生们说："所以，我原谅一些同学在作文中说假话的错误，因为你们毕竟还不成熟。但是，同学们应该明白，学作文的过程也是学做人的过程。希望同学们在今后的作文中彻底抛弃任何虚假！"

讨论结束时，两位作者发言感谢同学们的帮助，他们分别谈了自己的收获，并提出了初步的修改意见。

作文评讲课的第六个板块是"昨夜星辰"。这是一个很受学生欢迎的板块，因为学生们都想知道，以前李老师的学生是怎样写同类作文的。这次入选"昨夜星辰"的作文，是我十多年前教过的一个名叫沈建的学生的文章。

我开始给学生读这篇文章——

我想说声"谢谢"!

乐山一中初 87 级 1 班　沈　建

我徘徊在"寰球"理发店门口。

妈妈也真是的,一天到晚总催我去理头。难道她还不知道我素来害羞的性子?这理发店可不比那商店,贸然进去,倘若"客满",好半天无人问津,让你等也不是,退也不是,岂不难堪?

这不,我正漫步于理发店门口进行"侦察"呢!我探头探脑地从店门口往里一瞧,忽然从门里钻了个头出来:"小朋友,理发?"我惊了一下,他,一位和蔼可亲的老人,操北方话的老人。"嗯!"我点点头,脸有些发热。"进来吧!"他笑着说。

进了门,我心里异常轻松,先前那种徘徊时的沉重步伐变得轻盈起来。这位老人多好啊!我想着。"这儿坐,好!"他给我披好了围单,然后用双手轻轻地按了按我的两肩,接着又操起电推子。他身子稍一欠,像对小孩说话一样,在我耳边问:"小朋友,长些还是短些呀?""短点。"我实在是拘束不起来了,同时也感到了他的可笑而又不失亲切,或许是因为他的话语中有那种哄小孩子的语气吧!我似乎变得天真起来,好像又回到了幼儿园时代。

电推子在头上刺刺地响着,镜子里的老人,在围着镜子中的我转。我似乎觉得这太不应该了!他的那双手,那双裂着许多口子的大手,轻柔地按着我的额头,抚着我的面颊,舒服极了。

不一会儿,温暖的水又在我头上哗哗地淋着,我开始下意识地皱了一下眉头:不仅仅因为闭着眼,更因为我等待着粗硬的十指在我头上横七竖八地"蹂躏",让人痛得"咬牙切齿"。可是,今天落到头上的，却是一双那么温暖而又温柔的大手，在头上搓揉着，轻轻的痒痒的，惬意极了……于是，一种莫名的感情涌上了心头，那是一种让人感动的心情。

我交给了老人一元钱。"补你五毛。"他亲切地说着，找零钱去了。刹那间，一个念头闪过我的脑际，由模糊而强烈：要不要给他道个谢？是呀，是呀！道谢给这么慈祥的一位老人。可是——那是多么难为情的事啊！对他说声"谢谢"吗？在座的各位会怎么想？同龄人更会暗自嘲笑：多么可笑！理了发，居然还要说"谢谢"！嗤！怎么说得出口？因为他们认为，别人为自己理发是天经地义的——给了钱嘛！因为他们觉得这"玩意儿"过时了，没必要！因为他们觉得这只有在电影中才有，而现实中真这么做未免太做作，太可笑了！的确，我并没有得到比别人更多的照顾，但顾客与店员之间的关系难道仅是金钱上的关系吗？……倘若我还小，我可以奶声奶气地说："谢、谢、叔、叔！"倘若我已经是大人了，我可以潇洒随意地说声："麻烦了！"可为什么我、我们80年代的中学生就没有这种礼节呢？

"给，拿好！五毛。"亲切的话语又响起了，我似乎于心有愧，低着头，在接钱的一瞬间，心中说了声："谢谢！"接着，又像是怕人听见似地溜出了门外。我很软弱，因为我最终没能把"谢谢"说出口。因为我最终没能打破我们中学生当中不少自以为"开放"而实际上是陈旧的那些思想框框。

唉！尽管如此，我还是想说声"谢谢"，真的！而且，在写这篇文章的时候，我又一次发誓：下次理发一定要去找那位老人，并且——一定要说声："谢谢！"

作文读完了，我评论道："沈建同学的这篇作文所表现的心理，我相信很多人都有过。但是，很少有人将其写入作文，因为我们有的同学总是习惯于写'有意义的大事'。在有的同学看来，今天既没有植树，也没有歌咏比赛，怎么写得出作文呢？好像不学雷锋就没法写作文。其实，只要是生活中发生的事，都可以写成作文；而且，生活的美往往蕴含在平凡的小事之中。沈建的这篇文章再一次证明了这一点。"

看着学生们若有所悟的神情，我突然说："告诉大家一个好消息，今天沈建同学也被李老师请到了我们的课堂。只不过当年的小同学，今天已成长为小伙子了！"

迎着学生们热烈的掌声和惊喜的目光，沈建同学从后排走上了讲台。

我和沈建握了握手，说："一看就知道你今天刚理了发。顺便问问，你现在理发是否都要对师傅说声'谢谢'？"

"那当然。"沈建毫不犹豫地答道，"因为这是对师傅起码的尊重。"

我对学生们说："你们还有什么问题，尽管向沈建哥哥提出来。"

有几个学生分别向沈建请教了一些写作上的问题，沈建一一做了回答。

我请沈建对大家说几句话。他说："我很遗憾我只是李老师的'昨夜星辰'，我很羡慕你们。刚才听了你们的优秀作文，我感到你们现在比我当年读初二时强多了，不，当年的我简直不能和你们现在比。我相信，你们今后一定能够比我现在有出息！"

我说："沈建现在也很有出息呀！他现在在成都市中级人民法院工作，同学们今后要打官司可以去找他！"

听了我的话，沈建笑了，学生们也笑了……

作文评讲的最后一个板块是"教师试笔"。我开始怀着真挚的感情向学生们朗读我的文章——

无法回避的一双眼睛

早晨,我和学生正在早读,教室门外响起了一声:"报告……"

我一看,是任安妮。我眉头一皱:她又迟到了!于是,便对她说:"在外面站一会儿!"

她的眼睛怯怯地看着我,嘴唇似张又闭,好像要向我解释什么,但终于没有开口,便顺从地站在了教室门外。

我和学生们继续早读……

任安妮是初一下学期从遂宁转学来到我班的。她身材瘦弱,脸色苍白,说话细声细气。她的学习较差。可能是由于身体不太好,常请病假。但是,给我和同学们留下的最深印象是爱迟到。我曾把她母亲请来,向她反映任安妮这个老毛病,并问她是不是任安妮有什么特殊困难。她母亲说,没有什么特殊困难,就是任安妮在家动作太慢,磨磨蹭蹭地耽误了不少时间。于是,我多次找任安妮谈心,要她养成雷厉风行的好习惯。但她仍然常常迟到。

任安妮在外面大概站了五分钟,我想到如果校长看见了恐怕不太好,便叫她进来。她进来后走到自己的座位上想坐下,我说:"谁让你坐了?再站一会儿!"

她的眼泪一下流出来了,但顺从地站在自己的座位前,并拿出书来和大家一起读。

直到早读课结束,她总共站了15分钟。

下课后我没有找她谈,不是忘记了,而是觉得没用。为迟到的事,我以前不知找她谈过多少次,但一点作用没有。

上完了两节课,她来给我请假,说头有点昏,想回家去休息一会儿。我一惊,问:"怎么回事?是不是因为早晨站久了?"她说不是，她还说平时她就爱头昏，是老毛病了。

于是，我同意她回家休息。

第二天，任安妮母亲到学校来为她请假，说任安妮病了，需要一段时间的治疗和休息。当时，我开始感到昨天自己做得有些过分：可能任安妮当时已经病了，可我竟还让她站了那么久。

我问她母亲："任安妮究竟是什么病？"

她母亲含含糊糊地答道："也没有什么大不了的病，就是……身体……"

她没有明说，可能有什么苦衷，我也就不好往深处问了。

又过了两个星期，任安妮仍没来上学。一天，我正准备去她家看看她时，她母亲来学校，说任安妮的病比较严重，得休学治疗。我在吃惊的同时内心深处竟暗暗有些庆幸：总算甩了一个包袱！

半年之后，任安妮返校复学，降到下一个年级学习。在校园不时碰到我，羞怯而有礼貌地和我打招呼："李老师好！"

这学期一开学，就听说她又因病没来上课。我只在心里叹惜她的不幸，便再没有把这件事放在心上。

半期考试刚刚结束最后一科，沈建平同学就来告诉我："李老师，任安妮今天早晨……死了……"

我不禁一颤，手中刚收上来的一叠试卷一下跌落到了地上！

20分钟以后，我和十几个学生乘坐的越野车奔驰在通往殡仪馆的公路上……

刚进殡仪馆，她的母亲就迎上来，用哭哑了声音对我说："李老师，您这么忙还赶来，真是谢谢您和同学们了！"

我心情沉重地说："太突然了，太突然了。我们根本没想到！"

她的眼泪又来了："李老师，今天我才告诉你，我的任安妮6岁就患上了白血病，当时医生说她最多能活三年。为了让她有个宁静美好的生活，我们一直没有告诉她，也没有告诉任何人。在许多的人的关心下，她奇迹般地活了8年。谢谢您啊，李老师！任安妮在最后几天，还在说她想李老师，想同学们。她复学后一直不喜欢新的班级，多次说她想回到原来的班级。可是，她就这么……"

听了她的话，我真是心如刀绞：在任安妮纯真的心灵中，不知道她所想念的"李老师"曾为她降到另外一个班而暗暗高兴啊！

我和学生们站在任安妮的遗体旁，向她作最后的告别。她熟睡般安详地躺着，秀气的脸上还写满了纯真。想到那个冬天的早晨，我让她站了15分钟；想到她那天上午向我请假时我的冷淡；想到我对她其实并不好，她在生命的最后日子却还"想念李老师"……我终于忍不住恸哭起来！

这是我参加教育工作至今，第一次也是唯一的一次因愧对学生而流泪。

已经哭干泪水的任安妮母亲反倒过来劝慰我："李老师，别难过！安妮有您这么好的老师，有这些好同学，她……知足了！她，她也走得……安心了！"说到最后她又哭起来了。

她当时显然是被我的哀恸感动了，但她哪里知道，我是在用泪水向任安妮表达深深的忏悔啊！

……

当天晚上，我含泪写下一篇近5000字的文章《你永远14岁——写给任安妮》，第二天又含泪在班上为学生朗读，以表达我悲痛的哀思和沉重的负罪感。

从那以后，我发誓：决不再对迟到的学生罚站！

14年过去了，每当听到周围的人称赞我"特别爱学生""从不伤学生的自尊心"时，我总是在心里感谢永远14岁的任安妮，因为她那一双怯怯的眼睛时时刻刻都在注视着我……

在读这篇文章的时候,好几次我都哽咽得几乎读不下去,因为我的眼前老闪现着任安妮的眼睛;学生们显然也被我的文章感动了……

我说:"忠实于自己的心灵和生活,是打开作文大门的第一把钥匙。而且,我还要再次强调,学作文的过程也是学做人的过程。所谓写作文,就是让真挚的思想感情从心灵深处流淌出来!"

下课铃声响了。我以最后一个板块"名人忠告"结束了这次作文评讲——

"一个人感到羞愧的事越多,他就越高尚。"(萧伯纳)

"纯洁的人生从忏悔开始。"(冯骥才)

【整理附言】

以前我的作文评讲课大多是教师的一言堂:先念一两篇优秀作文,再不点名地批评一下学生作文中存在的问题,最后提出几点今后作文应注意的问题。在这样的作文评讲课上,学生总是处于被动地位,而且课堂气氛是比较沉闷的。从九十年代初开始,我对自己的作文评讲课进行了反思,并进行了大胆的改革。改革的基本思路是:作文评讲课也应该以学生为主,即尽量让学生参与作文评讲;作文评讲课也应体现出对尽可能多的学生的鼓励,而不只是老让少数"写作尖子"频频亮相;作文评讲课应该充满民主气息,面对作文,师生平等对话,甚至可以争鸣;作文评讲课在形式上也应尽可能新颖生动活泼,以增强对学生的吸引力。这种作文课的形式,我一直坚持到现在。虽然表面上看,我的作文似乎有点程式化,但只是课堂的几个环节比较固定而已,形式上的"程式化"并不妨碍每次作文评讲课在内容上的五彩缤纷,而且很少雷同。

对上面这堂课,我还要做点补充说明。按照惯例,我读了自己的文章后应让学生进行评议,或提出他们的修改意见。遗憾的是由于时间关系,这次公开课未能完成这个任务。不过在第二天的语文课上,学生们就对我的文章提出了许多问题：有的是问我写作构思的，有的是和我商榷某些写法的，更有同学对文章提出了自己的修改意见，而且这些意见大多很有道理。作文评讲中的这种师生平等的研讨氛围，是我最为得意的一点。

"风雨中的树叶"：从祥子到老舍

——我教《在烈日和暴雨下》全程实录

时间： 1999 年 11 月

地点： 四川邛崃县中学

学生： 四川邛崃县中学初三学生

1999 年 11 月，我曾在外地借班上了一堂课，教《在烈日和暴雨下》。

上课伊始，我问学生们："你们喜欢《在烈日和暴雨下》这篇课文吗？"几乎全班学生都说："喜欢。"我高兴地说："嗯，我也很喜欢这篇课文，这的确是一篇很好的文章。——可是，有没有不喜欢这篇文章的呢？"这时，前排靠边的一个男同学勇敢地举起了手，他明确说他不喜欢这篇文章。我问他为什么不喜欢这篇文章，他说："我觉得这篇文章里面有许多词语用得不太好。"为了说明他的这个观点，他还举了好几个例子。我当即满腔热情地表扬了他："同学们，虽然我个人并不同意这位同学的观点，但是，我非常赞赏他的这种精神，因为他敢于向大多数人说'不'。这种不盲从多数、不迷信权威的精神，就是独立思考的精神。同学们应该向他学习!"

我郑重提出:"这堂课希望同学们能够独立思考,勇于发表不同看法。"

这堂课就以这种方式拉开了序幕。

我问学生:"这篇课文是我学还是你们学。"学生答:"是我们学。""对啊,"我乘势说道,"既然是你们学,你们就不要老指望老师讲多少,而应该由你们自己来讲。"

我先请同学起来说说自己在阅读过程中遇到的生难字,可能是由于比较紧张,没有同学举手。我说:"没人问我,那我就问你们吧!——请问'枝条都像长出一截儿来'的'长'怎么读?"开始有学生发表看法了:有的说读"zhǎng",有的是说读"cháng"……经过辨析,大家认为正确的读音应该是"cháng"。根据同样的方式,同学们还弄清了"拿起芭蕉扇扇扇"这一句中三个"扇"字的不同读音。

"很好!"我鼓励道,随即又说:"同学们自己弄清了一些字的读音,这只是阅读文章的第一步。读了这篇文章,同学们有没有什么初步感觉或第一印象啊?现在可以随便谈谈。"

学生开始活跃了:"我觉得这篇文章写景特别好。""我觉得文中的比喻用得特别好!""还有拟人也很生动。""文中的一些动词特别准确。""我读了以后,感到祥子太令人同情了。"……学生们七嘴八舌,纷纷举手发言。

"太好了!"我夸奖道,"你们看,我对这篇文章一个字都还没有分析,你们就读出了这么多的味道。看来你们的能力是不可低估的啊!"不少学生得意地笑了。

"不过,"我话题一转,"对一篇文章的欣赏,还不能仅仅停留在一般的初步感觉上,我们还应该进一步进行研究。那么,从何入手呢?咱们从问题入手吧!——现在我想了解一下同学们对这篇文章都提出了哪些问题？同学们的问题提得越多，说明你们钻研得越深。"

出现了短暂的沉默，因为大家都在思考。不一会儿，不少学生举手发问了："'就跟驴马同在水槽里灌一大气'的'一大气'是什么意思？""祥子为什么'明明心里不渴，可见了水还想喝'？""'一切都不知怎么好似的，连柳树都惊疑不定地等着点什么'，这话怎么理解？""'肚子里光光光地响动'的'光'字是不是用错了？我觉得好像应该写成'咣'。"……短短的时间内，学生一口气提出了十多个问题。显然，他们的思维已经进入燃烧的阶段。

这些问题怎么解决呢？我没有也不想以"权威"自居而给学生们"指点迷津"。我把这些问题又抛给学生自己讨论研究解决，在这过程中我适时以平等的一员，参加他们的讨论，并发表我个人的看法（注意：只能是个人的一家之言）。事实证明，学生是完全有能力通过思考自己解决这些疑问的。

问题解决了，我又让学生提新的问题。我在等待时机，等待着学生经过深入钻研，提出一个带动全篇理解的关键问题。而且，我有这个信心：只要引导学生一步步深入思考，这样的问题他们一定能提出来的。

果然，一位男生提了这样一个问题："课文结尾，作者为什么要用'哆嗦得像风雨中的树叶'来形容祥子呢？"

好，机会到了！我接过他的问题说："是呀，为什么要用风雨中哆嗦的树叶来形容祥子呢？而且在文中，老舍先生不止一次写到烈日和暴雨下的柳叶，这究竟是为什么呢？"我停了一下，看着学生们一双双思考的眼睛，我又说："我个人认为，树叶这个形象在文中已经不完全是自然界的一个形象，老舍写树叶显然是有着某种特殊的意义。老舍是通过写树叶在写人——当然，不仅仅是树叶，还有对自然界其他景物的描写都不是纯客观的写景。"

我提高了声音说："咱们这堂课就来研究这个问题吧！弄清楚了这个

问题,刚才那个同学的问题就好理解了。"

这时,我才开始板书课题,我有意把"在烈日和暴雨下"写成"在暴雨和烈日下"。

我刚一写完,学生就嚷起来了:"错了,错了!应该是'在烈日和暴雨下',而不是'在暴雨和烈日下'!老师您刚好写反!"

听到学生们激动的声音,我真是很高兴,因为学生们敢于当众指出老师的错误。看来,我刚开始上课时那番话没有白讲。

但是,我故意不认错:"我没有错!是的,我写的课题是和书上不一样,但意思都是一样的。——你们看,'烈日和暴雨'是什么短语?"我有意引学生"上钩"。学生异口同声地答:"并列短语!""对了!"我很得意地说,"既然是并列短语,那么连词前后的部分并没有主次之分,当然就可以颠倒一下啦!'烈日和暴雨''暴雨和烈日',都差不多嘛!"

"不对!"一位女同学似乎有些激动,她说着便站了起来,"题目取为'在烈日和暴雨下'而不是'在暴雨和烈日下',这是有道理的!因为课文先写的是烈日后写的是暴雨,这既是天气变化的顺序,也是课文的大体结构。怎么能够随便颠倒呢?"

"哦!"我故作恍然大悟状,"嗯,同学们言之有理。看来,'烈日和暴雨'真还不能颠倒。好,我接受同学们的看法。谢谢同学们!"

学生们觉得自己获得了胜利,脸上露出了笑容。

"刚才,同学们提了许多问题。现在,能不能让我也提点问题?"我问学生们。他们点头表示可以。于是,我问:"作者为什么要写烈日和暴雨?"

"烘托祥子的苦难生活嘛!"学生们说,他们觉得这个问题太简单了。

"可是,问题就出来了,"我紧逼一步,"为什么一定要写烈日和暴雨才能反映其苦难生活呢?自然气候本身就有人的情感呢,还是作者借自然景物来表达自己的思想感情呢?把祥子放在春天、秋天和冬天又行不行呢?"

这一下子把学生给问住了。教室里又出现沉默。

我开始引导："这样吧，我们先把这个问题放在一边，还是从课文入手，着重研究作者集中写烈日和暴雨的段落——也就是第 2 段和第 11 段。同学们先把这两段文字朗读一遍，然后思考，并和同桌讨论：这两段文字有什么异同？这两段文字是怎么写的？突出的是什么？"

于是，课堂上顿时响起了琅琅书声；之后是同桌学生无拘无束地讨论的声音，我则来回巡视，或者和某几位学生一起探讨……课堂气氛极为热烈。

我看学生讨论得差不多了，便让学生们围绕上面的问题公开交流各自的看法，或阐述、或补充、或碰撞……经过这样的交流，至少多数学生认为，这两段文字相同的是——都是写自然景物，而且都写了柳枝；都写出了天气的恶劣严酷；在写法上都用了描写，并且都用了比喻、拟人等修辞手法；都是正面描写和侧面描写相结合……不同的是——写"烈日"更多的是静态描写和侧面描写；写"暴雨"更多是动态描写和正面描写……

"现在知道老舍为什么要把祥子放在烈日和暴雨下写的原因了吗？"我问。

有学生回答："这两段文字虽然所写的天气不同，但都突出了天气的'毒'，似乎老天爷也存心和祥子过不去。这样毒的自然天气，与祥子的苦难是极为吻合的。"

有学生们还特意分析了写柳叶的作用："通过柳叶，写出了天气的变化，更写出了人的命运。柳叶就好像祥子，不能主宰自己的命运；无论在什么样的情况下，他都只能任人宰割，所以，结尾说'他哆嗦得像风雨中的树叶'。"

上课至此，问题似乎已经解决了；然而我还不想就此罢休，我想继续把学生的思维引向深入:"这个同学说得很好。但是同学们,我还是有点不明白,就是是否自然界的'雨'本身就带有刚才有的同学所说的'恶毒'的感情呢?"

"对,自然界的雨总是给人带来麻烦,老舍先生正好用它来写祥子的生活。"有同学在下面这样小声地说。"不是,是老舍赋予了雨一种特别的含义。"一位学生又这样大声地说。

"咱们还是应该有比较,看看我们以前学过的课文里还有哪些写雨的?"我提醒学生们回忆。

有学生提到了朱自清的《春》。"对,里面有一段是写春雨的,是吧?"我一边说,一边打出有关文字,并和学生一起朗读起来——

> 雨是最寻常的,一下就是三两天。可别恼。看,像牛毛,像花针,像细丝,密密地斜织着,人家屋顶上全笼着一层薄烟。树叶儿却绿得发亮,小草儿也青得逼你的眼。傍晚时候,上灯了,一点点黄晕的光,烘托出一片安静而和平的夜。在乡下,小路上,石桥边,有撑起伞慢慢走着的人,地里还有工作的农民,披着蓑戴着笠。他们的房屋,稀稀疏疏的,在雨里静默着。

读完之后,我问学生们,这段文字表现了朱自清的什么感情。学生很容易回答出来:"表现作者对春天对和平美好的生活无限赞美之情。"

"可见,同样是写雨,这雨并不一定都是和人过不去的。"我说。

我听见有学生在小声嘀咕:"春天的雨和夏天的雨当然不一样啦!"

"是吗?"我接过他这话大声问,"那么,是不是只要是写夏天的雨就一定充满了苦难呢?——同学们回忆一下,我们是否还学过写夏天的雨的课文。"

在我的提醒下,同学们回忆起了《金色的大斗笠》中对夏雨的描写——

　　金黄的大斗笠下：这边，露出一条翘起的小辫；那边，露出一条揽着小山羊的滚圆的胳膊。在用斗笠临时搭成的小房子里，姐弟俩坐着，任凭雨水洗刷四只并排的光脚，脚指头还在得意地动呢！
　　……
　　笑声冲出银线织的雨帘，笑声掀动金黄的大斗笠。

　　"同学们看，这篇文章中夏天的雨可就是充满欢声笑语的啊！"我总结道，"可见，'一切景语皆情语'啊！"说着，我把"一切景语皆情语"几个字写在黑板上。写完后，我继续说道："夏天的雨当然要猛烈一些，用它来写祥子的苦难生活当然要贴切些；但主要是因为老舍先生写作时饱含特定的感情，所在他的笔下，自然界的一切都有了特定的感情！"
　　我又提到结尾的"树叶"："在这样恶劣的天气下，在这样残酷的社会里，老舍的命运当然就只能是一片风雨中哆嗦的'树叶'！"
　　几乎是全班学生齐声纠正我的口误："老师又错了！是祥子，不是老舍！"
　　我一惊：果然说错了！但我马上将错就错："是的，应该是祥子像风雨中哆嗦的树叶。但我说的也不错——同学们可能不会想到，就在老舍先生写《骆驼祥子》三十年后的1966年，他会遭遇到和祥子一样的社会的暴风雨！面对'文革'的暴风雨，他的命运也曾如风雨中哆嗦的树叶！"
　　此时我感到，学生们的心已经被震撼了；教室里顿时弥散着一种庄严肃穆的气氛。我接着缓缓说道："我们今天学习老舍的作品，决不能仅仅学习他的写作技巧，还要学习老舍先生伟大的人格。以前，我们从课本上已经读过老舍先生的其他作品——从《济南的冬天》，到《小麻雀》

再到《在烈日和暴雨下》。我们看到老舍先生一颗真诚爱心，看到了他那博大的人道主义情怀！老舍在写这些作品的时候，是无法预料自己的未来的；但是今天，在老舍诞辰 100 周年的时候，我们阅读《在烈日和暴雨下》，却分明从中读到了老舍在'文革'中的影子！他和祥子一样，都曾遭受严酷的'烈日暴雨'的欺凌和折磨；但和祥子不一样的是，老舍先生没有堕落，而是以死抗争，用生命为 20 世纪中国知识分子的悲惨遭遇画了一个触目惊心的叹号！也树起了一座中国知识分子人格的风雨中的雕像！"

【整理附言】

这堂课和前面的《孔乙己》教学如出一辙——同样是在教师巧妙而不漏痕迹的引导下，让学生沿着教师的思路思考和讨论。和那些明目张胆在课堂上操纵学生的老师不同，我的操纵要隐秘一些，"自然"一些。今天读着实录，我感到脸红。

但这堂课也不是一无是处的。尤其应该肯定的，是我已经开始注意到在课堂上尊重学生的创造性思维，宽容地对待学生的不同意见。我试图点燃学生熊熊燃烧的思想火炬，让学生拥有自由飞翔的心灵，我尝试着创设一种宽松和谐的教学气氛，尽量使每个学生都具有心理上的安全感，从而在没有外界压力的气氛中充分展开研讨活动。当然，必须说明的是，这方面我做得并不好，但我毕竟已经意识到这一点了。另外，这堂课的结尾，我有意引导学生由祥子想到老舍，进而对学生进行必要的人文精神教育。可能我这里做得不够自然，但这样做本身是非常有必要的。我认为。

以学生的心灵为起点

——我教《提醒幸福》全程实录

时间：2004 年 2 月 14 日

地点：江苏省通州石港中学

学生：通州市石港中学初二学生

"同学们好！"我给同学们鞠了一躬。

同学们也给我敬鞠躬礼："老师好！"

同学们坐下后，我说："今天我们学的这篇文章叫《提醒幸福》。刚才我和大家聊的时候，我了解到你们已经看过一遍了，我就想问一问同学们，喜不喜欢这篇文章？实话实说。"

同学们整齐地说："喜欢。"

我笑了："我这样问，不能够让每一个同学表达自己的一种真实意愿，咱们搞个小调查吧。我先说，觉得这篇文章写得一般，看了以后印象不深，没有什么值得学习的，举个手吧。"

无人举手。

我问："是不敢举，还是真觉得很好？觉得很好，喜欢这篇文章的举个手吧！"

多数同学举起了手。

"呵呵，真是喜欢！和李老师一样的。我也很喜欢。"我又问，"读得懂吗？有没有什么读不懂的？"

我看第一排一个同学好像有什么问题，便问他："你没有读懂？你说为什么没读懂？"

他说："有些段落，她写得比较抽象，所以有些时候比较难理解。"

我说："一会儿把你难理解的提出来大家研究，好不好？"

他点点头坐下了。

我说："我提个问题，究竟一篇文章读懂的标准是什么，怎样才算读懂了？"

一个同学说："能够理解它的中心思想，能够大体说出它的内容来。"

我说："很好，请坐。一篇文章怎样才算读懂了？它写的是什么，我首先要弄清楚，也就是他说的中心思想。好，这是第一个标准，还有没有呢？好，这位同学举手了，请你说一说吧。"

她说："要了解作者的写作目的。"

我说："作者的写作目的，就是为什么要写这篇文章，咱们等一会儿来研究吧。还有什么标准呢？"

同学们在思考。

我说："关于怎么才算读懂，我这儿做一下补充，是不是还要研究一下他是怎么写的呀？写作上的技巧。我们是学语文的，又不是思想品德课，这里边有些思想品德的因素，但毕竟不是思想品德课，所以要研究他怎么写。好，刚才说了，第一，写了什么；第二，为什么写，就是写作目的；第三，怎么写的。那么还有一点是不是该研究一下，同学们没有谈到，我做点儿补充，我们是不是还得把字认识一下，这是最起码的吧，这些词要读懂吧，是不是？那天我在成都给通州的老师打电话，我就说叫同学们读的时候把不认识的字查一查。我刚才看见同学们，几乎每个同学都是写得密密麻麻的，写得非常细，查得非常认真，我特别感动。我到过许多地方上公开课，但是像你们这样认真的同学虽然不是唯一的，但是不多的，我非常感动。我这儿顺便问一下，除了书上给我们列出的这些生难字词之外，你自己还找到哪些不太了解的字词查的，我们交流一下，好不好？有没有，大家互相交流一下。"

一个同学说："我查了一个词，'喧嚣'。"

我问："你原来不大认识，是不是？"

"我查了一下它的意思。"

"意思是什么呀？"

"叫喧，喧嚷，声音杂乱。"她说。

我点头："很好。别的同学还有吗？"

又一个同学举手问："'不留一丝渣滓'中的'渣滓'是什么意思？"

我说："这个字读'zha zi'。'渣'字要翘舌。还有哪些字呀？"

有同学问："第十一自然段中有句话说'先哲们提醒了我们一万零一次，却不提醒我们幸福'，当中的'先哲'的意思是什么？"

我问大家："有同学知道吗？'先哲'是什么意思？"

一个同学解释说："指已去世的有才德的思想家。"

"这个同学该表扬！"我说，"李老师也查了一些字词。我查的主要是词。比如说倒数第四自然段'所以，当我们守候在年迈的父母膝下时，哪怕他们鬓发苍苍，哪怕他们垂垂老矣'，这里的'垂'字同学们查没查呀？什么意思呢？"

一个同学举手说："就是比喻非常老了。"

同学们笑了起来。

我问："那'垂'什么意思呢？"

她说："晚年快到了。"

我说:"真不错!她不查都知道,李老师要查才知道。这个'垂'就是'接近,快到'。哎呀,这个同学真聪明,比李老师聪明!"

她不好意思地笑了。

我说:"我们读一篇文章前提就是要把字词弄懂。我刚才看见有的同学还把'提醒'查了的。我先问大家,课文题目中'提醒幸福'的'提醒'是什么意思啊?"

同学们齐声说:"珍惜。"

我说:"但原来这个词是什么意思啊?"我指了指一个同学:"我刚才看你查了的,你说说看。"

他说:"从旁指点,促使注意。"

我说:"好,坐下。但是在这儿是不是这个意思呀?"

同学们说:"不是。"

我说:"对!这又引出另外一个问题了,查生难字词的时候,既要弄清楚它本来的意思,还要看这个词在语言运用当中,它又是什么意思。这种现象在这篇文章中特别多。你望文生义,就词解词是很难理解这篇文章的,一会儿我们要研究的。"

我又说:"刚才我们研究了一篇文章怎样才算读懂了。我们可以归纳一下。应该把我刚才补充的这一点放在第一位,弄懂生难字词。以后我们读文章就这样读,然后再弄清楚写了什么,为什么要写,怎样写的。这样,基本上就算读懂了。注意,我这儿说的是'基本上',也就是说,还有一些东西要加进去。最后,我还要补充,怎么才算读懂了?要——"

我边说边板书:"读出自己,读出问题。"

我解释道:"这是我今天要强调的一点。这是一篇自读课文,我来之前就在想这篇课文要教给我们同学什么?文章的意思、内容大家是不难理解的,那么我教给同学们什么呢?教给同学们一种阅读态度,一种体验,那么,我们怎么读一篇文章才能读进去,除了刚才同学们说的弄懂它的意思写法之外，真正读进去了还有一点就是要'读出自己，读出问题'。什么叫'读出自己'呢？从文章当中读到引起自己共鸣的一段话，一个词，某个内容，把自己摆进去。举个例子，我最近读了一本长篇小说，刚读完。老作家王蒙的《青狐》，它写的是改革开放以后，一个知识分子，一个女作家的一段经历。我读的时候就特别的投入，经常读了以后就要停下来想想。但是反过来讲，如果换一个人，他可能没有这种感觉，可能觉得就是一个小说，写得一般。我为什么有这种感觉呢？我从中读到了自己，那段历史我非常熟悉。我就想到我读大学的时候，正是我们国家改革开放刚开始，风起云涌的年代，很自然就想到我的经历，这叫'读出了自己'。又比如，最近我每天上下班都是走路的，走一个小时。锻炼嘛，减肥嘛。（同学们笑了）每天走一个小时，很枯燥的，怎么办呢？我就把我女儿的CD随身听带上，耳机插上。我相信肯定旁人看得有点滑稽：这么大一个人了，还像小青年一样摇头晃脑的。（同学们大笑）我听什么呢？每天我就拿一个碟子。最近我就听那个天使合唱团的，因为那组碟子我非常喜欢，是北京少女合唱团的，全是那些童声合唱。里面有一首歌我百听不厌，你们也肯定喜欢的，叫《同桌的你》。"

同学们恍然大悟地："噢！"

我继续说："我听完了以后马上倒过去再听，再听。为什么这首歌我特别喜欢呢？而且我相信很多人都喜欢。因为听这首歌，从中读到了自己。不一定有它歌词中描绘的那种具体的情节，但却很自然地想到自己的校园生活。'明天你是否还想起你昨天写的日记'等等。那么，我们读一篇文章也应该这样，像《提醒幸福》，我们如果是做一个'客观'的阅读者，不算读进去了，要把自己摆进去。所以我说'读出自己'，它是什么意思呢？它是——"

我边说明边板书："是'学习'，是'欣赏'，是'联想'，这个很重要，想到自己了，或'想象'。同时还要读出问题，一篇文章我们真正读懂了以后，问题会越来越多，没有读懂就不会有问题。我经常跟我的学生讲：拿一本自然科学的书籍给我读，物理、化学……我毫不熟悉的、一窍不通的那种领域的书给我读，读了以后别人问我有什么问题没有啊？我说一点问题没有。这不是我读懂了，而是我根本读不懂，有什么问题呢？（同学们会意而笑）你看《提醒幸福》这么浅的一篇文章，我待会儿向同学们汇报，我提了很多问题，为啥？我读进去了。所以我们要带着一种研究的眼光去推敲，读出问题。我这儿也归纳一下，就是——"

我边说边板书："要'推敲'字词句，是'研究'，是'质疑'，即使名家名篇也可以提出问题和他探讨，乃至'批判'。毕淑敏是我非常敬重的作家，这篇文章也是让我怦然心动的文章，但即使如此，我还是发现了这篇文章中的很多问题。这些问题，也可能是我没有理解，但我可以提出来探讨。我们今天就要以这种态度来学习这篇课文。好了，我说得够多了，现在该同学们说了。你们课前已经预习过，现在我想请同学们快速地看一遍，也可以读一下，重点是找出你最喜欢的某一段、某一句。一会儿大家交流一下，读出自己。"

同学们开始自由朗读，有的同学虽然没有读出声，但也在认真地看课文。

我来回走了一圈，提醒说："你们读的时候把自己最喜欢的段落勾一下，勾出来。"

我估计同学们读一遍了，便说："上一堂课、读一篇文章相当于就餐，吃一顿饭，每个人喜欢的菜不一定一样，你喜欢这道菜，他喜欢那道菜。咱们也一边品尝，一边分享。每个同学喜欢的段落不一定一样，大家通过交流收获就很大了。另外，我也把自己最喜欢的段落与大家交流一下。谁想起来说说自己最喜欢的段落？"

一个小男孩举手了。

"好，请这个小男孩说说。"我说。

他说:"我喜欢这一段,'我们已经习惯了提醒,提醒的后缀词总是灾祸。灾祸似乎成了提醒的专利,把提醒也染得充满了淡淡的贬义。'"

我问:"你为什么喜欢这一段?"

"我觉得这一段把提醒的意思充分地说了出来,它说提醒的后缀词总是灾祸,全文也是这样一个中心意思。"

我继续问:"作者说提醒的后缀词总是灾祸,我们已经习惯了提醒。你觉得生活中是不是这样?你有没有类似的体验?"

"也有过。"他说。

"谁提醒过你什么?"

"我妈妈提醒过我。"

我对同学们说:"他这就叫读出了自己。他读到这一段就想到自己的生活,啊,真是这样的。你妈妈提醒过你什么?"

他说:"就是有的时候上课不认真听讲,然后老师告诉我妈妈,我妈妈就会提醒我。"

我笑了:"那不叫提醒,叫批评。"

同学们也笑了。

可他说:"不,她不批评,她就是提醒我下次上课一定要好好听讲。如果不好的话,那后面就是灾祸了。"

我问:"什么灾祸?妈妈会对你有什么灾祸?"

"就是,就是……"他说不下了去了。

我说:"那就别说了,留点隐私吧。"

同学们又笑了。

我说:"他喜欢这一段,他想到自己的生活。还有同学有什么要说的?"

一位同学说:"人生总是有灾难。其实大多数人早已练就了对灾难的从容,我们只是还没有学会灾难间隙的快活。我们太多注重了自己警觉苦难。我们太忽视提醒幸福。"

我问:"为什么喜欢这一段呢?"

"因为这一段很有道理。"她说。

我继续问:"道理何在?"

"因为我们生活中也是这样的,生活中也是总会有灾难。"

"可是,"我问,"这段话着重强调了生活中的灾难吗?还强调了哪些东西?"

她说:"不要太重视警觉灾难。"

我说:"这段话可能重点还不是要我们重视灾难,要怎么样?"

同学们在下面小声议论,我听到有同学说"不要忽略幸福"。

我说:"对,'我们太多注重了警觉苦难而忽略了幸福。'重点说我们还要重视幸福,因为她下面马上说:'请从此注意幸福!'好的,这是你的理解。还有谁要说?"

又有一位女同学说:"幸福不喜欢喧嚣浮华,它常常在暗淡中降临。贫困中相濡以沫的一块糕饼,患难中心心相印的一个眼神,父亲一次粗糙的抚摸,女友一个温馨的字条……这都是千金难买的幸福啊。像一粒粒缀在旧绸子上的红宝石,在凄凉中愈发熠熠夺目。"

我问:"你为什么喜欢这一段?"

"因为这一段中写的内容与我所体会到的产生了共鸣。"

我问大家:"还有没有同学也喜欢这一段的?也很喜欢这一段的举个手。"

不少同学都举起了手。

我说:"我也很喜欢这一段。不过,她刚才读错了一个词'粗糙',她读的是'粗造',应该怎样读?"

同学们说:"粗糙(cāo)。"

我说:"我也特别喜欢这段话,因为我觉得它写得那么形象,把抽象的东西形象化。如果结合我们的生活体验，还可以接着把这个句子写下去。还有没有什么呢？好，请这位同学说一说。"

又站起来一位女同学："'所以，当我们守候在年迈的父母膝下时，哪怕他们鬓发苍苍，哪怕他们垂垂老矣，你都要有勇气对自己说：我很幸福。因为天地无常，总有一天你会失去他们，会无限追悔此刻的时光。'电视电影中我们都会很平常地看到子女就坐在父母的膝旁，这时是一个非常温馨感人的时刻，我们心中也不由得会想起一个词'幸福'。"

她在朗读的时候，我发现她的声音非常甜美，我表扬道："说得非常好。你应该去当一个主持人的，音色至少比李老师的美。"

同学们笑了。这时我看到又有女同学举手，便说："好，请你再谈一谈。"

她说："我喜欢第二十二自然段，'幸福绝大多数是朴素的。它不会像信号弹似的，在很高的天际闪烁红色的光芒。它披着本色的外衣，亲切温暖地包裹起我们。'因为这段中我喜欢的一个词是'朴素'，朴素，这是文章教我们做人的道理，不要像闪光弹似的在天空中闪出红色的光芒。"她停了一下，又笑着对我说："就像您一样，我觉得您也是个朴素的人。"大家都笑了。

我一下感到心里暖融融的，非常感动："我非常喜欢听这个话……"

同学们又笑了。

我继续说："谢谢你呀！说完了吧？咱俩握个手吧。"

大家又笑了。

我对同学们说："很难得啊，我很朴素。但是我要非常严肃地很真诚地说一句话，'朴素'真是我非常喜欢的一个词。1995年，我的一批高三学生毕业，他们叫我写一句话，我就写了四个字——'朴素即美'。朴素是一种最高的境界，对幸福的理解也是这样，我们平时常说平平淡淡才是真嘛！对不对？有的人理解幸福不是这样的，纸醉金迷、醉生梦死。

其实幸福是很简单的。我很高兴这位同学这么小的年龄就理解到这么深刻的哲理,了不起!而且还发现我很朴素!"

大家再笑。

又有同学举手。我说:"好的,我请这位女同学说。刚才她勾了第一自然段,说喜欢第一自然段。那你给大家读一读,好不好?"

她朗读第一自然段:"我们从小就习惯了在提醒中过日子。天气刚有一丝风吹草动,妈妈就说,别忘了多穿衣服。才相识了一个朋友,爸爸就说,小心他是个骗子。你取得了一点成功,还没容得乐出声来,所有关切着你的人一起说,别骄傲!你沉浸在欢快中的时候,自己不停地对自己说:'千万不可太高兴,苦难也许马上就要降临……'我们已经习惯了在提醒中过日子。看得见的恐惧和看不见的恐惧始终像乌鸦盘旋在头顶。"

读完后她说:"我喜欢这一段,因为这一自然段中的爸爸妈妈像我的爸爸妈妈。"

我说:"可能像所有的爸爸妈妈。我读了这儿,我就在想啊,我可能对女儿也是这样的,老是不放心。不过我想,我相对那些妈妈来说还不算唠叨,妈妈是最唠叨的(同学笑),早晨起来说牛奶、蛋啦,必须要吃,今天要认真听课呀,非要她加件衣服,因为今天天气预报说要降温……当然都是很爱她的,都是出自家长非常真挚的爱,但是很容易让我们同学觉得比较烦。这不能说不对,但是就像作者说的一样,我们再提醒一下幸福多好啊!"

停了一会儿,我说:"通过刚才的交流,至少有一点我们是共通的:读了这篇文章我们知道了什么是真正的幸福。刚才同学们说幸福是很平常的,很朴素的。但是我又想问大家,作者在表达这种观点的时候,是怎么表达的,这是我们要研究的,它在语言上有什么特点?那我们能不能再继续挖掘你最喜欢的一个词、一句话,从写作上去看,为什么写得那么好那么精彩呢?"

一个同学说:"第三自然段中的'看得见的恐惧和看不见的恐惧始终像乌鸦盘旋在头顶'这一句用了比喻,把看得见的恐惧和看不见的恐惧比成了'乌鸦'在自己的头顶上飞来飞去。"

我说:"对,类似的语言现象还有很多的,我们同学还可以找一找。所以'形象表达'(板书)这个很重要。'提醒幸福'这是作者的一种观点,怎么把它形象地表达出来?你看第一自然段就很形象,本来第一句就已经说清楚了,但是她还举了很多例子……这些都是形象表达。还有没有比较好的句子词语了?"

同学们仔细看书寻找,但一时没有人发言。

我说:"刚才有位女同学说喜欢'幸福不喜欢喧嚣浮华'这段,这是比较典型的,我们一起把这一段读一读,好不好?"

同学齐读:"幸福不喜欢喧嚣浮华,常常在暗淡中降临。贫困中相濡以沫的一块糕饼,患难中心心相印的一个眼神,父亲一次粗糙的抚摸,女友一个温馨的字条……这都是千金难买的幸福啊。像一粒粒缀在旧绸子上的红宝石,在凄凉中愈发熠熠夺目。"

我说:"这一段话,我读到这儿特别感动,而且很有感染力。正像刚才说的形象表达,'幸福不喜欢喧嚣浮华'这本身已经拟人化了,但它是什么呢?作者用了一个排比,把它非常细腻地表现出来。它是一块糕饼,一个眼神,一次抚摸,一张字条,这就把它形象化了。我们写文章要尽可能地用些细节描写,不仅记人叙事,哪怕表达一种思想感情,把它形象化。像这样的句子我们能不能写?也能够写。咱们试试接着往下写,根据你的理解,幸福是什么?注意要形象。刚才我举了个例子:对我来说,幸福就是回家路上悦耳的歌声。我经常出门在外,回到家里边,对我来说,幸福就是女儿扑上前来张开的双臂。她和你们一般大。对你们来说是什么呢?想一想。"

一个同学说:"幸福就是家人的团聚。"

我说:"说得很好,再把它细化一点。再想想,请坐。"

一个同学说:"对于我们学校来说,幸福就是每次考得好成绩时。"

同学们笑了。

我说:"很真实的感受。不过你可以把这种幸福形象化,幸福就是什么呢?幸福就是试卷上鲜艳的100分,这不是更形象了吗?"

我问刚才说"幸福就是家人团聚"的同学:"你想好没有?其他同学想好了没有,动动脑筋能想得出的。"

他说:"幸福是父母一次温馨的问候。"

我说:"说得很好,比刚才形象了。"

另一个同学说:"幸福是失败时一句鼓励的话语。"

我说:"非常好。幸福是失败时来自朋友的一句鼓励的话语。你们启发了我,我经常和我的学生们在野外春游。幸福对我来说,就是我和我的学生们一起追逐、奔跑、打闹的一块洒满阳光的草皮。总之,对幸福的语言表达要具体化形象化。"

一个同学说:"幸福是黎明的第一缕阳光。"

我说:"说得真好。你这句话让我想起我曾经写的一首诗。我读几句,写得不好,但是我可以在你们面前'炫耀'一下。题目是《元旦吟》。说的是什么呢?元旦,我的理解就是一个新的开端。但是作为诗句来讲,怎么把理性的开端形象化,用比喻用排比都可以的,但是要越细越好。我是怎么写的呢?"

我开始朗诵——

> 是滴血的婴儿在护士手掌中快乐的啼叫
> 是破晓的雄鸡在农人矮墙上庄严的吟唱
> 是黝黑土地在残雪覆盖下对春天的初恋

是碧绿江河在朝霞浸染中对风帆的企盼
是天真稚童心中虔诚而秘密的小小期待
是英武少年胸前簇新而鲜艳的猎猎领巾
是闪耀着憧憬又辉映着希望的首页台历
是沐浴着赤诚也洋溢着纯真的开篇日记
是隆隆冬日下默默绽放的粒粒羞涩嫩芽
是徐徐春风中静静摇曳的缕缕婀娜新柳
……

我说:"就念这几句吧,我们今天学的《提醒幸福》这篇文章除了了解幸福是什么,还有语言表达是怎样的。这样的句子在课文中是很多的。比如,'在皓月当空的良宵……'这一段,她假设了这样一个情景:'当我们大睁着眼睛枕戈待旦之时,风暴却像迟归的羊群,不知在哪里徘徊。'何等的形象化!以后我们写文章要注意把抽象的东西形象化、细节化,我们的语言就会充满一种感染力。好,除了学习之外,欣赏之外,恐怕我们还要读出问题。有问题吗?"

同学们说:"有。""问题很多。"

一个同学说:"我感到,'简而言之,幸福就是没有痛苦的时刻'与第九自然段'请从此注意幸福'这两句话是矛盾的。"

我说:"我有点不太理解你的问题,解释一下,好吗?"

她说:"没有痛苦,为什么还要注意幸福呢?"

我说:"哦,你的意思是说,幸福是没有痛苦的,很自然而然的,没有必要去注意。同学们怎么看呢?这问题提得挺好。作者是想说明什么问题呢?我们一起来思考。"

一个同学解释说:"因为这时的注意并不是说要去刻意地注意它,而是说这一段时间非常短暂的,我们要在它来临的那一刻之时要抓紧时间尽情地享受这一美好的时刻。"

我说："嗯，和我的理解基本一致。幸福就是没有痛苦的，很宁静的，但是我们常常容易忽略的，我们不会认为它是幸福的，这时要说：注意，这就是幸福。我不知道我的理解对不对，你们认为呢？还可以继续想，还有没有问题了？"

有同学问："我想，看得见的恐惧就是灾难来临时的破坏吧，那看不见的恐惧是什么呢？"

我说："看得见的恐惧是可以预料的——比如，我估计我今天没考好，数学不及格，回去肯定挨打，这是看得见的恐惧。"

同学们大笑。

"那看不见的恐惧是什么呀？"我问。

同学们说："看不见的恐惧是无形的。"

大家又笑了起来。

我说："我理解为是无法预测的，是觉得要发生什么事儿，但究竟是什么又不知道，这是恐惧当中的恐惧，这是我的理解啦，不知道对不对。"

我问一位正在思考的同学："你有没有新的理解？"

他说："看不见得恐惧是心灵的恐惧。"

我说："恐惧都是一种心灵的感觉。"

另一位同学说："无形的恐惧就像疾病一样，突然出现了，无法预测的。"

我说："这个理解有道理。看得见的恐惧是可以预测的，必然的。看不见的恐惧不知道什么时候发生，完全是飞来横祸，可以这样理解的。还有没有问题了？我觉得这个理解比我还好一些。"

又有一位同学问："第六自然段'战胜灾难靠得更多的是临门一脚，先前的惴惴不安帮不上忙'，我想问一下，这句是不是与古代名句'平时不努力，临时抱佛脚'的意思相同?"

我笑了："不要问我呀，大家一起来思考。咱们一起研究。'战胜灾难靠得更多的是临门一脚，先前的惴惴不安帮不上忙'是不是'平时不努力，临时抱佛脚'？好像不是吧，相反的，她这句话的意思还是强调你事先无论怎么预料，无论怎样准备，真正的灾难恐怕不是靠你这些有计划的能去战胜的，要靠你临时的那种机智。你们不要以为我说的都是对的，你可以思考一下对不对。——还有啥问题?"

还有同学问："'灵魂的快意同器官的舒适像一对孪生兄弟'，这里'灵魂的快意同器官的舒适'我不能理解，是什么意思?"

我对她说："你首先问问自己：我有没有这样一种经历——'灵魂的快意同器官的舒适'？比如踢足球，或者说开车，我刚学会了开车，我最近拿到驾照啦，开车瘾较大，朋友的车拿来就开，在人少的地方开，那种感觉就非常舒服，坐在那儿，手扶方向盘，耳边那种风驰电掣的感觉，我心里很满足。是不是这样来理解？但是，是不是这二者永远总是统一的呢？那倒不一定。也许，有一个人凭着他的一种信念，他身处恶劣环境，他的感官、器官不一定很舒服，但他的内心很宁静，同样觉得很幸福。"

那个同学点头表示理解了。

"还有啥问题没有啊?"我问大家。

一个同学问："最后一段'常常提醒自己注意幸福，就像在寒冷的日子里经常看看太阳，心就不知不觉暖洋洋，亮光光'，这句话的含义是什么?"

我问大家："谁来帮我解释一下？'常常提醒自己注意幸福，就像在寒冷的日子里经常看看太阳，心里面就不知不觉暖洋洋，亮光光。'文章写到这里就结尾了。"

一个男同学站起来，小声说："身处逆境的时候就像在寒冷的日子里,得到别人的鼓励就好像在寒冷的日子里看到太阳,心就不知不觉暖洋洋,亮光光。"

我说:"我看你回答的时候好像很不幸福的样子。(众笑)不要胆小,不要紧的,大声一些,把你的话重复一遍。"

他鼓起勇气,大声地把刚才的话重复了一遍。

我表扬他:"那么多同学不敢举手,他能主动把手举起来回答问题,很不错!他的意思是说幸福有时候是会带来希望的。前面我们总是提到灾难,我们还要常常提醒幸福,一想到幸福我们就有希望了,我们对生活充满信心,心里不知不觉暖洋洋,亮光光。这不是说我们的心发热、发光,而是觉得充满力量。我是这样理解的,文章结尾了嘛,为什么提醒幸福呢,让生活充满暖意。"

还有同学想提问,我说:"很遗憾,时间不多了,问题暂时就提到这里。但我还想问大家一个问题,这篇文章有没有什么值得修改的地方?"

大家好像没有思想准备,没有人发言。

我说:"我先提几个地方,大家来探讨,看怎么修改。当然,这可能是你们课余作业了。我觉得这篇文章值得修改的地方,我个人认为比较多。我提出来以后你也可以觉得李老师你理解有误,这儿不应该修改。我随便举个例子。第二自然段'灾祸似乎成了提醒的专利,把提醒也染得充满了淡淡的贬义'。我读到这儿总觉得不太舒服。'充满了'应该是很多很多呀,'淡淡的',配搭上总有点疏漏。我当然不能说它是病句,但总觉得词语搭配上有点瑕疵。这是一个地方。时间不允许我们展开讨论,大家可以思考一下。还有'幸福有时会同我们开一个玩笑……',看这一自然段,中间有一句'幸福有时会很短暂,不像苦难似的笼罩天空',它用'不像苦难似的笼罩天空'这个比喻是来说明幸福是很短暂的。那么这个'短暂'是一种时间上的概念,这个比喻好像不是很贴切的。幸福是很短暂,应该像什么什么转瞬即逝,它后边的比喻是'不像苦难似的笼罩天空','笼罩天空'是一种空间概念。当然你也可以说笼罩天空的时间很长很长,但它毕竟展开形象不是一种时间的概念。所以我们读书的时候,哪怕是非常好的文章,也要去研究、思考、质疑乃至批判。还有倒数第二自然段。这一段话其实说得非常好的。我先读一遍:'所以,当我们一无所有的时候,我们也能够说,我很幸福。因为我们还有健康的身体。当我们不再享有健康的时候,那些最勇敢的人可以依然微笑着说:我很幸福。因为我还有一颗健康的心。甚至当我们连心都不存在的时候,那些人类最优秀的分子仍旧可以对宇宙大声说:我很幸福。因为我曾经生活过。'——问题在什么地方呢?"

有同学说:"怎么可能对宇宙大声地喊?"

我说:"嗯,我的疑问在这儿,'我们连心都不存在的时候,那些人在说……'这里两句话的主语应该是统一的,然而却没有统一——'我们''那些人'。不知是不是我的理解有问题。我觉得应该把'我们'去掉,那这颗心是那些最优秀的分子的。你的心不存在了,他在说他活过?这是什么关系?等等等等。如果同学们细心,下课以后还可以找很多问题的。今天,李老师跟大家讲的无非就是读出自己,读出问题,这就是一种阅读态度,而不仅仅是一种阅读方法。"

下课时间快到了,我说:"最后跟大家讲一个小小的故事作为今天上课的结束。这是一个真实的故事。我有一个好朋友叫姚嗣芳,她是成都市特别有名的小学语文老师,三十多岁,上课上得特别棒,很多学生到那个学校去就想听她的课,她是一个普通的教师。去年10月份听说她被提为成都市锦江区教育局副局长,很多人向她祝贺。我当时也想跟她打个电话,因为忙就没有打。后来听说她腿摔断了,在家里养伤。一晃几个月过去了,今年元旦,我们搞了个聚会,她没来,她学校的校长来了,我就问:'姚老师现在去当局长了?'校长说:'没有,还在我们学校。'怎么回事?她说:'她不去呀!'大家都非常惊讶。当然,我认为这种惊讶带着世俗的眼光。后来我给她打了个电话，电话里聊了很久。姚老师她不是那么善于张扬的人，她是非常朴实的一个人。后来我一下子就理解她了，她说，她只觉得做老师是最幸福的。很多人觉得她傻，多少人梦寐以求要当这个副局长。她说：'我用尽了所有的关系去找领导谈，说服领导让我回到学校，就做一名普通的老师，无私奉献。'后来我说：'姚老师，你既不傻也不高尚，你只是忠实于自己的心灵，实践着体验着自己的幸福观，仅此而已。'我没这个当副局长的机会，因而我没有过这种'推辞'的经历，但我理解她，这就叫做幸福。这些东西你们现在不一定能够理解，但我想以后随着年龄的增长，你们会逐步理解的。另外，建议大家去找找毕淑敏的其他作品读一读。好，下课。同学们再见！"

同学们大声说："老师再见！"

【整理附言】

比起我过去一些"精彩纷呈"的借班上课，这堂课平平淡淡，波澜不惊，但我比较满意。这堂课完全放开了，完全交给了学生。我当然有宏观的预设（这是必不可少的），但在具体的课堂教学流程方面，我更追求现场的生成。

所谓"教学要以学生为主体"简直可以说已经成为套话了。套话当然不一定是真理，但真理往往是套话。教学，无非就是帮助学生学习，自然要"以学生为主体"啦！这是不需要论证的，而且我敢说，恐怕现在很少有人会反对"教学要以学生为主体"。但是，怎样落实这个理念呢？这恐怕就不是简单说说就能解决问题的。我们（包括有时候的我）往往胸怀"学生主体观"走进教室，可一旦进入教学状态，就情不自禁地钻进了"教师中心论"的窠臼，把学生当做自己的教学道具和思想俘虏。——俨然一个好龙的叶公却不觉！

在探索"以学生主体"的课堂教学过程中，我越来越认为，教学应该以学生的心灵为起点。这里所说的"以学生的心灵为起点",有三层意思:一是要尊重学生已有的生活体验和认知水平,因此设置教学的"高度"或者说"标尺";二是在备课时,要把自己当学生去研究思考课文,设想学生在阅读这篇文章时可能会有什么兴奋点或疑难点;三是课堂教学应该从学生的"第一印象"(他们对课文的感悟、评价或者疑难问题)开始。道理很简单——教师之所以要讲一篇课文,首先是因为学生要学!当然,教师在引导学生学习的过程中,也在和学生一起学习。但我说的是"首先"。

正因为如此,我讲《提醒幸福》的时候,便不是由我先定框架,或说几条"要求"以示"引导",而是让学生在没有任何教师"干扰"的前提下先来一个"干净的阅读"。虽然没有作任何阅读提示,但学生已有的生活经验和认知能力足以让他们或多或少地对课文产生自己的第一印象,于是,各种独到的发现和见解便在课堂上呈现了出来。有时候,所谓"引导"并非手把手地"教",而是给孩子们提供一块自由的空间。

如此说来,教师是不是就成了多余的人呢?当然不是。当学生说出各种各样的看法后,教师也参与其中——讨论、评价、争鸣……所谓"对话"便开始了。

让人们因我的存在而感到幸福

——我教《一碗清汤荞麦面》全程实录

时间：2008 年 5 月 7 日
地点：山东省杜郎口中学
学生：杜郎口中学初二学生

第一课时

这是我第一次去杜郎口中学时，为该校初二学生上的一堂课。上课地点在学校礼堂，学生坐在台上，台下坐着听课的老师。这也是一堂"突然袭击"的课，我连临时印的课文都来不及发给学生，便匆匆走上了讲台。

尽管时间很紧，但我还是在上课前用两分钟的时间给学生讲了一个关于阿凡提的小笑话，不，不是"讲"，准确地说，是我模拟阿凡提和他们开了一个善意的玩笑。在轻松愉快的气氛中，我宣布："上课！"

同学们整整齐齐地站起来，对着我齐声吼道："老师好！"

不愧是杜郎口的学生。我说他们"吼"一点儿都不夸张，他们的声音洪亮而有力度，似乎把天花板都要震塌了。我也真诚地说："同学们好！请坐！"

我说："你们刚才把我吓了一跳，这么大的声音！"同学们忍不住大笑起来，天真无邪。

就通过这么一句话，我就拉近了和他们的距离，从他们的开怀大笑中，我感到双方都有了一种"大家都不是外人"的亲切。

我顿了顿，说："我先给大家讲一个故事。这个故事曾经打动过无数人，我不知道同学们知不知道。1997年亚洲爆发了金融危机。那场金融危机席卷全球，很多大企业纷纷倒闭，三星集团也一下跌入低谷，举步维艰，月亏损达1700亿韩元。在此紧要关头，三星集团会长……呵呵，他的名字和我的名字差不多。我叫什么名字大家知道不知道？"

同学们齐声说："李镇西！"

我说："对，李镇西。看来你们对我很熟悉了。这个三星集团的会长叫李健熙，听上去像我哥，呵呵！这个李健熙使了一个绝招，他委托副会长尹钟龙召集45000名员工，把他们叫到一块，向他们朗读《一碗清汤荞麦面》。不到10分钟，台下已经有不少人开始啜泣。这篇小说，实际上是一个真实的故事。这个故事在日本家喻户晓，是一个真人真事，只不过一个作家以这个故事为原型创作了一篇小说。就是这篇小说激发了三星集团员工们的斗志。几年后，三星集团第一个冲出金融危机的阴影，很快扭亏为盈。2003年三星集团营业额约965亿美元，品牌价值高达108.5亿美元，在世界百大品牌中排名第25位，连续两年成为成长最快的品牌。2004年，三星赢利104亿美元，创下公司35年来的纪录。这就是这篇小说的力量！后来，他们已经欣欣向荣了，似乎再也没有任何危机，可以歇一口气了。但这时李健熙再次把45000名员工叫到一起，重读这篇小说。说到这里，我就有两个疑问了——我想我们杜郎口中学是主张以学生为主体的，那我问问大家，你们说，听了我这个故事后，你们有什么想问的？"

我的话音刚落，一个学生没举手就站了起来，大声说："这是一个什么故事？会长为什么要第二次给员工读这篇小说呢？"

我肯定了他的提问："对，说得非常好！第一，这究竟是个什么故事？第二，为什么第二次给员工读？这两个问题我马上就可以回答，但我先不说，相信学完这篇课文，大家就知道了。今天我把这个故事带来了。下面，我就给大家朗读这篇小说，这里我给大家解释一下，因为时间紧，我来不及给大家发这篇课文，所以我只好朗读了。我一边读，同学们一边思考，一边学习。"

其实，时间再紧张，发课文的时间还是有的。但我有意暂时不发，我想，第一节课学生不看课文，只听我朗读，这样这个故事便有了一种悬念——而现在的语文课太没悬念啦！

我在黑板上写下课题——"一碗清汤荞麦面"。

写完后，我笑着说："今天李老师请大家吃面，就是清汤荞麦面。"

学生也笑了。

我开始朗读——

对于面馆来说，最忙的时候，要算是大年夜了……

读到这里，我突然停下来，说："插一句，你们听的时候要捕捉小说的细节——什么细节最能打动你，有没有什么疑问，等等。一会儿大家再交流。所谓语文学习就是培养自己对语言的敏锐、敏感，不论阅读、聆听还是写作，你都要在别人没有发现的地方发现问题，发现妙处，这里我不细说，你们下面继续听，一边听一边发现。"

我读到老板抓面的细节——

案板上早就准备好的，堆成一座座小山似的面条，一堆是一人份。老板抓起一堆面，继而又加了半堆，一起放到锅里。老板娘立刻领悟到，这是丈夫特意多给这母子三人的。

我说："听到这儿，不知道同学们听懂了没有。平时我们去吃面，面馆老板是怎么下面的？一般是凭感觉直接用手去抓的，抓一两，抓二两，是不是？但在日本不是这样的，他们是事先把这个分量分好，一堆一堆的，一堆就是一人份。"

我继续读——

热腾腾香喷喷的清汤荞麦面放到桌上，母子三人立即围着这碗面，头碰头地吃了起来。
"真好吃啊！"哥哥说。
"妈妈也吃呀。"弟弟夹了一筷面，送到妈妈的口中。
不一会儿，面吃完了，付了一百五十块钱。
"承蒙款待。"母子三人一齐点头谢过，出了店门。
"谢谢，祝你们过个好年！"老板和老板娘应声回答着。

读完母子三人第一次到面馆吃面的情景，我暂时停了下来，提示道："这是母子三人第一次吃面。对这第一次吃面，同学们有什么疑问没有啊？听到这儿有没有想知道的？"

一个同学跃跃欲试，想站起来。

我走到他面前，问："你有什么疑问啊？"

他问："孩子为什么要'怯生生'的呢？"

我对其他同学说："这个问题问得真好！就是啊，他为什么要'怯生生'的呢？为什么不是很豪放地喊一声'来碗面'？"

有同学站起来说："他害怕。"

我问:"为什么害怕呢?"

"这一家很穷,他担心别人看不起他。"

我追问:"你是从什么地方知道这一家人穷的呢?"

另一个学生说:"这位母亲穿着不合时宜的短大衣,说明这户人家非常穷。"

我说:"你真细心!好,咱们这样,更多的问题咱们一会儿再研究。"

我评论道:"第一次吃面就这么几句话,但人物形象以及他们的内心世界都展示出来了。你们看,这几段的写作,笔墨非常简洁。一晃就是第二年大年夜。"

我继续朗读……

第二次吃面读完了,我问:"大家猜猜,他们还会不会来?"

同学们齐声说:"会!"

"理由何在?"

一个学生回答:"前面几次都来这里吃,所以我估计这一年过年他们也应该会来。"

"哦,惯性,是不是?对,惯性,回头客一个!"我说,"可他们究竟来没来呢?"

学生中有的说会来,有的说不会来了。

我问:"有的同学为什么会认为他们不来了呢?"

一个同学说:"面涨价了。"

我问:"是吗?因为吃不起涨了价的面,是吗?"这个学生的答案很幼稚,但他能够站起来大声说,这种参与勇气应该肯定。

我笑道:"你这个想法有一定的道理。那么,他们究竟是来还是不来呢?这是一个悬念。呵呵!"

学生们急切地看着我,期待着我赶快接着朗读。

我继续朗读——

他们来了。哥哥穿着中学生的制服，弟弟穿着去年哥哥穿的那件略有些大的旧衣服，兄弟俩都长大了，有点认不出来了。母亲还是穿着那件不合时令的有些褪色的短大衣。

同学们露出欣慰的笑容，有的甚至小声说："终于来了。"

我却停下了朗读，问道："为什么这母子三人三次吃面都是在年夜该打烊的时候才来？"

一个学生接着我的问题问道："为什么他们都是在人都走了以后才来呢？"

"是啊！"我说，"你们想过这个问题没有？"

一个女生站起来说："因为年夜饭是一年的最后一顿饭，母亲希望两个孩子能够吃到最好的年夜饭。"

我问："是这样的吗？这样吧，我们先把问题提出来，先不忙着解答。还有什么问题呀？"

一个学生问："为什么母子三人要等到最后没人的时候才来吃饭？为什么不在别的时候来吃呢？"

我肯定了他的提问："对啊！既然是吃面，什么时候不能来呢？是吧！"

一个学生问："他们在这个面馆吃清汤荞麦面，已经是常客了，为什么还要'怯生生'的呢？"

"就是，已经是熟人了！"我说，"还'怯生生'的干什么呢？这些问题都提得很好。还有没有问题？我还有疑问呢……哎，你说！"我请一位学生说。

他说："为什么老板娘老说那句话，就不会说别的吗？"

我表示"共鸣"："是啊，每次都说'欢迎''请坐'，不说其他的……"

一个学生站起来说:"这说明她有礼貌,对客人热情,当然要说这几句话了!"

我说:"这个同学的意思是对客人热情礼貌,自然要说'欢迎''请坐'之类的话。嗯,我认为是这样的。"

另一个学生问:"两个孩子的爸爸怎么没来呢?"

我非常高兴学生能提出这个问题:"对呀!我第一次读这篇小说时也有这个疑问。孩子他爹到哪儿去了呢?作者为什么不交代?这里面肯定也有奥秘。咱们还是接着往下听吧!"

我继续读——

老板娘把他们领到二号桌,若无其事地将桌上那块"预约席"的牌子藏了起来,对柜台喊着:

"清汤荞麦面两碗!"

"好——咧!清汤荞麦面两碗——"

老板应声答着,把三碗面的分量放进了锅里。

母子三人吃着两碗清汤荞麦面,说着,笑着。

读到这里,我又停下来,议论道:"小说写到这里,有的东西似乎应该交代了。也就是说,前面留下的伏笔,这里似乎应该挑明了。比如,前两次母子三人来吃面,我们感到他们背后还有故事,但作者有意没说,这里要说了。"

学生们几乎是屏住呼吸,凝神看着我,非常认真地听着。

我继续朗读——

"大儿,淳儿,今天,我做母亲的想要向你们道谢。"

"道谢?向我们……为什么?"

"实在是,因为你们的父亲死于交通事故,生前欠下了八个人的钱。我把抚恤金全部还了债。还不够的部分,就每月五万元分期偿还。"

"这些我们都知道呀。"

老板和老板娘在柜台里,一动不动,凝神听着。

"剩下的债,到明年三月就可以还清了。可实际上,今天就可全部还清。"

我说:"妈妈要给孩子说秘密,说秘密之前先说了家庭的经历,这些本来孩子都知道,但读者不知道,因此,必须通过妈妈的嘴交代出来;而对孩子说这些是为后面的秘密做铺垫。她说今天可以还清债务,为什么可以还清呢?同学们能够猜出来吗?"

我有意卖个关子,同学们果真思考起来,有同学马上说:"是不是捡到了一笔钱啊?"他的话引出了大家的笑声。

我也笑了,说道:"呵呵,你怎么不说中了彩票呢?好,咱们接着听。"

我继续朗读——

"啊,真的?妈妈。"

"是真的。大儿每天送报赚钱支持我,淳儿每天买菜烧饭帮助我,所以我能够安心工作,因为我努力工作,得到了公司的特别津贴,所以现在能够全部还清债款。"

"好啊!妈妈,哥哥,从现在起,每天烧饭的事还是包给我了。"

"我也继续送报。弟弟,我们一起努力吧!"

"谢谢,真是谢……谢……"

同学们一下子恍然大悟:"噢!原来是领到了一笔津贴!"

"是的,妈妈领到了一笔津贴,可这里面有孩子的功劳!"我说,"刚才是妈妈告诉孩子们一个秘密,现在孩子们也要告诉妈妈一个秘密了,哥哥要说了……"

我继续朗读——

"我和弟弟也有一件事瞒着妈妈,今天可以说了。这是在十一月的星期天,我到弟弟学校去参加家长会。这时,弟弟已经藏了一封老师给妈妈的信……弟弟写的作文如果被选为北海道的代表,就能参加全国的作文比赛。正因为这样,家长会的那天,老师要弟弟自己朗读这篇作文。老师的信如果给妈妈看了,妈妈一定会向公司请假,去听弟弟朗读作文。于是……"

我停下朗读,问道:"同学们想,弟弟把这封信给妈妈了没有?"
同学们齐声说:"没有。"
"那么他想不想妈妈参加呢?"
"当然想!"
"那他为什么不告诉妈妈呢?"
"他不愿意妈妈耽误工作!"
我说:"是啊,多懂事的孩子啊!这是第三次吃面。还会不会有第四次呢?请听我继续读。"

我继续读道——

"弟弟就没有把这封信交给妈妈。这事我还是从弟弟的朋友那里听来的,所以,家长会那天,是我去了。"
"哦,原来是这样……那后来呢?"
"老师出的作文题目是'你将来想成为怎样的人',全体学生都写了。弟弟的作文题目是'一碗清汤荞麦面'。一听题目，我就知道是写的北海亭面馆的事。弟弟这家伙，怎么把这种难为情的事写出来，我这么想着。

"作文写的是，父亲死于交通事故，留下一大笔债。母亲每天从早到晚拼命工作，我去送早报和晚报……弟弟全都写了出来。接着又写，十二月三十一日的晚上，母子三人吃一碗清汤荞麦面，非常好吃……三个人只买了一碗清汤荞麦面，可面馆的叔叔阿姨还是很热情地接待了我们，谢谢我们，还祝我们过个好年。听到这声音，弟弟的心中不由得喊着：'不能失败，要努力，要好好活着！'因此，弟弟长大成人后，想开一家日本第一的面馆，也要对顾客说：'努力吧，祝你幸福，谢谢。'弟弟大声地朗读着作文……"

学生们屏住呼吸，听着我的朗读——

  作为年夜饭的清汤荞麦面吃完了，付了三百元。
  "承蒙款待。"母子三人深深地低头道谢后走出了店门。
  "谢谢，祝你们过个好年！"
  老板和老板娘大声地向他们祝福着，目送着他们远去……
  又是一年的大年夜降临了。北海亭面馆里，晚上九点一过，二号桌上又摆上了"预约席"的牌子，等待着母子三人的到来。

"你们说他们来了没有？"我笑眯眯地问。
同学们各说不一，有的说来了，有的说没来。
我问："作为读者，你们有没有惦记着他们，希望他们出现？"
同学们整齐地说："希望！"
我读道——

可是，没看到那三人的身影。

"可是，母子三人并没有来！"我说，"我想，此刻在座的每一个同学，包括台下的老师和同学，一定在惦记着、关心着这母子三人的命运。"

我略加停顿，继续往下读——

时光流逝，年复一年，这一年的大年夜又来到了。

……九点半一过，以鱼店老板夫妇双手捧着装满生鱼片的大盆子进来为信号，平时亲如家人的朋友们大约三十多人，也都带着酒菜，陆陆续续地会集到北海亭。店里的气氛，一下子热闹起来。

知道二号桌由来的朋友们，嘴里虽然没说什么，可心里都在想着，今年二号桌也许又要空等了吧。那块"预约席"的牌子，早已悄悄地站在二号桌上。

狭窄的坐席之间，客人们一点一点地移动着身子坐下，有人还招呼着迟到的朋友。吃着面，喝着酒，互相夹着菜。

……十点半时，北海亭里的气氛达到了顶点。

就在这时，店门被咯吱咯吱地拉开了。人们都向门口望去，屋子里突然静了下来。

我说："哦，终于等到了。那是不是他们呢？小说就这样一波三折，吊足了读者的胃口。神圣的时刻、盼望已久的时刻到了。"

我继续读——

面对不知所措的老板娘，青年中的一位开口了。

"我们就是十四年前的大年夜，母子三人共吃一碗清汤荞麦面的顾客，那时，就是这一碗清汤荞麦面的鼓励，使我们三人同心协力，度过了艰难的岁月。这以后，我们搬到母亲的亲家滋贺县去了。

"我今年通过了医生的国家考试，现在京都的大学医院里当实习医生。明年四月，我将到札幌的综合医院工作。还没有开面馆的弟弟，现在京都的银行里工作。我和弟弟商谈，计划了这平生第一次的奢侈的行动。就这样，今天我们母子三人，特意来拜访，想要麻烦你们烧三碗清汤荞麦面。"

边听边点头的老板夫妇，泪珠一串串地掉下来。

……

"欢……欢迎，请，请坐……孩子他爹，二号桌清汤荞麦面三碗——"

"好咧——清汤荞麦面三碗——"可泪流满面的丈夫却应不出来。

店里，突然爆发出一阵欢呼声和鼓掌声。

店外，刚才还在纷纷扬扬飘着的雪花，此刻也停了。皑皑白雪映着明净的窗子，那写着"北海亭"的布帘子，在正月的清风中，摇曳着，飘着……

课文读完了，没有掌声，同学们沉默了良久。好些同学在用手擦拭眼泪。

我缓缓地说："我想，同学们在用沉默告诉我，此刻你们一定心潮起伏。现在请同学们用一句最简练的话说说，你听了之后的第一感觉是什么？"

依然是沉默，好些同学依然在沉默中流泪，手不停地在脸上擦拭着。在学生沉默的时候，我没有催促他们。我认为，有时候教师应该给学生沉默的时间。因为此刻他们的心灵深处正翻腾着波澜。允许学生沉默，这是对他们心灵的尊重。

一个学生红着眼睛站起来说道:"我读到了两点:一点就是店主的善良,还有一点就是孩子懂事。"

我说:"嗯,第一,读出了店主的善良;第二,读出了孩子懂事。哦,你也有话要说。你说吧!"

另一个学生站起来说道:"我只感到'佩服'。"

我问:"你佩服什么?"

"我佩服母子三人坚定不屈的精神!"

又一个同学说:"感动我的并不一定是轰轰烈烈的大事,相反,今天李老师给我们讲的《一碗清汤荞麦面》,同样使我感动。"

我说:"嗯,小事也能感动人。"

还有学生说:"我读到的是一种毅力。我想,当我们面对困难的时候,我们要做的不是退缩,而是相互鼓励,一起去面对困难,走出困境。"

我说:"你读到的是人与人之间的相互鼓励、互相呵护、互相温暖。非常好!其他同学还有没有啊?"

又一个同学说:"我认为一个人不一定要做出轰轰烈烈的大事才令人敬仰,他本身或者从一些小事上所体现出来的品质和精神,也能让我们对他产生一种敬意。"

另一个同学说:"我的感受是,在别人最艰难的时候,我们哪怕给他一点点温暖,都能够让他走出困境。"

同学们纷纷踊跃发言,说出了自己的感受。这些感受有的也许是肤浅的,但都很真诚。

我说:"刚才同学们说的都很好。大家的感受不完全一样,但大家都从不同的侧面感受到了小说的主题。这篇小说的主题本身不是单一的。比如说,我们不能简单地说这篇小说只是表现善良,也不能简单地说它表现了自强不息。当然，它表现了善良和坚强，但又不仅仅是善良和坚强，它还表现了很多其他东西，比如母亲对儿子的慈爱，又比如孩子的懂事、对母亲的孝敬，还有刚才这位同学讲的，人与人之间的关怀和温暖。另外，这篇小说还表现了感恩等等。不同的人，处于不同的心境或者不同的年龄，读同一篇小说时，所得到的也不一样。我用一个短语来概括这篇小说的主题，这样概括可以包括刚才同学们说到的那些精神品质——这篇小说是一曲人性的赞歌。善良啊，坚韧啊，互助啊，慈爱啊，孝敬啊，感恩啊，等等，这美好的一切，都是美好的人性，而小说便是一曲人性的赞歌！同学们同不同意我的概括啊？"

同学们纷纷点头。

"但是，人性的赞歌只是作者的意图；那么，作者是如何谱写这曲赞歌的呢？是怎么把这曲人性的赞歌表现出来的呢？这就涉及小说的艺术手法了。我们这堂课初步明确了小说的内容和主题，接下来我们就要讨论、琢磨这么一曲美好的颂歌是怎么谱成的。我们下一节课再来研究。好，下课时间到了，同学们先休息一会儿，课间我会把这篇小说发给大家，一会儿我们再来研究。谢谢大家，下课。"

学生们齐刷刷地站了起来，大吼道："老师再见！"

台下响起了掌声。

第二课时

师生互致问候之后，我说："第一堂课，我给同学们朗诵了一篇小说。快下课的时候，同学们归纳了这篇文章的主题，就是人性美，这很感人。但从语文学习的角度来看，如果我们不研究这篇文章的妙处，那么，我们的收获依然有限。我们要弄明白，小说是如何让我们怦然心动的。这堂课我们就研究这个问题。"

我又说:"课间我已经把课文发给大家了。大家现在看看手里的课文,在最后,你们可以看到,本来我有两个预习题应该事先告诉大家,但因为刚才那堂课没有发给你们,所以只好现在给大家说说。第一,通过阅读扫清字词障碍。你们读了一遍,有没有发现不认识的字词呢?嗯,没有人提出。这篇文章没有生词。咱们这个环节就省略了。有没有?有没有同学不认识的字?还是没有。这样吧,如果有的话,一会儿再提出来。第二个呢,是要求同学们找出最吸引你或最让你感动的地方,小组互相交流。我想请每个小组先分组交流一下。刚才大家听我读了这篇小说,现在手里又有这篇小说,你们还可以重新看看,哪一个细节最让你们感动。想好了再小组交流,每一个同学都说一个地方,互相交流,然后,我们以小组为单位请一个同学起来发言。给大家五分钟的时间小组内讨论交流。"

我刚说完,下面就"吵闹"起来,杜郎口的学生真是敢说,而且声音洪亮。我巡视各小组,看见学生们极为投入,讨论非常活跃。有的用普通话说,有的用方言说,整个场面如同炸了锅一样。

五分钟到了,还有两个小组在讨论,我等了等,并请已经交流完的小组推选发言者。

六分钟之后,同学们开始安静下来,看来所有小组的组内交流都结束了。

我说:"同学们,我们现在分小组派代表站起来发言交流。刚才同学们讨论得非常热烈。如果让每个同学都发言,大家肯定会说得很精彩,但如果那样,咱们这堂课就只有到下午才能结束了,而下午我就要坐飞机回成都了……"

"啊?""唉!"同学们马上发出叹息声。

那一刻,我心中升起一份感动:"同学们感到很惋惜,让我很感动。刚才我的意思是说,如果让每个同学都发言,那么时间是不够的。所以我们只能这样,让每个组派个代表吧!每个组由一个人说说最让你感动的细节,注意,是分析细节。但是别人说过的你不要再重复;当然,如果别人分析某个细节时你认为他分析得还不够,你也可以补充。好,哪个小组先说?"

一个学生站起来说:"第一次吃面的时候,两个孩子穿着崭新的运动服,然而母亲却穿着不合时宜的斜格子大衣。两个孩子和母亲的穿着就有天壤之别:一个是崭新的运动服,另一个是不合时宜的斜格子短大衣。这个对比就突出了母爱——这位母亲宁可自己牺牲一点,穿得陈旧而且不合时令,也要让孩子穿得好一点。我很感动。"

我立刻表扬道:"很好!从母子不同的穿着中,他读到了母爱。还有吗?下一个组……"

一个女生说:"从第三自然段到第九自然段,从'怯生生地'可以看出孩子有些害怕老板,但他们后来被老板娘的热情感动了,不再害怕了。有人说母爱是世界上最伟大的爱,而这让我体会到,世界上最伟大的爱是普通人之间的关爱。这是一种超越亲情的仁爱,是一种比天还高的境界,也是一种最可贵的爱,更是一种品质的升华,所以我们一定要珍惜每一个普通的人对我们的爱,也要积极地去爱周围的每一个普通的人。"

她的发言激起了全场热烈的掌声。

我说:"这位同学说得比较好……"这时一位同学站起来想发言,我示意他先等一下,"你先稍微等等再说,好吗?同学们,今天咱们是互相讨论,我也可以发言,等我说完了,你再说,好不好?"于是,那个站起来的同学便坐下去了。

我继续说:"刚才我对这位女同学的评价是'比较好',而没有说'非常好',为什么呢?"

我停顿了一下,让同学们有一个思考的时间。然后,我接着说:"刚才她发言完毕时,全场响起了掌声,这个掌声说明她的发言不错,有可取的地方，我也赞同，所以我说她说得'比较好'。但我为什么说'比较好'呢？因为她说这个'怯生生'表示害怕。我在想：母子三人害怕什么呀？当然，你可以和我争论，但我不同意你说母子三人害怕。你为什么说他们害怕？难道老板手里拿着菜刀？"

刚才发言的女生重新站起来说："他们是害怕老板和老板娘看不起他们，对他们有一种鄙视的心理。"

我请她坐下，然后说："这个补充很好。与其说是害怕，不如说是……"

有同学站起来说："怕别人看不起自己。"

我说："怕别人看不起自己？很好，这种心理叫做——"我有意停顿了一下。

好几个学生说："自卑。"

"对！是自卑！"我说，"与其说是害怕，不如说是自卑。'害怕'是面对强势、凶神恶煞而胆战心惊。而'自卑'就不一定嘛，他们觉得自己不如别人，所以自卑。我特别赞成刚才那位同学说的一句话——母爱伟大，比它更伟大的是陌生人之间的爱。我经常说这样一句话：都说中国人有人情味，这是不对的，其实中国人只是在熟人之间有人情味。你到街上去看看，不认识你的人对你是很冷漠的。所以以前国营商场里贴着'把顾客当上帝'的口号，看起来把顾客捧得很高，但是你进去买东西时，人家对你可能依然很冷漠，因为'上帝'太遥远啦！所以当时我就建议把这一句话改改，改成什么呢？改成'把顾客当亲戚'，这样一来，我们进商场，就是亲戚来了，服务员也会想，哦，我的亲戚来了，那得热情点儿，亲戚嘛！"

同学们笑了。

我说："所以说，陌生人之间的爱更伟大。好，这位同学一直想说，请你说吧！"

谁知同时站起来两个同学。我笑了，说："这样吧，女士优先，让这位女同学先说，好吗？"那个男生只好坐下去了。

那位女同学说："十四年前的大年夜母子三人同吃一碗清汤荞麦面，那时候他们很穷困；十四年后，他们又一次来到这个店里吃面，我感觉到他们是来感恩的。因为母子三人在最困难的时候，是老板娘给了他们鼓励，于是，他们三人齐心合力，度过了艰难的岁月。老板娘在这十四年里，时常期盼着母子三人。最后这重逢的场面让我非常感动。所以我们要学会感恩，时刻牢记对我们有过关爱的人，记住所有帮助过我们的人！"

掌声再次响起来。但我对这个回答还不满足，我觉得还应引导学生更加深入地挖掘一下。在她发言的时候，我在黑板上写了一行字——"怦然心动""若有所思"。

掌声平息后，我说："我追问一句——你先坐下——母子三人在最困难的时候，连续三年到这个面馆吃面，所以，多年后他们来感恩，那么我想问的是，他们究竟从这碗面中得到了什么？同学们不但要感动，还要往深处追问。你们看，我这里写了一行字——'怦然心动''若有所思'。我想表达什么意思呢？我们一开始听这篇小说的时候很感动，是'怦然心动'；感动之后还要思考，这就叫'若有所思'。好，想一想，从这碗面中他们得到了什么？"

再次安静下来，同学们在思考。我不急，从容地给他们以思考的时间。

时间一分一秒地过去了，没有学生站起来，看来他们被难住了。于是，我决定给他们一点提示："得到了什么啊？注意，书上是有答案的。"

学生们纷纷低头看课文。

不一会儿，一个男生站起来了，可是一个女生抢了他的话："我认为……"那个男生不甘示弱，大声说："从第九自然段……"

我这次对那个女同学说:"是他先站起来的,请他先说,好吗?"那个女生坐下去了,男生重新开始说:"从第九自然段的描写来看,老板抓起一堆面,继而又加了半堆,一起放进锅里。老板娘立刻领悟到,这是丈夫特意多给这母子三人的。后面,第二十二自然段、第二十六自然段、第四十三自然段,从这三个地方可以看出,这位老板娘对母子三人的关心和爱护不是随意的,而是有意的。老板娘不因她穿的服饰而把她看扁了,而是同样的热情真诚,老板娘对所有顾客都是一视同仁的。但是,对这母子三人却特别照顾,而又不让他们知道。这就是清汤荞麦面所包含的关爱。"

我说:"很好,老板娘不是居高临下地爱。既要给人以爱,也要给人以尊严,这是爱的一种境界。给一个人以善良,同时给他以尊严。真让人感动!——你接着说。"

因为那位男生说完后没有坐下,显然还没有说完,因此,我让他继续说。

他继续找课文上的内容,同时加以分析:"从第四十五到第六十三自然段可以看出,妈妈对孩子表示歉意,这表现出妈妈对孩子的爱;而这两个孩子也对妈妈表示歉意,这说明了他们对妈妈的关心,不想让妈妈因为去开家长会而影响工作。从这些地方都可以看出,无论是妈妈,还是孩子,都是随时想着他人的。这种品质让他们能够理解面馆里的清汤荞麦面所包含的一切。"

我不禁赞叹道:"说得真好!"

又站起来一个同学,说道:"除了吴悠同学所说的那个给了母子三人以尊严的例子外,还有很多地方也体现了老板和老板娘给了母子三人尊严。比如说,物价上涨了,面的价格也上涨了,他们母子三人还没有到的时候,老板和老板娘就把价格牌翻了过来,这个行为也给了母子三人尊严。还有就是在第三次吃面的时候,老板娘摆好预约牌,当母子三人到了的时候,老板娘又把预约牌若无其事地藏了起来,这说明老板和老板娘给了他们尊严。"

这个同学刚说到这里,另一个学生站起来反驳他:"我觉得,刚才你用词用得不太恰当,不能说'给了他们尊严',应该说'尊重他们'!"

我说:"嗯,我同意你的看法,非常好。尊严人本身就有,我们要尊重他。由刚才这位同学的发言,我想到我们现在的媒体宣传,就有这个问题:有时过度渲染对某个人的关心、关爱,其实,这会让被关心者很难堪。我们经常可以在电视里看到这样的场面:一个小女孩父母双亡后,社会都去关心她,记者最喜欢问'你有什么感想',无非就是要别人说一些感谢的话。我看了很难受。其实,真正的爱是不露痕迹的,而且是润物无声的。像这位老板娘,她关心这母子三人,但做得那么自然、毫不张扬。好,那个同学又站起来了,你要说什么呢?"

一位女生说:"从第十自然段到第十三自然段,妈妈和孩子看似朴实的几句对话,却包含着温馨的感情。这些话很朴实,但让我很感动。有时候,爱不需要华丽的语言,甚至不需要甜美的声音,哪怕就一个动作、一个眼神,也可以将爱表现得淋漓尽致。高山会变成海洋,海洋也会变成高山,但是,无论海枯石烂、天荒地老,总有一种情是不会改变的——那,便是亲情,亲情会温暖我们一生。"

全场爆发出热烈的掌声。

"好,好!我被课文中的亲情感动了,也被你的分析感动了。我还让同学们捕捉一些细节,比如刚才你说的眼神啊、动作啊,等等,通过这些细节,我们能够感受到其中蕴涵的情感。你刚才分析的就是'弟弟夹了一筷面,送到妈妈的口中',是不是这个细节?"

那位女生点点头说:"是的!"

"那我再为你做点补充,好吗?"我说,"作者的写作非常简练。'"妈妈也吃呀。"弟弟夹了一筷面,送到妈妈的口中。'这里,其实,不仅仅表现了弟弟对妈妈的爱，它还隐含着另外的意思。大家想想，弟弟这句话还有一层意思，是什么呀？"

学生一时陷入了沉思。

我启发道："妈妈吃了没有？"

大家一起说："没有吃！"

"你们怎么知道妈妈没有吃呢？文中并没有明说呀！"

刚才发言的那位女生说："因为弟弟叫妈妈吃。"

我说："嗯，妈妈没有吃，那妈妈在干什么呢？"

几个同学一起说："在看着孩子吃。"

"看着孩子吃。对啊！"我说，"你们看，这里作者没有直接写妈妈，而是写弟弟劝妈妈吃面，这样一举两得，表面上写弟弟，其实也写妈妈了。我们一起来想象一下，这个画面多美啊！妈妈在看着孩子吃，虽然她很饿，但看着孩子们吃得很香，自己便觉得很幸福，这就是母爱；而弟弟很懂事，'妈妈也吃呀'，然后夹了一筷子面送到妈妈的口里。这个细节，既写了儿子的孝敬，又写了母亲的慈爱。这就是作者的高明之处。好，哪位同学再接着分析？"

一个学生站起来说："这篇小说令我最感动的地方，是老板夫妇为素不相识的母子三人预留二号桌，不管他们是来还是不来，二号桌都给他们留着。而且，每次在他们离开时都为他们送上温馨的祝福：'谢谢，祝你们过个好年！'这句话非常普通，但它让我想到，在他人遭遇困难的时候，有时候我们的一句话，哪怕一句非常平常的话，对他都是最大的精神鼓励！比如这篇小说中老板娘对母子三人的新年祝福，就足以使他们有信心，坚持下去！"

这个学生的分析无疑是正确的，但我觉得还不够，或者说他对老板娘的祝福理解得还不够透彻。我决定引导大家往深处思考："对，这个同学在这儿看到的是老板娘对他们的祝福。不过，我想接着他的分析追问一个问题：老板夫妇每次在母子三人离去的时候都要对他们说'祝你们过个好年'。这是为什么？"

一位男生小声说："习惯。"

我问："习惯？他说的对不对？"

没人回答。

我启发道："习惯，不一定是发自内心的，习惯嘛！"

有学生急了，说道："不对，是真心的祝福。"

"嗯，我也认为那不仅仅是习惯，更多的是真心的祝福。可是，这只是单纯的新年祝福吗？"

面对我的提问，学生们继续保持沉默，他们都在思考。

我决定给学生的思维搭个桥："大家换个角度想想，从母子三人第一次到这家店里吃面开始，至第二次、第三次，老板娘对他们三人的感情有没有变化？都是一样的吗？"

一个学生说："还是有变化的。"

我问："有什么变化呢？一开始是什么？"

学生说："一开始，是一种同情，后来便增加了关心。"

我引导学生注意课文中的一个细节："大家看文中这一处，这个细节不容易捕捉到，这就是母子三人第三次吃面后离去的时候，作者写老板夫妇送他们的时候用了一个词，仔细看看，是什么词？"

全班学生一起说："目送！"

我问："什么叫'目送'呢？"

学生们说："就是久久地注视着他们的背影。"

我说："这种眼神里就不仅仅是一般的关心了，还有什么在里面啊？"

学生们说："敬佩！""敬仰！"

"不错，我也认为是敬仰。"我继续往深处引导，"可老板夫妇为什么敬仰母子三人呢？或者说，究竟是谁帮助了谁呀？"

几个学生几乎是齐声说："是母子三人帮助了老板夫妇！"

"是怎么帮助的？"我问。

一个学生说："因为他们三人并没有因为生活困难而放弃生活，还是勇敢地生活下去，这种精神感动了老板夫妇，母子三人在精神上帮助了老板夫妇！"

我忍不住赞叹道："对，说得真好！你说到精神，让我想到文中的一个细节，那就是老板夫妇一直保留着那张旧桌子。什么要把这张桌子保留着呢？这张桌子是一种精神，它代表着自强不息的精神。对不对？最初，母子三人从这碗面当中获得了一种精神，那是素不相识的人所奉献的爱，这让他们感到这个社会上还有很多人在关心着他们。这是老板娘给母子三人的关心。而他们的精神对老板夫妇是一种激励，这也是让人很感动的。因此，是谁帮助了谁？"

学生们说："是互相帮助。"

"对。老板娘夫妇和母子三人，他们在精神上互相取暖，各自用人性的光芒照耀着对方，这是两颗心，不，应该说是好多颗心所散发出的真善美的光芒，彼此交相辉映。让人很感动！"

学生们再次沉默，但这次的沉默与其说是在思考，不如说是被感动了。

应该说，课文学到这里，学生们的心灵已经被打动了，对课文的思想感情也基本理解了，但是如果到此为止，我觉得这只是一堂生动感人的班会课；作为语文课，还应该有更语文的东西。

于是，我说："我能够感到大家都被这个故事感动了。但这个故事之所以感人，还和作者的写法有关，或者说，与作者叙述故事的技巧有关。那么我要问了，作者是怎么讲这个故事的呢？"

一个学生说："作者写了很多细节。"

我说："是的，从某种意义上说，这个故事是由许多细节构成的。我们不能空洞地说这个老板娘善良啊，怎么善良呢？一定要有细节来证明，细到每一个动作、每一句话、每一个表情、每一个眼神……为什么有的同学平时写文章总是干巴巴的？因为他只是说做了什么，却没有说是怎么做的。比如，这篇小说完全可以这么来写：这母子三人到一家面馆去吃面，很感动，然而他们家境贫寒，又感动了老板娘，后来老板呢，生意就越来越好了。又过了好几年没有见面，后来再次见面了，还是很感动。没了！"

学生大笑。

我说："笑什么呢？难道我没把这个故事讲清楚吗？不是！我把这个故事讲得很清楚啊。但是没有细节，如同一个人只有骨头没有皮肉一样。写人叙事一定要注重细节，这算是我们今天学这篇课文受到的启示吧！除此之外，还有什么呢？还有结构。"我一边说一边在黑板上快速板书："这篇文章在结构上有什么特别的地方呢？"

环顾四周，没有学生发言。我感到这个问题对他们来说，不仅有些难，而且太陡，也就是说，我提得太突然，缺乏铺垫。于是，我问："这篇文章是以谁的角度来叙述的？"

有学生说："第三人称。"

我说："是第三人称。还能不能再说得具体些，是以谁的眼光来看这个故事的？"

学生们说："老板娘。"

我说："嗯，老板娘，对不对？对，整个过程是以老板娘的眼光去看的。总共四次吃面，每次吃面和前一次有什么不同？想一想。第一、二次吃面可不可以不要？这个问题大家讨论一下。第四次是全文的高潮，肯定是不能省略的。第二次是不是可以省略？甚至第一、二次可不可以不要？分组讨论一下，作者这样写的作用何在？你们讨论完了就可以站起来说了。"

教室里顿时又炸开了锅，学生们在各自的组内热烈讨论。

不一会儿，一个男生站起来说道："我认为第一次不可以省略，因为这是小说的铺垫；第二次和第三次是故事的发展和感情的升华，体现了人性美。"

我说："我和你看法不同。我们碰撞一下。第一次我认为的确应该保留。至少，从中我们可以简单地知道，小说的主人公是谁，他们做了什么。这是主人公第一次出场，是不应该略去。但是注意一下，第二次吃面和第一次吃面，作者的描写几乎是重复的，没有什么新的交代。所以，我认为第二次是可以省略的。"

被我这么一激，一个女生大声说："第二次肯定不可以省略！因为我们看到，他们第二次去吃面的时候，作者写了老板和老板娘的对话。老板娘要老板给他们下三碗，而老板说，不行，这会让他们尴尬的。这是对母子三人人格的尊重。若没有这几句对话，就不能更充分地展示老板夫妇的善良。"

我故意不以为然地摇摇头道："但是这一对话，放到第三次也可以呀，甚至放到第一次也可以嘛！"

学生们又陷入了思考。

我继续引导启发："这样，同学先思考这几个问题：母子三人第一次进入这家面馆，是偶然的，还是必然的？你们想想，或者说猜猜。"

一位男生小声说："偶然的。"

"是吗？"我问。

很多学生点点头说："是偶然的。"

我说："嗯，是偶然的，我也同意这个判断，的确是偶然的因素多一些。可能母子三人在街上漫无目的地走，走到这家面馆外面，哦，这儿有个面馆，咱们进去吃。当时，很晚了，人们都像失踪似的没影了。为什么要在这个时候才来吃面呢？"

学生说:"怕别人看见他们三个人才吃一碗面。"

"对,还是因为自卑。日本有个习俗——到了除夕之夜人人都要吃面。所以母子三人要等吃面的人都走光了才来吃。好,这算是偶然的。而站在老板的角度看,母子三人的到来,是偶然的,还是必然的?"

学生们说:"还是偶然的,而且是突然的,他们不知道这母子三人会来。"

"好,这个问题算解决了吧!那我再问:第二次他们又来吃面,这是必然的还是……"

学生们打断了我的话:"必然的!"

我问:"为什么呢?是因为这里的面分量多一些,味道好一些?"

"不是!是因为老板夫妇的热情和真诚!"学生们说。

我说:"对,可能分量和味道也是原因,但不是主要原因,主要的原因正如你们所说,是老板的热情和真诚。那么站在老板的角度想,母子三人第二次出现在这个面馆,是偶然的,还是必然的?"

学生们说:"偶然的,而且也是突然的。"

我说:"我同意大家的观点,还是偶然的,同时也是突然的:嗯?又来了!对不对?这两次对老板娘来说是突然的。但在写法上作者充分考虑了读者的心理,两次吃面,几乎是简单的重复,但在读者的心中却形成了悬念——怎么又来了?怎么还是他们母子三人呢?她怎么还是穿着那件衣服呢?为什么还是吃一碗面呢?你们看,这看似简单的重复,却在读者心里画了一大串问号,增强了悬念,增加了读者想继续读下去的欲望。你们想一想,如果把这段话去掉,它的感染力是不是要大打折扣啊?"

学生们情不自禁地点点头。

"在读者的期盼中,母子三人第三次出场了。这第三次来吃面,对母子三人来说,更是必然的了。而对老板来说,他们母子三人的再次出现,是意料当中的，还是意料之外的呢？"

全班整整齐齐地回答："意料当中！"

我说："嗯，一定是意料当中的，岂止是'意料'？简直就是渴望他们的到来。这也满足了读者期盼的胃口，还满足了他们急于了解母子三人身世的迫切心情。在母子三人前两次出现的时候，作者有意没有交代他们的家境等情况，等把读者的胃口吊足，吊足，再吊足之后，到母子三人第三次出场时，才把谜底揭开。作者对第三次吃面的描写，是非常值得研究的。比如，弟弟的作文，侧重表现的是老板娘对他们的激励和感染；哥哥的发言，则把侧重点放在表现母亲对自己和弟弟的感染，他说永远不会忘记母亲带着他和弟弟在每年的除夕之夜共吃一碗面的勇气。通过第三次吃面，作者把谜底揭开了。那么按理说，这个故事已经达到高潮，应该结束了。"

我停顿了一下，继续说："但作者还安排了母子三人第四次来这家面馆吃面。按前面几次的惯性，我们都认为母子三人在新的除夕夜肯定要来的。但是他们却突然不来了！故事似乎中断了。其实，只是表面的中断，实际上，故事还在发展。这样说吧，这个故事像一条河一样，一直不停地往前流：第一次、第二次、第三次，一直往前流……我们以为还会继续往前流，没想到，第三次之后，故事突然不'流'了，但这只是表面的不'流'，实际上，暗流还在继续向前涌动，也就是说，表面上看故事情节中断了，其实是在蓄势。前面有一个大坝呢！这个水慢慢地往前暗涌，到了水坝前被堵住了，便往上涨，往上涨，往上涨，涨到坝顶的高度，漫过堤坝，便轰然落下，形成壮观的瀑布！虽然他们第三次来了之后，便一下子杳无音讯了，到哪儿去了作者也不说，甚至干脆不写他们母子三人了，但作者写了大家对他们母子三人的惦记、崇敬，还写了他们三人的影响——远近闻名，这些都是在蓄势。虽然作者没有写这母子三人到哪里去了，但读者心里还惦记着他们呢，一直惦记着他们。

到了最后，那是十四年之后，母子三人才重新出现在读者面前，于是，无论是故事中的人，还是读者，感情都达到了高潮，越过大堤，一泻千里地奔涌！而且，最后他们的出场也是一波三折。开始大家想，可能不来了吧，整个厅堂里谈笑风生，非常热闹。忽然，门响了，哦，来了，肯定是来了，厅堂里一下静下来，大家一看，是陌生人，哦，不是盼望中的人。于是，大家又开始热烈议论起来。这时，母亲出现了，哦，原来是他们，他们终于来了！你看，就连对他们出场的叙述，都是一波三折，这就是作者在文章结构上的高明之处。这个结构，注意啊，与其说是作者刻意地编造，想着怎么把故事讲得有趣些，不如说是作者忠实于生活本来的真相，忠实于故事本身发展的逻辑。因为作者是以老板娘的眼光来写这个故事的，对不对？老板娘看见的故事就是这样发展的，第一次来了，第二次又来了呀，第三次可能会来吧，盼着他们来，哎，怎么又不来了呀？整个过程没有编造的痕迹。因为是站在老板娘的角度看这个故事，是不是？"

学生们说："是啊！"

我继续说："但问题是——我还要继续追问，既然是用老板娘的眼睛看这个故事，那作者为什么不用第一人称，而用第三人称呢？大家考虑一下。"

学生们又开始了热烈的讨论。争论中，有的学生甚至大声地说起了方言。

我看到一个学生正滔滔不绝地在小组内说着，便走到他的面前把话筒递给他："你这么激动，能不能给全班同学说说你的看法？"

他站起来，继续大声地说："我认为，因为老板娘看到了母子三人每次来店里吃面的经过，所以作者有意从老板娘的角度来说这件事，因而用第三人称。"

我说："但是我刚才的问题是，既然如此，为什么不用'我'这个第一人称？"

这个学生一下语塞，看着我，想说什么，但又说不出来。

我给他解围："可能你还没想成熟，是吧？嗯，这个问题比较难，甚至可以写研究论文……"

又一个学生站起来了："如果用第一人称写，就会让人感觉到故事情节是作者刻意编写的，而不是生活中真实存在的。如果以第三人称来写，就会让读者感受到真实性。"

"这个……"我一时还不明白这个学生的逻辑，"用第一人称写，怎么就不真实了？"

这时，又一位学生跃跃欲试，想发言。我把话筒递给她："好，你说。"

她说："这里不用'我'这个第一人称是有目的的：第一，如果以'我'的口吻来说这个故事，虽然可以写出'我'的心情和感受，却不能够最真实地写出母子之间的那种感情。更重要的是，我们最好不要把自己的感情表现出来，而应让读者去猜测老板娘的内心世界。"

我鼓励道："嗯，有道理。"

她继续说："我感觉，如果用'我'这个第一人称去写的话，那么可以直接说出感受和体会，这太直白了。如果以一个旁观者，也就是第三人称去写的话，那么就可以让读者更清晰地深入思考这个问题，而不是直接把答案抛出去。"

我和她讨论："如果用'我'这个身份来写，它所描述的只是'我'看到的一些现象和'我'的感受，但是这个故事中还有'我'看不到的东西，是不是啊？"

"是的。"同学们说。

我说："那么大家再往下想，故事中究竟有没有老板娘看不到的？你们看一看，有没有？"

学生们说："有。"

我问："在哪儿？找一找，然后把那段文字读出来。"

学生又开始看课文，并讨论。不一会儿，一个学生站起来说："就是老板夫妇蹲在柜台后面擦眼泪。"

我忍不住笑了，说道："哈哈，这位同学说到点子上了！你能不能把相关语句读一读？"

他大声朗读着："在柜台后面，只见他们两人面对面地蹲着，一条毛巾，各执一端，正在擦着夺眶而出的眼泪。"

我再次表扬他："你回答得太好了！"然后我对全班同学说，"我再做点补充。本来作者是以老板娘的眼睛在讲故事，但没用第一人称。因为第一，用第一人称很难把观察者的一些表现、表情表达出来，比如老板娘夫妇擦泪，她不可能自己看自己啊。而这个细节非常重要，必须写出来。用第一人称是不好说的。当然，也不是不可以说'我被感动得流泪了，用毛巾不停地擦眼泪'。但大家可以比较一下，这样说和作者文中的描述，感染力是有差别的。第二，我认为作者在讲这个故事的时候，他希望达到这种效果，这就是一开始让我们以客观的眼睛去看这个故事，而不是一下进入作者的心灵世界。怎么说呢？"我在考虑如何将之说得通俗一些，让学生们能够明白，"这样说吧，如果用'我'这个第一人称，比如'我'怎么了，'我'又怎么了，那么我们读这个小说时就很容易和叙事者融为一体。然而，作者认为我们应该和主人公有点间隔，有距离感。然后随着故事的发展，读者和叙事者逐步逐步地与故事融为一体。这是一个渐进的过程，单独用第一人称来表现是不合适的。"

我突然觉得自己好像讲得深了一些，也许不是每一个学生都能明白的，于是，我又说："当然，这一点有的同学可能不一定一下就明白，但是我在想，同学们应该学会怎么把故事讲得更富有吸引力、更精彩一些，或者更富有悬念。你们写文章需要讲故事，可故事怎么讲才吸引人呢？我举个例子。古代有一个人是高度近视，可那个时候又没有眼镜可戴，有一天早晨,他去商店买东西,可商店门关着,等了很久门还是没开。他觉得很奇怪,平时早就开门了呀!于是就仔细看商店,看到柜台后面的墙壁上好像贴了个什么东西。他想,写的是什么呢?可因为眼睛近视,完全看不清,于是就爬到柜台上,然后翻过柜台,眼睛凑到墙壁上去看,终于看清了,那上面就写了一行字:'注意:油漆未干!'"

学生们大笑。

我说:"这个故事也可以这样讲:有一个店主,刚刚装修了店铺,柜台上刷了油漆,他怕顾客把衣服弄脏,就写了一个'油漆未干'的提示贴在墙上,但有一个近视眼傻乎乎的,他不知道写的是什么,便翻过柜台去看,结果弄了一身的油漆。你们看,对同样一件事,用不同的叙述视角,效果是完全不一样的。我们再回到这篇课文的故事中来。本来,作者也可以这样讲:有位妇女,丈夫死了,带着两个孩子,家里负债累累,他们在北海亭面馆吃面,老板娘怎么怎么帮助他们,母子三人怎么怎么样。后来孩子有出息了,特意回到面馆表示感谢。你们看,这样讲,故事的内容并没有变,但感染力的差异是很大的。这就是叙述视角带来的不同之处。课文的作者用老板娘的眼睛观察并让她来叙述这个故事,不是偶然的。"

快下课时,我总结道:"今天李老师和大家一起学了这篇课文,希望在写作上能给大家一些启示:第一,注意细节;第二,注意结构,也就是怎么把故事讲得更好。很快便要下课了,我们回到上课最开始我给大家讲的三星集团的故事上去。为什么三星集团的会长李健熙要两次读这个故事?两次读的意义是否一样?第一次读是为什么?第二次读又是为什么?"

学生们七嘴八舌地说着,我让一个学生说说。他站起来,说道:"第一次给员工读,是为了让他们感受母子三人面对困难如何自强不息,在最艰难的岁月中乐观生活。会长希望员工们也有这种精神,自强不息,渡过难关。渡过金融危机之后，会长再次读这篇故事，是鼓励全体员工，虽然渡过了金融危机，但仍然要团结一致，不能松懈斗志。"

一个女生补充说："第二次是为了让员工们再接再厉，不要泄气。"

我说："好，这是你们的观点。那我说说我的观点。第一次为什么读这篇小说呢？我同意你们的观点。而第二次读，我觉得更多的是要员工们学老板娘他们那种以诚待人的经商态度。经商嘛，诚信、真诚最重要。第一次读，学习母子三人；第二次读，学习老板和老板娘。当然，这里我要强调的是，我们千万不要认为，老板和老板娘这样做是为了招揽'回头客'。不是的！他们这么做绝不是一种经商策略，而是美好人性的自然流露，是他们心灵深处本来就有的芬芳所散发出来的气息。这是我们从这篇课文中读到的。以自己的善良给别人带去幸福，这是做人的根本。所以，我给我的历届学生都送了一句话，后来这句话成了我们学校的校训，今天我把这句话献给大家，送给杜郎口中学的同学们，作为我留给你们的礼物。这句话是——这样吧，我干脆写在黑板上。"

我边说边写——

"让人们因我的存在而感到幸福！"

学生们赶紧抄下这句话。

我说："再过一个小时，我将依依不舍地离开杜郎口，离开你们。虽然我们只相处了两节课，但是我觉得，我们已经有了共同的情怀和共同的感动。随着时间的推移，我们也许会遗忘很多东西，但是我希望同学们对这一句话永远都不要忘记。最后，我们一起朗诵这句话，作为这堂课的结束语——让人们，起！"

学生们和全场听课的老师一齐大声朗读："让人们因我的存在而感到幸福！"

我由衷地说："今天我就因同学们的存在而感到了幸福。谢谢！好，下课！"

全体学生起立："老——师——再——见！"

掌声再次响起。

【整理附言】

杜郎口中学以"把课堂还给学生"为核心理念进行课堂革命（而不仅仅是"改革"），取得了令人称奇的成就，由一个地处偏僻的农村中学而成为全国著名的素质教育改革名校。我带着一批老师前往参观学习，禁不住该校崔其升校长的鼓动，为该校学生上了这堂课。

尽管课后杜郎口中学的老师对我的这堂课评价不错，但我自己却不满意，甚至可以说很沮丧。

我的课堂一贯都比较重视学生的活动，尽量让学生积极主动地探究，但和杜郎口中学的教学模式相比，我的课就太"传统"了，依然摆脱不了教师中心主义。这堂课如果放在其他地方，可能会是一堂不错的课，但放在杜郎口，就是真正意义上的献"丑"了！

主要问题出在什么地方？课后我主动征求学生的意见，一个学生直言不讳："李老师，您讲得太多了！"这个孩子一语中的。本来，我一直都主张课堂上老师要少讲，要尽量引导学生思考，教师尤其不要用自己的思维去取代学生的思维……这方面的文章我写了很多，但真正做到，特别是做得像杜郎口中学的老师那么彻底，还真不容易啊！

解剖自己，我得出这样的结论：观念是否真的转变了，不是看说得怎样、写得怎样，而是看在讲台上做得怎样——换句话说，我们常说的转变观念，不是纯粹的思辨，而应该是思考中的行动！

发现最能影响中国教育发展最有代表性的理念，发现中国教育最新的最有价值的探索，发现中国教育最新的最具有推广价值的典型，通过专业化解读，帮助教师理解中国教育改革的精髓，提升专业化水平。

教育发现书系隆重推出

《杜郎口"旋风"》（修订版）	李炳亭 著	定价：32.00
《高效课堂22条》	李炳亭 著	定价：32.00
《向阳的智慧》	李炳亭 杨清瑕 著	定价：32.00
《使人成为人》	司家栋等 著	定价：32.00
《我给传统课堂打0分》	李炳亭 著	定价：32.00
《中国当代课改档案》	李炳亭 洪湖 著	定价：32.00
《校长之道》	姚文俊 著	定价：36.00
《高效课堂九大"教学范式"》	李炳亭 著	定价：32.00
《高效课堂导学案设计》	张海晨 李炳亭 著	定价：32.00
《班级问题诊断》	高影 编	定价：30.00
《治班有道》	高影 编	定价：30.00
《治班有招》	高影 编	定价：30.00
《问题学生诊断》	高影 编	定价：28.00
《课堂问题与争鸣》	叶飞 编	定价：32.00
《教师成长密码》	叶飞 编	定价：32.00
《学校管理智慧：教师成长》	吴盈盈 编	定价：32.00
《学校管理智慧：管的艺术》	吴盈盈 编	定价：32.00
《学校管理智慧：找到学校的魂》	吴盈盈 编	定价：32.00
《学校管理智慧：校长成长》	吴盈盈 编	定价：32.00
《问道中国教育：仰望教育的天空》	雷振海 李炳亭 编	定价：32.00
《问道中国教育：撬动教育的支点》	雷振海 李炳亭 编	定价：32.00
《问道中国教育：追寻教育的幸福》	雷振海 李炳亭 编	定价：32.00
《问道中国教育：改变教育的思维》	雷振海 李炳亭 编	定价：32.00
《问道中国教育：追溯教育的原点》	雷振海 李炳亭 编	定价：32.00
《课改立场：一个区域教育的实践样本》	李炳亭 褚清源 张志博 著	定价：27.00
《问道课堂：高效课堂理念与方法的26个追问》	李炳亭 褚清源 著	定价：28.00
《做幸福的老师》	翟幸福 主编	定价：28.00
《李平老师讲语文》	李平 著	定价：32.00
《发现高效课堂密码》	于春祥 著	定价：32.00
《学校智道》	褚清源 著	定价：32.00
《发现班主任智慧：追求充满人性的教育》	郭文红 著	定价：32.00
《善待杜郎口——李镇西教学随笔》	李镇西 著	定价：32.00

地　址：山东省济南市英雄山路189号山东文艺出版社
邮　编：250002
购书热线：0531—82098775
投稿信箱：jiaoyufaxian@126.com
投稿热线：0531—82098789
读者交流QQ群：69362448